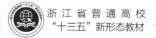

浙江省普通高校
“十三五”新形态教材

中国（杭州）跨境电子商务
综合试验区立项资助教材

中国（杭州）跨境
人才联盟推荐

跨境电子商务新形态立体化教材

eBay 平台官方权威操作指南
涵盖平台政策、流程及案例

CROSS-BORDER
E-COMMERCE
MULTI-DIMENSIONAL PRACTICE COURSE OF EBAY

跨境电商 eBay 立体化实战教程

林菡密　陈永强 / 编　著　　黄玉峰　钟　琮　盛　磊 / 参　编
甘红云　林　洁 / 副主编

ZHEJIANG UNIVERSITY PRESS
浙江大学出版社

图书在版编目(CIP)数据

跨境电商 eBay 立体化实战教程 / 林菡密，陈永强编著. —杭州：浙江大学出版社，2019.12（2023.1重印）

ISBN 978-7-308-19625-3

Ⅰ.①跨… Ⅱ.①林…②陈… Ⅲ.①电子商务—商业经营—教材 Ⅳ.①F713.365.2

中国版本图书馆 CIP 数据核字（2019）第 219387 号

跨境电商 eBay 立体化实战教程

林菡密　陈永强　编著

责任编辑　曾　熙

责任校对　汪　潇　高士吟

封面设计　春天书装

出版发行　浙江大学出版社

（杭州市天目山路 148 号　邮政编码 310007）

（网址：http://www.zjupress.com）

排　　版　杭州林智广告有限公司

印　　刷　杭州高腾印务有限公司

开　　本　787mm×1092mm　1/16

印　　张　17

字　　数　400 千

版 印 次　2019 年 12 月第 1 版　2023 年 1 月第 2 次印刷

书　　号　ISBN 978-7-308-19625-3

定　　价　55.00 元

“跨境电子商务新形态立体化教材”

丛书编写委员会

编写委员会成员

施黄凯	陈卫菁	柴跃廷	陈德人	章剑林
陈永强	琚春华	华　迎	武长虹	梅雪峰
马述忠	张玉林	张洪胜	方美玉	金贵朝
蒋长兵	吴功兴	赵浩兴	柯丽敏	邹益民
任建华	刘　伟	戴小红	张枝军	林菡密

支持单位

中国(杭州)跨境电子商务综合试验区

阿里巴巴集团

亚马逊全球开店

Wish 电商学院

eBay(中国)

Shopee 东南亚电商平台

中国(杭州)跨境电商人才联盟

国家电子商务虚拟仿真实验教学中心

“跨境电子商务新形态立体化教材”

丛书编写说明

“世界电子商务看中国，中国电子商务看浙江，浙江电子商务看杭州。”浙江是经济强省，也是电子商务大省，杭州是“中国电子商务之都”，浙江专业电子商务网站数量占全国专业电子商务网站数量的1/3，浙江电子商务的发展与应用水平全国领先。浙江电子商务的成就，主要归功于政府开放式创新创业氛围的营造和大量电子商务专业人才的贡献。

自2015年3月7日国务院批复同意设立中国(杭州)跨境电子商务综合试验区以来，杭州积极探索，先行先试，跨境电商生态体系不断完善、产业发展势头强劲，以“六体系两平台”为核心的跨境电商杭州经验被复制推广到全国。截至2018年年底，杭州累计实现跨境电商进出口总额达324.61亿美元，年均增长48.6%，13个跨境电商产业园区差异化发展，全球知名跨境电商平台集聚杭州，总部位于杭州的跨境电商B2C平台交易额近1700亿元，杭州跨境电商活跃网店数量增加至15000家，杭州外贸实绩企业数量增加至12000家，杭州跨境电商领域直接创造近10万个工作岗位、间接带动上百万人就业。跨境电商正在成为杭州外贸稳增长的新动能、大众创业万众创新的新热土，推动杭州由中国电子商务之都向全球电子商务之都迈进。

对外经济贸易大学国际商务研究中心联合阿里研究院发布的《中国跨境电商人才研究报告》中的数据显示，高达85.9%的企业认为跨境电子商务“严重存在”人才缺口，而各高等院校、培训机构对跨境电子商务人才培养标准不一，所使用的教材、培训资料参差不齐，也严重制约了跨境电子商务人才的培养。

为提升跨境电子商务人才的培养质量，开展多层次跨境电子商务人才培训，提高跨境电子商务研究水平，加快推进人才建设的战略部署，创建具有中国(杭州)跨境电子商务综合试验区特色的人才服务，浙江省教育厅、中国(杭州)跨境电子商务综合试验区建设领导小组办公室领导，协同浙江大学、浙江工商大学、杭州师范大学、浙江外国语学院、杭州师范大学钱江学院、浙江金融职业学院、浙江经济职业技术学院、浙江商业职业技术学院、阿里巴巴、亚马逊、Wish、谷歌、深圳市海猫跨境科技有限公司、浙江乌课网络科技有限公司、深圳科极达盛投资有限公司、杭州众智跨境电商人才港有限公司、浙江执御信息技术有限公司、杭州跨境电子商务协会联合编写“跨境电子商务新形态立体化教材”丛书。该丛书的出版发行，必将引起跨境电子商务行业的广泛关注，并将进一步推动我国跨境电子商务产业不断向前发展，也为广大跨境电子商务从业者、跨境电子商务科研工作者、跨境电子商务爱好者学习研究跨境电子商务提供了必要的参考。

“跨境电子商务新形态立体化教材”丛书的编写，是中国（杭州）跨境电子商务综合试验区的重要工作，也是浙江省教育工作服务浙江经济、培养创新人才的一项重要工程。教材编写整合了浙江省内外高校、知名企业、科研院所的专家资源，突出强调教材的国际化、网络化和立体化，使“跨境电子商务新形态立体化教材”丛书成为推进浙江省乃至全国教材改革的示范。

浙江省教育厅

中国（杭州）跨境电子商务综合试验区

中国（杭州）跨境电商人才联盟

浙江工商大学管理工程与电子商务学院

国家电子商务虚拟仿真实验教学中心

2019 年 1 月

前言

eBay是一个可以让全球民众上网买卖物品的线上拍卖及购物网站，位列2018世界品牌500强排行榜中的第47位。eBay范围覆盖美国、英国、加拿大、澳大利亚、意大利等发达国家消费市场和东南亚、中东等新型经济体市场，为中国出口企业、商家提供出口跨境电商网上零售服务，将中国制造销往世界各国(地区)。为了更好地服务卖家，eBay积极布局出口电商"产业链"服务，包括物流、支付、信息流等。同时eBay还在2018年12月启动了"E青春"项目，以此助力中国出口跨境电商的人才培养工作，为卖家提供相应的eBay平台运营人才。eBay"E青春"项目包括E导师、E课堂、E工场、E职场四个重要板块，通过丰富的线上线下课程体系，系统的教材支撑体系，专属的学生实习账号，海量的行业对接资源，专业的社会实践、就业、创业支持等，为行业培育兼具专业知识和实际操作经验的电商人才。

作为浙江省首个落地eBay"E青春"项目的高校，杭州师范大学钱江学院与eBay联合编写了《跨境电商eBay立体化实战教程》，为"E青春"项目提供了教材保障。本教材从卖家的视角介绍eBay平台上跨境电商运营管理方面的知识和技能，由浅入深将全书分为三篇十二章的内容。

基础篇包括第一到第六章的内容，首先是绪论，介绍跨境电商的交易模式、类型、发展现状等知识，使读者对跨境电商有基本的了解。在此基础上，进一步介绍eBay卖家账户申请与基础设置、eBay平台资费与相关规则、产品刊登与管理、跨境物流、客户服务及订单处理等。通过该篇的学习，读者可以掌握在eBay平台上开展电子商务的基本操作流程，并尝试在平台上开展商品销售。

提升篇包括第七到第十章的内容，重点在于提升卖家在eBay平台上的运营能力，包括站内营销管理、账户表现管理、跨境电商选品与定价，数据分析与Listing运维优化等技能。通过这些知识学习和技能锻炼，跨境电商的经营者可以获得更好的运营效果。

拓展篇包括第十一章和第十二章的内容，即跨境电商知识产权和境内税务及欧洲VAT，为跨境电商经营者在拓展国际市场的过程中奠定知识产权和税务方面的知识基础。

另外，本教材还通过融媒体技术为读者提供以音频、视频和文字等形式呈现的与本教材相关的延伸知识，并配套了相应的PPT和教学视频。可以作为本科院校、职业院校跨境电商、国际商务、电子商务等相关专业的教材。

本书由杭州师范大学钱江学院负责，与eBay官方共同策划，由陈永强(负责第一章)、林菡密(负责第二章到第四章)、甘红云(负责第七章、第八章和第十章)、林洁(负责第六章)、黄玉峰(负责第五章和第九章)、钟琮(负责第十二章)和盛磊(负责第十一章)编写,编写过程得到了 eBay 官方、eBay 江浙区业务总监周永军、eBay 官方讲师王少龙和跨知通 CEO 高进军等的大力支持,研究生徐颖畅、杨洋也参与了部分材料的整理工作,在此向他们表示感谢。

由于时间仓促,编者水平有限,书中疏漏在所难免,敬请各位读者谅解,请将问题及时反馈我们,我们将在二维码内容中及时更正与补充,不断完善本教材。

编者

2019 年 7 月

目录

基础篇

第五章　跨境物流

第六章　客户服务及订单处理

提升篇

第七章　站内营销管理

第八章　账户表现管理

基础篇

第一章

绪　论

◎ 学习要求

通过本章的学习，建立起对跨境电商的基本认识，了解跨境电商的主要模式；知晓跨境电商主要平台及其运营模式的差异；掌握不同跨境电商业务模式的基本流程；了解跨境电商全球市场发展现状，把握未来跨境电商的发展趋势；熟悉 eBay 平台基本功能、运营模式、主要流程等。通过学习，了解本教材的基本结构体系，为后续章节的学习奠定基础。

本章主要回答如下问题。

- 什么是跨境电商？有哪些类别？
- 跨境电商主要平台有哪些？运营模式有哪些异同？
- 跨境电商的业务流程有哪些环节？
- eBay 平台会提供哪些服务？全球市场情况如何？
- 在 eBay 平台上开展跨境电商要学习哪些内容？

第一节　跨境电商概述

随着经济全球化的加速，物品、资本、人力、技术、信息等要素跨境流动随之加速，推动了贸易全球化和传统国际贸易网络化。互联网的发展应用，正改变着国际贸易的方式，传统的国际贸易方式逐渐向新兴的跨境贸易电子商务方式发展，并呈现快速增长的势头。跨境电商已经成为国际贸易新的增长点。

【思考题】 什么是跨境电商？

跨境电商概述

一、跨境电商的定义

跨境电商全称为跨境电子商务，是指分属不同关境的交易主体，通过电子商务平台达成交易，进行支付结算，并通过跨境物流送达产品、完成交易的一种国际（地区间）商业活动。跨境电商作为一种新型贸易方式，兼具国际贸易和电子商务两方面特征。与传统国际贸易相比，跨境电商交易具有中间环节少、交易周期短、交易成本低、成交金额小、交易频次高等显著特征。

从上述定义可知，跨境电商是交易主体在不同的关税执行区开展的交易活动，需要借助国际物流实现产品的运送，与境内电子商务有明显的区别。跨境电商要根据国际贸易的规定，完成通关、检验检疫、退税、结汇等基本流程，除需要完成境内交易的流程外，还需要和海关总署、国家税务总局、国家外汇管理局等部门进行信息的交互。

为了更好理解跨境电商的概念，我们从狭义和广义两个角度来理解跨境电商。

（一）狭义的跨境电商

狭义的跨境电商一般指跨境零售。所谓跨境零售，是指分属于不同关境的交易主体，通过网络平台完成交易，通过国际支付系统进行支付结算，并利用小包、快件等方式通过国际物流将产品送达消费者手中的商业活动。

跨境电商通常被叫作“Cross-border Electronic Commerce”，一般指跨境零售。主要包括B2C、C2C，其交易形式以小包买卖为主，这类交易具有批量小、批次多、金额小等特点，与一般贸易中大批量交易有很大区别。由于在网络平台的交易主体中，对B类商家和C类消费者没有严格的区分，因此这类跨境零售对象除个人消费者外也包括部分的B类消费者。

（二）广义的跨境电商

广义的跨境电商通常指外贸电商，即分属于不同关境的交易主体，利用网络将传统外贸中的产品展示、贸易洽谈及成交等各环节电子化，并借助跨境物流运送产品、完成交易的一种国际（地区间）商业活动。

从更加广泛的意义上来说，跨境电商是指电子商务在国际进出口贸易中的应用，是传统国际贸易流程的网络化、电子化和数字化，包括货物的电子贸易、电子资金划拨、电子货运单证、在线数据传递等多方面的内容。由此可见，在国际贸易中只要涉及电子商务的应用都可以被纳入跨境电商的范畴中。

【思考题】 跨境电商的类别是如何划分的？

二、跨境电商的主要类别

跨境电商的类别及划分

跨境电商可以从不同维度，根据不同分类标准对其进行分类。如可以根据进出口方向、商业模式、平台运营主体、平台服务类型、税收模式等标准来分，如表1-1所示。

表1-1 跨境电商的主要类别

分类标准	类型	典型平台
按进出口方向	进口跨境电商	进口中国网、谷迈进口网、唯品会、走秀网、淘宝全球购、洋码头、海带网、网易考拉、京东全球购、小红书、天猫国际
	出口跨境电商	阿里巴巴国际站、中国制造网、环球资源网、敦煌网、eBay、速卖通、亚马逊、Wish、兰亭集势、DX、米兰网
按商业模式	B2B	阿里巴巴国际站、环球资源网、敦煌网、大龙网
	B2C	eBay、亚马逊、Wish、速卖通、环球易购、兰亭集势、网易考拉、DX、执御网
	C2C	eBay

续 表

分类标准	类型	典型平台
按平台运营主体	第三方运营平台类	速卖通、敦煌网、环球资源网、阿里巴巴国际站
	自营型平台类	兰亭集势、米兰网、大龙网、炽昂科技
	代运营服务开放平台类	四海商舟、锐意企创、一达通
按平台服务类型	信息服务类	阿里巴巴国际站、环球资源网、中国制造网
	在线交易类	敦煌网、速卖通、DX、炽昂科技米兰网、大龙网
按税收模式	普通跨境电商模式	天猫国际、亚马逊、蜜芽、前海开心购
	保税跨境电商模式	天猫国际、亚马逊、1号店

（一）按进出口方向分类

按进出口方向，跨境电商可以分为进口跨境电商和出口跨境电商。进口跨境电商以外贸B2C及境外代购模式为主。随着我国消费者对境外产品需求的增加和国际物流服务等环节的畅通，进口跨境电商的服务链条基本成型，进口跨境电商规模不断扩大，一批进口跨境电商平台开始走入人们的生活。主要代表性企业有进口中国网、谷迈进口网、唯品会、走秀网、淘宝全球购等。出口跨境电商出口模式主要有外贸企业间的电子商务交易(B2B)、外贸企业对个人零售电子商务(B2C)与外贸个人对个人网络零售业务(C2C)，其中主要是外贸B2B和B2C两种模式。

外贸出口的跨境电商分为如下几种运营方式：①借助本土外贸电子商务平台。如利用出口产品的供应商跨境电子商务平台服务境外消费者。平台搭建IT架构，将自己打造成运营中心，聚集供应商和消费者，形成规模效应，负责营销推广，产品由供应商上传和供货。②借助境外知名电子商务平台。出口企业注册成为全球著名电子商务平台的会员，直接向境外消费者推广产品。③寻求境外网店代购分销产品。④外贸企业自建跨境电子商务系统直接面向境外市场。

（二）按商业模式分类

按商业模式可将跨境电商模式分为B2B、B2C、C2C模式。B2B(Business to Business)模式指的是企业之间的跨境电子商务模式，B是广义的企业概念，既可以是外贸企业，也可以是生产企业，即传统外贸企业从线下向线上拓展，传统生产企业通过跨境电商进军国际贸易。其中，以阿里巴巴国际站为代表，提供线上平台和线下交易结合的服务，帮助中国中小企业拓展境外市场。B2C(Business to Customer)模式指的是外贸企业或生产企业绕开境外进口商、批发商和零售商，把产品直接销售给境外消费者。代表企业有阿里巴巴全球速卖通，它在全球在线零售渠道和中国供应商之间构建信息流、物流、资金流的服务通道。C2C(Customer to Customer)模式指的是境外消费者通过跨境电商平台下单和支付，境内网店业主根据订单要求采购产品，通过小包快递或直邮的方式销售给境外消费者，如个人在eBay等平台上开设网店销售给全球消费者。

（三）按平台运营主体分类

1. 第三方运营开放平台类

该类型的进出口跨境电商由跨境电商平台企业通过搭建线上商城，整合物流、支付、运营等服务资源，吸引商家入驻，为其提供跨境电商交易服务，以收取商家佣金及增值服务佣金的模式盈利。这类平台因入住的卖家多，选品相对丰富，SKU（Stock Keeping Unit，库存量单位）较多，能满足用户多元化的需求，平台上大B的产品品质相对有保障，平台企业对卖家产品较难把握，平台提供服务因卖家不同有不同表现，用户体验参差不齐。物流一般采用第三方公司，相对成本低。主要的代表企业有速卖通、敦煌网、环球资源网、阿里巴巴国际站等。

2. 自营型平台类

平台企业通过搭建线上跨境电商平台，整合供应商资源，以较低的进价采购产品，然后以较高的售价出售产品，主要以产品差价作为盈利模式，也有通过为供应商提供一站式服务获得利润的盈利模式。这类平台的选品主要由平台企业负责，相对选品能力强，能自我制造网红产品，SKU数量有限，对产品品质有较强的把控，产品定价上有一定优势，物流环节控制能力强，用户体验好。主要的代表企业有兰亭集势、米兰网、大龙网、炽昂科技等。

3. 代运营服务平台类

因跨境电商比境内电商相对复杂和难度大，从事第三方服务提供的代运营服务类平台应运而生，主要为传统制造企业或外贸企业提供“一站式”电子商务解决方案。如帮助企业提供境外市场咨询、营销策划、运营维护支持等，也帮助外贸企业建立定制的个性化电子商务平台。通过帮助企业创建品牌、开拓跨境电商业务、提升出口质量等，收取企业支付的服务费来盈利。主要的代表企业有四海商舟、锐意企创、一达通等。

（四）按平台服务类型分类

1. 信息服务类

该类平台主要是为境内外会员商户服务的网络营销平台，传递供应商或采购商等商家的产品或服务信息，促成双方完成交易。主要的代表网站有阿里巴巴国际站、环球资源网、中国制造网等。

2. 在线交易类

该类平台不仅提供企业、产品、服务等多方面信息，并且可以通过平台在线上完成搜索、咨询、对比、下单、支付、物流、评价等全购物链环节。主要的代表网站有敦煌网、速卖通、DX、炽昂科技、米兰网、大龙网等。

（五）按税收模式分类

1. 普通跨境电商模式

普通跨境电商模式通常是指从直邮模式、集货模式等开展的跨境电商，两者都主要以个人快件或者邮政包裹的形式递送，但集货模式用集运代替零散的运输，以节约成本。直邮、集货模式一般按个人行李物品清关，通常按行邮纳税。普通跨境电商模式大多是小额的跨境零售，这类跨境交易的双方通过互联网及其相关信息平台实现，不需报关和缴付关税，即中国小型卖家通过第三方电子商务平台，直接与境外小型买家进行在线交易的方式。由此，将“小额跨境电子商务”定义为：以小微企业或者个人为发货人，以小包裹、个人邮件等形式为物流方式，以个人结汇或者第三方支付平台为账款回收方式，以电子商务网站为营销方式的快速灵活的小型外贸交易。

2. 保税跨境电商模式

保税跨境电商模式是指境外消费品以货物方式申报进口，进入保税区进行保税仓储，消费者在网上下单，消费品分批以个人物品方式申报出口，办理申报并缴纳行邮税（行邮税是海关对入境旅客行李物品和个人邮递物品征收的进口税）。各大境外的合作品牌商在保税区内设立保税仓库、保税展示基地，便于品牌商进行物流调配，在这里培育物流中心和运营中心。货物在保税区仓库存量充裕，先出区后报关，可减少企业资金压力，对于客户的退换货服务响应更为及时，未出区的货物可以直接退回境外，免征关税。保税区作为全国跨境产品的集散中心和物流节点，利用境内便捷的快递服务，送货时间可缩短到一周以内，而且产品经过海关检验检疫等部门监管，货物在发货前都加贴有溯源防伪二维码，消费者在收到货物后扫描二维码，即可了解到该产品的信息，以鉴定产品真伪，保障了产品的质量。

【思考题】 你知道有哪些跨境电商平台吗？

三、跨境电商主要交易平台

跨境电商的主要平台

从 20 世纪 90 年代末起，跨境电商在我国的发展经历了从概念引入到实践探索，从星星之火到群雄逐鹿的过程。我国 1998 年 10 月启动以电子贸易为主要内容的“金贸工程”，为跨境电商的探索和发展创造了条件。1999 年 3 月，阿里巴巴网站诞生，开始进行国际电子商务探索。随后，成立于 1995 年 9 月的 eBay 在 2003 年收购境内的易趣网进入中国市场，并于 2007 年开始在中国开展跨境电商业务。成立于 1995 年 7 月的 Amazon（亚马逊）在 2004 年收购卓越网进入中国市场开展跨境电商业务。在 21 世纪初，境内涌现了像敦煌网、兰亭集势、速卖通、大龙网、米兰网、DX 等跨境电商服务平台，竞争进入白热化阶段，经过几轮优胜劣汰，在众多境内外跨境电商交易平台中，eBay、亚马逊、敦煌网、速卖通、Wish 这五家的市场份额占到了 80%以上。下文主要介绍亚马逊、敦煌网、速卖通、Wish 四个平台的基本情况。

（一）亚马逊

1. 亚马逊平台的介绍

亚马逊公司成立于 1995 年 7 月，总部位于美国西雅图，是美国最大的一家网络电子商务公司，也是网络上最早开始经营电子商务的公司之一。亚马逊一开始只经营书籍的线上销售业务，现在已经扩展到相当广泛的其他产品品类，成为全球产品品种最多的网上零售商，亚马逊及其他销售商为客户提供数百万种独特的全新、翻新及二手产品，如图书，影视、音乐、游戏、数码下载产品，电子产品和电脑、家居园艺用品，玩具，婴幼儿用品，食品，服饰，鞋类，珠宝，健康和个人护理用品，体育及户外用品，汽车及工业产品等。

2000 年，亚马逊在美国开通了第三方平台业务，首次允许其他卖家入驻；2012 年初，亚马逊在中国正式启动“全球开店”项目；2014 年 6 月，亚马逊“全球开店”业务增加日本和加拿大两个站点，至此，中国卖家可以在美国、德国、英国、法国、意大利、西班牙、加拿大及日本站点进行全球跨境业务的拓展。亚马逊依靠成熟运作的境外站点和物流仓储系统，使得跨境业务获得高速发展，仅2013年入驻的卖家数就增长了196%。

亚马逊的优势在于品牌的国际影响力和优质的买家服务体系，以及领先的国际物流仓储服务。亚马逊在北美市场提供FBA（Fulfillment by Amazon，亚马逊物流）服务，能实现2～3天到货，最快次日送货；在欧洲市场，可以帮助卖家实现欧洲五国（英国、法国、德国、意大利、西班牙）的统一仓储和物流服务，并可配送至欧盟其他国家，方便卖家向亚马逊欧洲各站点的顾客提供本地化客户服务及快捷的送货服务。亚马逊平台还提供免费的站内推广服务，以及向消费者精准推荐产品的服务。

2. 亚马逊平台特点

(1)亚马逊重产品轻店铺

亚马逊一直以来都是重产品轻店铺，亚马逊上的每件产品只有一个详情页面。相对其他平台，亚马逊的搜索结果清晰明了，每个产品只会出现一次。如果多个卖家销售同一款产品，不同卖家的报价会在产品的卖家列表上显示，消费者不需要在大量重复的产品列表里大海捞针。

(2)亚马逊物流

FBA是“亚马逊全球开店”的一项重要服务，卖家只需将产品发送到当地的亚马逊运营中心，亚马逊就会提供产品的拣货、包装、配送、客服及退换货等服务。加入FBA的卖家能够提高产品的曝光率，直接接触到亚马逊的Prime（首要）用户。卖家只需专注于如何提升产品质量和打造品牌，物流则由亚马逊提供。平台也为使用亚马逊物流的卖家提供用所在国语言回答买家的订单疑问服务，这为卖家与买家的交流提供了强大的支持。

(3)亚马逊严控仿品

Transparency（透明计划）是亚马逊的一个新计划，帮助卖家防止销售及配送假货。据了解，Transparency是在2014年伴随着亚马逊自有品牌Amazon Elements（亚马逊元素）一起出现的。每个Amazon Elements产品上都有识别码，买家用亚马逊APP中的相机扫描之后，就能看到产品的来源、成分等信息。

(4)严格的账户管理

亚马逊对卖家账户管理比较严格，亚马逊要求每个卖家主体只能拥有一套账户来进行亚马逊的运作。亚马逊平台会根据用户的浏览器使用信息反馈、电脑系统相关信息、用户IP地址、电脑硬件，以及用户操作行为等来判断账户是否存在关联行为。一旦发现有账户关联行为，账户会被冻结。

3. 亚马逊平台的盈利模式

亚马逊的收入来源于自营产品的销售收入和平台的服务费。针对使用亚马逊的卖家，亚马逊一般收取5%～15%的佣金，如果卖家使用亚马逊物流，亚马逊还会额外收取物流费和仓储费。

（二）敦煌网

1. 敦煌网平台的介绍

敦煌网于2004年正式上线，目的是打造一个境内中小企业与境外中小企业对接的B2B平台，建设一条网上“丝绸之路”。敦煌网以中小额外贸批发业务为主，开创了“成功付费”的在线交易佣金模式，卖家免费注册，只有在买卖双方交易成功后才收取相应的手续费，将传统的外贸电子商务信息平台升级为真正的在线交易平台。

敦煌网作为第三方网络交易平台，中国卖家可通过商铺建设、产品展示等方式吸引境外买家，并在平台上达成交易意向，生产订单，可以选择直接批量采购，也可以选择先小量购买样品，再大量采购。2013 年推出“在线发货”物流服务，通过线上申请、线下发货的方式简化了发货流程，为外贸商家提供更为便捷的快递服务。同时还推出增值金融服务，根据自身交易平台的数据为敦煌网商户提供无须实物抵押、无须第三方担保的网络融资服务，还提供货源、境外营销、在线支付、国际物流、保险等服务，真正实现了物流、资金流和信息流三大环节的整合。这一系列创新服务，为敦煌网取得成功奠定了基础，据 2013 年 PayPal 交易平台数据显示，敦煌网在线交易额在亚太地区排名第一，在全球排名第六。在 2016 年，敦煌网已经在线拥有 140 多万家供应商，注册买家 1000 万人，覆盖 200 多个国家和地区，平台上的产品超过 4000 万种。

2. 敦煌网的特点

(1)敦煌网重视境内卖家品牌的建设

针对境内产品缺少国际品牌的特点，敦煌网利用平台渠道，通过首页流量推广、单品类流量推广，大大促进品牌的传播。同时还开发了多种语言服务，从以英语为主到逐渐增加德语、法语、西班牙语、葡萄牙语、意大利语、土耳其语和斯洛文尼亚语等语言服务，大大促进了品牌的传播和推广。

(2) 为买卖双方提供精准对接服务，注重批发类买家培育

敦煌网利用积累的交易数据，为卖家识别潜在大买家提供服务，通过给境外零售商和批发买家打上“B”的标志，让卖家在订单列表页和详情页中容易发现。同时敦煌网从 2016 年开始推出针对批发买家的 B 类产品池，帮助卖家更好地了解店铺是否符合 B 类产品池的要求，也保障了批发买家获取优质品牌的效率，从而增加了交易双方的交易机会。

(3) 通过开发大数据，提供各项增值服务

敦煌网利用平台交易中获取的商家、制造商、买家等数据，建立起境外市场信息的大数据库，通过分析询盘情况、订单情况、行业热度及关键词等数据，为卖家提供市场预测等服务。今后还将利用数据分析为供应链金融、智能营销、风险防控等提供服务。

3. 敦煌网的运营模式

(1)敦煌网信息流运作模式

敦煌网针对买卖双方分别开设中英文站点，并且提供了相应的翻译工具。敦煌网开发了方便买卖双方即时在线沟通交流的一种聊天工具，即敦煌通，可以让卖家更加方便快捷地了解客户的需求及问题，简单快捷地管理买家信息。

(2)敦煌网物流运作模式

敦煌网携手各大第三方物流和货运代理公司，为卖家推出了“仓库发货”物流服务。卖家只需在线填写发货预报，将货物线下发货至合作仓库，并在线支付运费，即可由平台直接提供国际物流的配送。此外，敦煌网在西班牙、俄罗斯、葡萄牙、意大利、德国、法国等 6 国提供海外仓服务。

(3)敦煌网资金流运作模式

DHpay是敦煌网旗下独立的第三方支付工具，到2016年已支持全球200多个国家和地区1000万规模的买家实现在线跨境支付。除此之外，敦煌网支持VISA、MasterCard、西联支付、MoneyBookers、BankTransfer等国际化支付方式，这为全世界买家提供了更好的支付服务。

(4)敦煌网盈利模式

敦煌网采取佣金制，免注册费，只有买卖双方交易成功后才收取费用。平台采用统一佣金率，实行"阶梯佣金"政策，平台的佣金规则为：当订单金额≥300美元时，平台佣金＝订单金额×佣金率(4.5%)；当订单金额＜300美元时，平台佣金＝订单金额×佣金率(按类目不同为8%或12%)。

(三)速卖通

1. 速卖通平台介绍

速卖通创建于2009年，从2010年4月开始正式运营，是阿里巴巴旗下面向全球市场的在线交易平台，帮助中小企业接触境外终端批发零售商，实现小批量多批次快速销售，被广大卖家称为国际版"淘宝"。速卖通初期主要吸收个体卖家入驻，从2015年12月7日开始，提高了入驻平台的要求，并且从2016年4月开始从跨境C2C全面转型为跨境B2C模式，要求商家必须以企业身份入驻，并逐渐强调品牌企业的入驻。速卖通的战略定位从初创时的"货通天下"升级为"好货通，天下乐"，经过这些年的发展，速卖通已经成为重要的跨境电商平台。据速卖通官方公布的数据，2018年"双11"，累计有220多个国家和地区的消费者通过速卖通参与购物狂欢，近1/3国家和地区的买家数实现翻番，非洲、亚洲、中东等"一带一路"国家和地区的交易规模增幅超过50%。速卖通订单最多的国家和地区为俄罗斯、西班牙、美国、法国和乌克兰等。速卖通通过对成功交易收取5%的手续费，不成功不收费的方式，正逐步向不同品类、不同支付方式、不同交易金额收取不同比例手续费的商业模式发展。

2. 速卖通平台的特点

(1)进入门槛低，能满足众多小企业做出口业务的愿望。阿里巴巴速卖通平台目前支持个体工商户和具有企业资质的商家入驻，进入方便。

(2)交易流程简单，买卖双方的订单生成、发货、收货、支付等，全部在线上完成。

(3)买卖双方操作方式如同境内的淘宝平台，非常简便。产品选择品种多，价格低廉。

(4)速卖通平台上的产品具有较强的价格竞争优势，跟传统国际贸易业务相比，具有较强的市场竞争优势。

3. 速卖通平台的运营模式

(1)信息流运作模式

速卖通为确保交易双方能获取可靠的信息，特为交易双方提供了便捷的交流工具，开发了"Trade Manager"软件，可以确保买卖双方信息的高效传递。

(2)速卖通物流运作模式

速卖通支持四大商业快递、速卖通合作物流及邮政大、小包等多种国际快递方式。小卖家作为独立的经营主体，可以自行联系物流并进行发货。除了个体单独发货之外，卖家可以借助速卖通的平台在线发货。此外，速卖通正式开启了美国、英国、德国、西班牙、法国、意大利、俄罗斯、澳大利亚、印度尼西亚等 9 个国家的海外仓服务。

(3)速卖通资金流运作模式

速卖通的资金流动方式与淘宝相似，速卖通只充当中介的作用。类似于淘宝的支付宝，速卖通开发了阿里巴巴国际支付宝 Escrow。目前，国际支付宝 Escrow 支持多种支付方式，包括信用卡、T/T 银行汇款、MoneyBookers 和借记卡等，正在继续开拓更多的支付方式。除了 Escrow，速卖通也同时支持电汇和其他跨境在线支付方式。

(4)速卖通的盈利模式

速卖通平台的收入来源主要包括技术服务费年费和交易服务费两种。除此之外，速卖通也会对卖家使用的广告营销服务收取服务费。技术服务费年费是指速卖通平台将各行业划分为八大经营范围，每个经营范围分设不同的经营大类，每个速卖通账户只准选取一个经营范围，并可在该经营范围下跨经营大类经营。2018 年不同经营大类的技术服务费年费为 1000～30000 元(共享类无技术服务费年费)。交易服务费由速卖通在交易完成后对卖家收取，买家不需支付任何费用。

(四) Wish

1. Wish 平台介绍

Wish 由来自谷歌和雅虎的工程师 Peter Szulczewski(彼得 · 斯祖尔切夫斯基)和 Danny Zhang(张晟)于 2011 年在美国创立，是一家专注于移动购物的跨境 B2C 电商平台。2013 年 Wish 成功转型跨境电商，旗下所有 APP 除 Wish 外，还有 Mama、Home、Geek 和 Cute。已成为北美最大的移动电商平台和全球第六大电商平台，创造了无数互联网时代的新高。

Wish 不同于前三家跨境电商平台，移动端是其客户的主要来源。据悉，截至目前，Wish 平台拥有 5 亿用户群体，7000 万以上的月活用户，超过 90%的用户来自移动端。其 APP 上销售的产品物美价廉，包括非品牌服装、珠宝、手机、淋浴喷头等，大部分产品都直接从中国发货。Wish 擅长用户数据的深度挖掘，采用数据算法进行产品推荐，紧密结合用户特征进行精准营销。

2. Wish 平台的特点

(1)平台针对不同顾客，推送个性化的产品信息

Wish 拥有一套推荐算法，注重跟踪用户的购买行为，通过精准推荐＋随机探索的形式，挖掘用户的需求，以千人千面的方式为每个用户营造了一个愉悦有趣、个性化的浏览体验，根据用户的喜好以瀑布流的形式向用户推荐感兴趣的产品。

(2)不依附于其他购物网站，本身就能直接实现闭环的产品交易

在 Wish 平台上，用户在浏览到喜欢的产品图片后，可以直接在站内实现购买。Wish 淡化了品类的浏览和搜索，现阶段产品标题优化、关键词等在 Wish 上不是非常重要，Wish 专注于关联推荐。Wish 会随时跟踪用户的浏览轨迹及使用习惯，以了解用户的偏好，进而再推荐相应的产品给用户。

(3)注重图片质量

Wish 的买家并不看重产品的描述，而更加看重产品的图片。要求卖家展示的产品图

片的精美度和清晰度更高。

3. Wish 的运营模式

(1)信息流运作模式

Wish 是采用第三方平台向移动终端客户直接进行销售的模式，Wish 重视信息的采集和处理，基于用户在平台上的行为习惯等信息，利用自己开发的算法精准分析用户的偏好，并将匹配的产品信息推送给客户。加入 WE(Wish Express)项目可以帮助卖家在一定程度上提升销售额。

(2)Wish 物流运作模式

Wish 重视产品发货的时效性，卖家有稳定的货源时，在物流解决方案上有多种选择。如美国地区主要采用 e 邮宝，在欧洲大部分地区采用瑞士邮政和荷兰邮政，通过顺丰小包等可以解决包括美国和加拿大在内的近 30 个国家的配送，同时 Wish 携手上海邮政联合推出的全新跨境物流“Wish 邮”也为物流提供了服务。Wish 在 2016 年推出了海外仓服务项目 WE(Wish Express)，提升消费者体验。

(3)Wish 资金流运作模式

在 Wish 平台交易，支付的方式有多种渠道，如 PayPal、Bill.com、易联支付和 Payoneer 等都可作为支付的主要平台和工具。

(4) Wish 的盈利模式

从 2018 年 10 月 1 日开始，在 Wish 上创建账户、开设新店铺须缴纳 2000 美元的店铺预缴注册费。但上传产品信息不会被收取任何费用。Wish 将根据销售额按 10%～15% 收取佣金，一般情况，卖出产品之后收取产品销售额(售价＋邮费)的 15% 作为佣金。如果开通 WE(Wish Express)，卖家将要缴纳 1 万美元的保证金。

跨境电商
交易流程

【思考题】 跨境电商有哪些交易流程?

四、跨境电商的交易流程

跨境电商是不同关境的交易，因此交易流程会比境内电子商务的流程更加复杂。一般电子商务由交易前准备、贸易洽谈、订单确定执行、支付与清算、物流配送、售后服务等环节构成，但跨境电商会涉及商检、海关、国税、外汇管理等部门，因此在交易中会增加报关、报检、退税、结汇等业务，同时因其物流的跨国(地区)性，需要考虑更多的跨境物流的解决方案，尤其是逆向物流和售后服务的解决方案。下文重点介绍跨境电商进出口交易的主要流程及其相应的物流模式。

(一)出口跨境电商交易

1. 出口跨境电商交易流程

从出口跨境电商流程来看，生产商或制造商将生产的产品在跨境电商企业的平台进行展示，产品被下单，买家完成支付后，跨境电商企业将产品交付给物流企业进行投递，经过出口国(地区)及进口国(地区)两次海关通关商检后，产品送达消费者或企业手中。也有部分跨境电商企业直接通过与第三方综合服务平台进行合作，由第三方综合服务平台代理办理物流、商检通关等一系列环节，从而完成整个跨境交易的流程。

跨境电商出口流程如图 1-1 的出口部分所示。

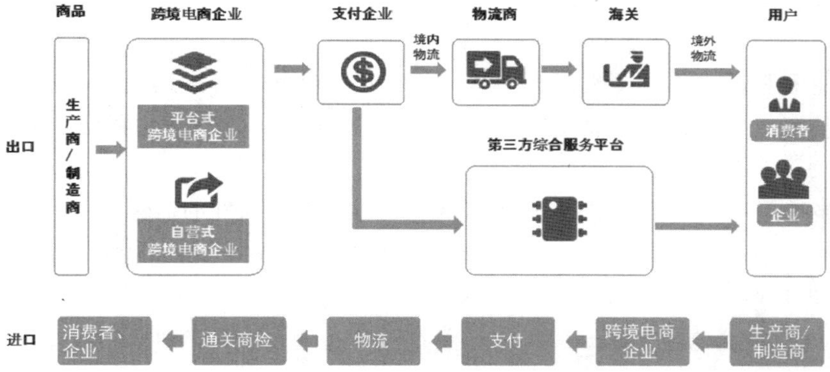

图 1-1　进出口跨境电商流程

资料来源：http://www.iresearch.com。

2. 出口跨境物流模式

(1)国际小包和国际商业快递

国际小包主要包括中国邮政小包和新加坡邮政小包等。据有关方面统计，在中国出口跨境物流方式中，70%的包裹都是通过邮政体系投递的，其中中国邮政占据 50%左右的份额。

例如，在德国可交给德国邮政，在澳大利亚可交给澳大利亚邮政，在荷兰可交给荷兰邮政，发件方付费。然后，德国邮政、澳大利亚邮政、荷兰邮政等通过万国邮政联盟，将货物发到中国，再由中国邮政清关派送。清关采取个人行邮的方式进行。

国际商业快递指四大快递商业巨头，即 DHL(敦豪国际航空快递公司)、TNT(托马斯国家运输公司)、FedEx(联邦快递)和 UPS(联合包裹速递服务公司)。

国际商业快递的特点是运输时间长，成本高，发件方便，清关便捷，征税率不高。

(2)海外仓

海外仓的特点是运输成本低，可以提高速度，但建设成本和运营成本很高。因此，引入第三方物流仓储公司很有必要。

目前不少物流服务商都已经开通了海外仓服务。例如，出口易早在 2005 年就开始运营在美国、英国等地的仓库；4PX 推出的订单宝(海外)也旨在为卖家提供英、美、德等国家的海外仓储服务；亚马逊通过自建仓储提供 FBA 服务；eBay 联合万邑通推出 Winit 海外仓；大龙网与 XRU(俄速递)在俄罗斯联合建设海外仓；京东商城的境外市场得到了比利时国际邮政的支持，承接了其在欧洲的外贸电商物流，并准备开设海外仓。

(3)集货运输

集货运输主要有两种方式。一种是企业自身集货运输。这种物流运输模式的特点为：B2C 平台本身即为外贸公司，企业自己从境内供应商处采购产品，通过自身的 B2C 平台出售给境外买家，通过买入和卖出赚取差价。

另一种是通过外贸企业联盟集货，主要是利用优势互补的原理形成规模优势。一些具有货物相似点的小型外贸企业联合起来，组成 B2C 战略联盟，通过协定成立共同的外贸 B2C 物流运营中心。其缺点是有较长的运输周期和复杂的物流程序，并且企业在前期需要投入大量的资金。

3. 出口跨境电商的结算和核销

海关总署公告 2016 年第 26 号《关于跨境电子商务零售进出口产品有关监管事宜的公告》，明确规定了跨境电商进出口货物的通关管理、税收征管、物流监管、退货管理等事项。

但大多出口电商为避税，均采用个人名义，回避 26 号文件的监管，在出口收单上一般用中银卡司，eBay 平台用 PayPal，亚马逊用 Payoneer 或者 WorldFirst，并通过支付试点企业结汇，但仍然存在通过地下线庄违法结汇的情况。

（二）进口跨境电商交易

1. 进口跨境电商交易流程

进口跨境电商流程与出口跨境电商流程正好相反，境内消费者或商户在跨境电商平台上选购产品并进行支付，由平台合作物流公司办理物品的出境和入境清关手续，完成国际运输和境内配送，将产品送达境内消费者或商户手中。

跨境电商进口交易流程如图 1-1 的进口流程部分所示。

2. 进口跨境物流模式

进口跨境零售电商的物流模式主要分为保税模式、直邮模式、集货模式、转运模式四种。有时也把集货模式归入直邮模式，直邮模式和保税模式是最基本的模式，如图 1-2 所示。两者的主要差异在于下单顺序、清关方式的不同。在流程上，保税模式先入境，用户下单后才清关；直邮模式则是用户下单后才开始递送，在入境时即需清关。保税模式和直邮模式的对比如图 1-3 所示。

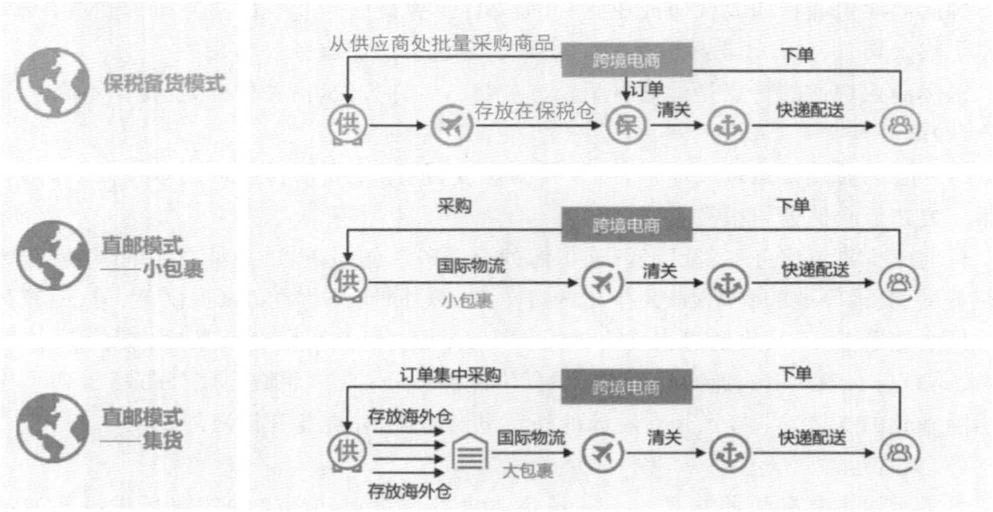

图 1-2　进口跨境物流模式

资料来源：http：//www.iresearch.com。

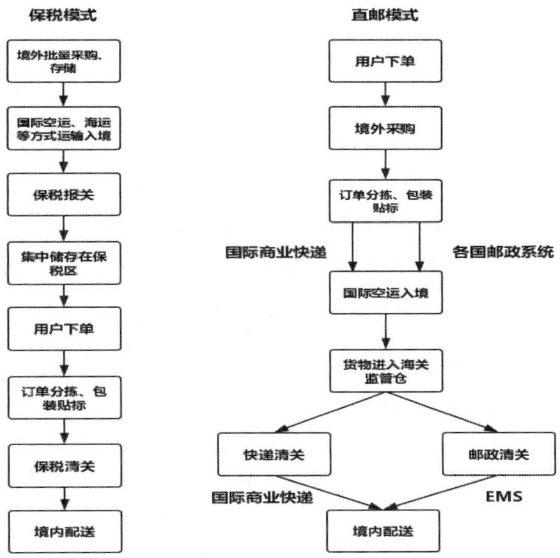

图 1-3 保税模式和直邮模式的对比

集货模式可以看作直邮模式的升级版，以集运代替零散的运输，以节约成本。转运模式即海淘族在转运公司先注册成为用户，然后在境外电商平台下单，下单成功后，填写收货地址为转运公司，转运公司再安排后续的国际物流运输及清关加派送服务。转运模式的优势是海外仓网点多且品类不限，弊端是时效无法保障，扣货现象严重。集货模式和转运模式的对比如图 1-4 所示。

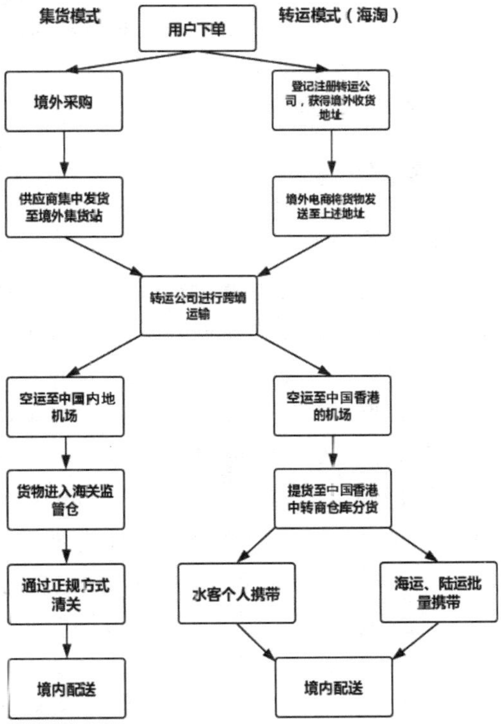

图 1-4 集货模式和转运模式的对比

直邮模式、集货模式一直以来是以个人快件或者邮政包裹的形式递送，按个人行李物品清关，所以一直按行邮税率纳税。保税模式下的进口产品按货物清关，但也按行邮税率纳税。

2016 年 4 月 8 日开始，我国实施跨境电商零售(B2C)进口税收政策，并同步调整行邮税政策。海关新税制取消了此前 50 元的免征额度，并对个人年度交易限值进行了规定：个人单次交易限值由行邮税政策中的 1000 元（港澳台地区为 800 元）提高至 2000 元，从 2019 年开始调整为 5000 元；个人年度交易限值为 20000 元，从 2019 年开始提高到 26000 元。在限值以内进口的跨境电商零售进口产品，关税税率暂设为 0，进口环节增值税、消费税取消免征税额，按法定应纳税额的 70%征收。超过单次限值、累加后超过个人年度限值的单次交易，以及完税价格超过 5000 元限值的单个不可分割产品，将均按照一般贸易方式全额征税。

为优化税目结构，方便旅客和消费者申报、纳税，提高通关效率，税务部门还同步调整行邮税政策，将四档税目（对应税率分别为 10%、20%、30%、50%）调整为 15%、30%、60%三档。其中，税目 1 主要为最惠国税率为零的产品，税目 3 主要为征收消费税的高档消费品，其他产品归入税目 2。税率将根据国家减税降费政策的调整而微调。

3. 进口跨境电商的结算和核销

进口跨境电商一般有两种处理结算和核销的方法。第一种对接相对成熟的支付通道，如银联(China UnionPay)、支付宝、财富通和 ChinaPay 等，在网站挂外币标价或人民币标价。境内买家付人民币，支付通道以外币形式清算到商户境外账户，不涉及外汇核销。第二种是通过快钱等支付服务公司接入人民币网关，通过网银完成支付。大多数网站直接以人民币标价，资金归笼后，寻找一些支付试点企业跨境清算到境外账户。也有一些电商通过地下钱庄等违法方式完成与境外的清算。

【思考题】 未来跨境电商有哪些发展趋势？

五、跨境电商的发展现状及趋势

（一）主要跨境电商市场的发展概况

跨境电商
发展趋势

跨境电商市场主要集中在互联网应用相对成熟的国家和地区。如欧洲、北美和亚洲，其中亚洲的增长速度最快。欧洲的跨境电商规模相对最大，北美对跨境电商接受度较高。欧洲的 8.20 亿居民中有 5.30 亿互联网用户，2.59 亿在线购物用户。根据中国产业发展研究网的报告显示，英国电商渗透率最高，81%的消费者习惯在线上购物，丹麦、德国、法国的在线购物率也排在前列。而在南欧地区，希腊、葡萄牙、意大利等国，仅有 1/3 的消费者会选择线上购物。2016 年，欧洲 B2C 电子商务市场规模达到 6250 亿欧元。相对欧洲来说，北美的跨境电商普及率高，全球约 37%的跨境在线买家集中在北美。美国拥有 3.15 亿居民，2.55 亿网民，88%的美国网民在网购，并且这一数字还在上升。当然增长最快的要数亚洲市场，据亚洲在线销售统计，日本和韩国有 80%的人活跃在网上，25%的韩国人和 18%的日本网购者都会海淘。在亚洲跨境电子商务活跃度排名前三的分别是中国香港、中国内地、日本。印度的互联网基础设施不够完善,互联网渗透率相对较低,但近年来,随着智能手机的普及和互联网速度的提升,印度互联网渗透率正在急速上升,据《2017年印度移动互联网》(*Mobile Internet in India 2017*)的报告显示,截至2017年12月,印度移动互联网的用户数量为4.56亿,电子商务潜力巨大。此外,马来西亚也是未来电子商务发展的重要潜在市场。

(二)中国跨境电商发展概况

近年来,我国跨境电商规模持续快速增长,已经成为经济发展的新引擎、产业转型的新模式、对外开放的新窗口。跨境电商得到政府的高度重视,在2012年12月,我国政府选择在上海、重庆、杭州、宁波、郑州5个经济和外贸基础良好的城市开展跨境电子商务服务试点工作,探索跨境电商的通关、产业培育等服务改革。在2015年3月,杭州作为全国首个跨境电子商务综合试验区,积极探索跨境电商服务的体制机制、通关、监管等方面改革,为全国提供可复制的经验。2016年1月6日,国务院常务会议决定,在天津、上海、重庆、合肥、郑州、广州、成都、大连、宁波、青岛、深圳、苏州这12个城市设立第二批跨境电子商务综合试验区。2018年7月24日,国务院同意在北京、呼和浩特、沈阳、长春、哈尔滨、南京、南昌、武汉、长沙、南宁、海口、贵阳、昆明、西安、兰州、厦门、唐山、无锡、威海、珠海、东莞、义乌等22个城市设立跨境电子商务综合试验区。在市场与政府的共同推动下,跨境电商的发展进入快车道。

据电子商务研究中心的数据显示,全国2016年上半年跨境电商交易额达到2万亿元,同比增长42.80%,较2015年提高12.20%。从进出口角度看,2015年进口跨境电商交易额接近6000亿元,较2008年增长16.6倍,年均复合增长率达59.71%,呈现快速增长态势,跨国电商交易增速远超同期的传统外贸增速。

根据中国产业信息网报道,我国跨境电商以出口为主,2016年出口占比达到82.08%,进口占比为17.92%。虽然2016年出口跨境电商增速有所放缓,但仍有24%的增长率,出口跨境电商规模达到5.5万亿元。随着智能手机、网购消费的兴起,以及物流、支付系统完善,网购规模增长迅逗。据中国互联网络信息中心(China Internet Network Information Center,CNNIC)发布的第43次《中国互联网络发展状况统计报告》显示,截至2018年年底,我国手机网民规模达8.17亿,网络购物用户规模达6.10亿,年增长率为14.40%。同时随着居民人均可支配收入的增长,人们开始把目光投向境外种类丰富、时尚潮流、健康安全的产品。艾瑞咨询预测,到2021年,中国居民人均可支配收入将达到3.6万元。人们对于消费的需求越来越旺盛,在消费者需求的驱动下,直接面向终端用户的跨境零售市场(B2C或C2C)规模在快速扩张,在2016第二季度之前(跨境电商新政出台之前),跨境零售市场的增速均在50%以上,B2C和C2C模式的占比也在迅速提升。根据艾瑞咨询报道,2017年,中国进口跨境电商零售市场的规模约为1113.4亿元,增长率为49.60%。预计在2020年,进口跨境电商零售业务占比将超过30%。

从交易对象看,跨境电商业务以B2B为主。B2B领域的市场格局相对稳定,阿里巴巴国际站占据了43%的市场份额,其余竞争者,除了慧聪网外,份额均不到5%。在出口增速放缓的背景下,信息服务型电商成长瓶颈出现,纯信息服务模式需迫切升级为一站式综合服务模式。

从交易品类看,跨境电商的交易品类较为集中。相关机构研究表明,成本优势强、标准化程度高的3C电子和服饰类产品的占比较高，其中3C电子产品占比高达41.2%。另外健康美容和母婴类产品增长势头强劲。据艾瑞咨询2018年报告显示，进口食品和美妆个护为中国跨境网购用户最常购买的品类，在个人经常购买的物品中占比分别为55.0%和49.0%；其次为服装鞋帽和箱包，占比为48.3%。

从出口跨境电商贸易对象看，美国和欧盟市场较为稳定，一些新兴市场，如东盟、俄罗斯、印度、巴西等地区和国家的交易也在迅速增长。当前，美国、欧盟、东盟成为我国的三大跨境电商贸易对象，交易额分别占到16.6%、15.3%和11.0%。

从用户群体来看，我国跨境电商用户主要由高学历、高收入、高职位群体构成。艾瑞调研数据显示，中国跨境网购用户以"80后""90后"为主。其中"80后"占比最多，约为56.3%；"90后"占比其次，为21.7%。从用户的职业分布来看，以企业一般管理人员和私营企业一般员工为主，占比分别为24.1%和15.3%。这类群体对生活品质的要求较高，对互联网购物非常熟悉，同时部分高收入群体愿意为质量较高的境外产品支付更高的价格，对跨境电商的接受程度较高。

（三）跨境电商的发展趋势

1. 三四线及以下城市的跨境消费将逐渐提高

根据国家统计局发布的信息，三四线及以下城市的消费支出在社会总零售中的占比有提高的趋势，一方面是三四线及以下城市人们总体收入在不断增长；二是新的消费观念不断形成，新兴城镇的消费者对高端产品的需求扩大；三是电子商务的基础设施在三四线城市不断完善，为跨境电商的普及和覆盖创造了条件。因此，三四线城市将逐渐成为跨境电商发展市场。

2. 新模式频出，全渠道成为发展新趋势

相较于普通的网购消费者，经常进行跨境网购的用户对产品有着更高的要求，更注重提高生活的品质和幸福感。用户在选购产品时不再只关注价格，而会对产品进行综合考量，关注质量、安全性、流行趋势等。在此背景下，对产品的要求苛刻、具有良好口碑的平台有更大的发展机会。为此，很多平台开始开展全渠道服务，如网易考拉、天猫国际等规模较大的电商平台都开始从纯粹网络渠道转向线上线下同时销售，向全渠道转变。通过线上线下结合方式来增强消费者的购物体验，从而增加消费者对其平台及产品的认同感。但由于跨境电商的零售店要方便消费人群，因此又不得不离开保税区，产品就需要缴纳全额税款，即关税＋消费税＋增值税，这在税收成本方面对企业具有一定的挑战。

3. 物联网、人工智能等新技术将引领跨境电商创新

随着"大云物移智"等技术的成熟，未来它们将被更多地应用于跨境电商领域。如自动仓储、自动化分拣系统、无人机送货、无人车送货等曾经被称为"黑科技"的科技形式，都逐渐被应用于跨境电商。而随着人工智能技术的成熟，人工智能将通过数据与商业逻辑的深度结合，利用人工智能、运筹优化等技术切实促进跨境电商零售供应链的升级。同时运用先进感知技术，大大提升用户体验，如美图美妆在科技测肤方面的创新。未来跨境电商领域将更多地引入物联网、移动互联网、人工智能等新技术进行效率升级和模式创新。

4. 跨境电商的运营管理更趋成熟

随着各国（地区）对跨境电商的重视，跨境电商的监管将收紧，不再是野蛮生长，企业

在境内外的合规化成为发展的一道门槛;随着跨境电商规模的扩大,规模化和服务全球的物流企业将受到欢迎;未来供应链金融产品将更加丰富,会出现面对不同卖家需求的金融产品,流动性更强、更稳定;采购国际化、市场多国化、运营国际化将成为趋势。

第二节 跨境电商 eBay 平台概述

eBay 发展历程及服务功能

【思考题】 你知道 eBay 的发展历程吗?

一、eBay 平台的主要服务功能

eBay 平台拥有 27 个独立站点,拥有 1.79 亿活跃买家,消费者遍及全球 200 多个国家和地区,真正实现了全球销售。中国卖家借助 eBay 全球平台,打造自由品牌,提升产品在世界范围内的可信度,为中国出口企业、商家提供出口电商网上零售服务,将中国制造销往世界各国(地区)。为了更好地服务卖家,eBay 积极布局出口电商“产业链”服务。同时 eBay 还通过建立网上社区把众多的买家和卖家集合在一起,然后在买卖双方之间以有效、有趣的拍卖形式销售各种个人物品。eBay 平台主要提供如下服务和功能。

(一)销售指导服务

eBay 平台为入驻卖家提供“售前准备、刊登物品、售出并发货”全套服务指导,包括跨境交易认证、业务咨询、疑难解答、外贸专场培训、电话培训、外贸论坛热线、洽谈物流优惠等,帮助卖家全面理解 eBay 销售政策,迅速熟悉平台操作和销售模式。同时为了卖家克服语言障碍,eBay 推出 APP Teck 机器翻译服务,提高了 eBay 的翻译服务水平,为中国卖家的跨境交易提供了更多方便。

(二)供应链管理和融资服务

eBay 与其合作伙伴共同为卖家提供完善的供应链管理服务,包括物流、仓储和融资等各个环节。在物流服务上,eBay 与第三方物流合作推出国际 e 邮宝(ePacket) 货运服务,服务中美贸易。在仓储管理上,eBay 推出美国、英国、澳大利亚、德国等地的海外仓储服务。为了确保卖家资金周转,eBay 还联合中国平安推出实用的融资方案,为 eBay 优质卖家提供无抵押无担保的信用贷款服务。

(三)交易促进服务

为了让买家找到需要的产品,eBay 推出“Best Match”(最佳匹配)搜索产品排序标准服务。如卖家向买家提供优质的产品和服务,可将物品展示在买家面前,促进交易信息的匹配。同时还提供近期销售记录(针对“一口价物品”),这是衡量卖家一条 Listing(产品刊登页)中有多少产品(Item)被不同的买家所购买的指标,如产品有越多的近期销售记录,越能取得曝光度。此外,eBay 利用大数据分析技术对市场进行深入分析,为卖家提供全球市场动态信息,让各位卖家及时了解国际市场动态,准确把握市场商机。

(四)外贸培训

eBay 平台设有“外贸大学”,数百家优秀外贸企业在此分享成功经验。此外,“外贸大学”推出了有针对性的各类专题课程供各位卖家学习,帮助卖家解决跨境贸易中遇到的各类问题。

（五）卖家保护政策

eBay 推出卖家保护政策，如由于买家不良行为或平台错误导致的不良交易记录移除政策；基于卖家表现的自动五星评价政策；通过 Buyer Requirement（买家要求）来屏蔽未符合一定标准的买家等，从举报及阻止不良买家等来保护卖家。从保护政策的有效执行、卖家质量评估监督等多方面入手，不断强化对卖家的保护和支持。

（六）高质量的本地服务

在本地服务上，eBay 拥有客户经理和客户服务团队，为卖家提供包括业务咨询、市场分析等一系列增值服务在内的高质量服务，为卖家业务的快速发展提供强大助力。

（七）其他企业增值业务

现有的增值业务有网上支付、物流配送和短信息服务。在网上支付方面，eBay 还与招商银行、中国银行、中国建设银行等合作，提供线上支付服务。

【思考题】 eBay 交易平台的运营模式是怎样的？

二、eBay 平台的运营模式

（一）eBay 信息流运作模式

eBay 提供了“站内信”的功能，使卖家能够轻松管理买家的电子邮件，及时与买家进行沟通。

（二）eBay 物流运作模式

eBay 为了提高物流和卖家效率，改善买家体验，推出了 SpeedPAK 物流管理方案、eDIS 平台和 eBay 亚太物流平台（ASP）等物流服务平台。SpeedPAK 物流管理方案是 eBay 联合物流战略合作伙伴橙联科技股份有限公司共同打造，以 eBay 平台物流政策为基础，为 eBay 中国出口跨境电商卖家量身定制的直邮物流解决方案。该物流方案具有与 eBay 平台对接、物流时效快、揽收扫描及时、受 eBay 平台保护等优点。ASP 是 eBay 为提高中国卖家物流处理效率，与中国邮政速递物流共同推出的物流管理平台，提供国际 e 邮宝、TNT、FedEx 、BPost（比利时邮政）和 UBI（利通物流）等物流服务。

eBay 平台运营模式

（三）eBay 资金流运作模式

PayPal 是 eBay 推荐的收付款工具。PayPal 在全球范围内拥有超过 1.57 亿活跃用户，服务遍及全球近 200 多个国家及地区，共支持 25 种货币收付款交易。在 2018 年 10 月，eBay 推出了官方的自主管理支付方式，实现 eBay 平台上的端到端支付体验，买家能够在 eBay 上完成结账和付款，完成他们所有的购买步骤，而卖家则能够直接收款到他们的银行账户，eBay 将在不同的站点上逐渐推出自主管理支付服务。

（四）eBay 盈利模式

eBay 的收费项目繁多，主要包括刊登费、店铺订阅费、成交费、PayPal 费、刊登升级费及其他增值服务费等。当卖家在 eBay 上刊登物品时，eBay 会收取一定比例的刊登费；物品售出以后，卖家一般需要缴纳成交金额 7%～13%不等的成交费。因此，在 eBay 上交易所产生的基本费用为刊登费加上成交费。此外,为物品添加特殊功能和使用买家工具还需缴纳相应的功能费。开设 eBay 店铺的卖家,每月还需额外支付相应的店铺月租费,根据所选的店铺级别不同,其月租费也不尽相同。

【思考题】 你了解 eBay 平台的主要特点吗?

三、 eBay 平台的主要特点

eBay 作为全球商务和支付行业的领导者,为买家提供了便捷、实惠、安全的消费平台,为卖家创造了一个全新的营销环境,概括起来,有如下特点。

(一)拍卖是平台销售的最大特色

eBay 卖家可通过两种方式在该网站上销售产品,一种是拍卖,另一种是一口价。其中拍卖模式是这个平台的最大特色。一般卖家通过设定产品的起拍价及在线时间,对产品进行拍卖,产品下线时竞拍出价金额最高者将获得拍卖物品。

(二)服务覆盖全流程

eBay 平台不仅为卖家提供从售前到售后的服务指导,还提供交易过程中的物流、仓储、融资和翻译服务,同时还设有"外贸大学"为卖家解决跨境贸易中遇到的问题。

(三)交易的产品以消费品为主

eBay 以销售消费品为主,产品类目以鞋服及配饰(Shoes, Clothing & Accessories)、家居园艺(Home & Garden)、eBay 汽车(eBay Motors)、收藏品(Collectibles)及健康与美容(Health & Beauty)品类为主,产品更新快而且种类数量大,eBay 全球卖家共刊登了 17.41 亿个产品 Listing。

(四)平台优势明显

eBay 平台具有门槛低、利润高、支付方便、销售方式灵活等优势。交易平台的开户门槛低,只需要简单注册一个 eBay 账户就可以在 eBay 上开始销售,销售方式灵活性大,提供的 PayPal 在线支付工具安全便捷,提现相对方便。

四、eBay 平台的全球市场

于 1995 年创立至今,从线上拍卖起家的 eBay 历经 20 多年的发展已经成为全球主要电商平台之一。eBay 主要有美国、英国、德国、澳大利亚、加拿大、法国、西班牙、意大利、韩国、南美洲、印度等站点,在英国和澳大利亚市场,消费者对 eBay 的关注度更是超过对亚马逊的关注度。我们通过 eBay 和相关研究机构发布的 2018 年平台信息可以了解该平台的市场情况如下。

(一)刊登产品数量庞大

根据电商调研公司 Marketplace Pulse 的数据,eBay 全球卖家共刊登了 17.41 亿个产品 Listing,这一数据意味着平均每位卖家刊登了 315 种产品。

(二)超 78 万家 eBay 商店

eBay 平台上现在已经拥有多达 783811 家 eBay 商店(eBay Stores),卖家在拥有自己的 eBay 商店之后可以获得工具来发展品牌并实现销售最大化。

（三）eBay 全球 Top 100 卖家分布

eBay 英国站卖家以强有力的优势主导了这份 eBay 全球 Top 100 卖家榜单，根据 Marketplace Pulse 的数据，eBay 全球 Top 100 卖家中有 35 个来自英国，35 个来自美国，21 个来自德国。

（四）eBay Top 卖家主攻产品类别

13％的 eBay Top 卖家主要销售鞋服及配饰品类，其他热门品类还有家居园艺用品（占 12％），eBay 汽车（占 11％），收藏品（占 9％）。

第三节 《跨境电商 eBay 立体化实战教程》的体系结构和主要内容

跨境电商是外贸的新业态，它颠覆了传统外贸领域的经营模式和商业格局。越来越多的中国企业和个人开始转变经营理念，创新业务模式，投身于跨境电商的浪潮。但是在抓住巨大商业发展机遇的同时，跨境电商从业者也面临着前所未有的挑战。选品、营销、物流、通关、支付、收汇与结汇、客服等都是跨境电商从业者面临的新问题。跨境电商行业要求从业者不仅要懂外语，还要具备外贸知识，更要熟练掌握电子商务的相关技能。

为了帮助跨境电商从业者和相关部门的管理者掌握跨境电商的基本知识和技能，市场上出现了大量关于跨境电商的书籍，尤其是针对亚马逊、速卖通、敦煌网、Wish 等主要跨境电商平台的书籍和教材不断出版，但针对 eBay 平台运营的书籍很少，本书将以 eBay 平台为研究对象，全面、系统地介绍在 eBay 平台上开展跨境电商业务的知识和技能等，可以帮助读者建立跨境电商的系统认知，掌握基本操作技能，为有志于从事跨境电商业务的读者，更好拓展国际市场提供服务。

一、《跨境电商 eBay 立体化实战教程》的体系结构

本教材的内容体系主要分三部分，由基础篇、提升篇和拓展篇构成，具体体系结构如图 1-5 所示。

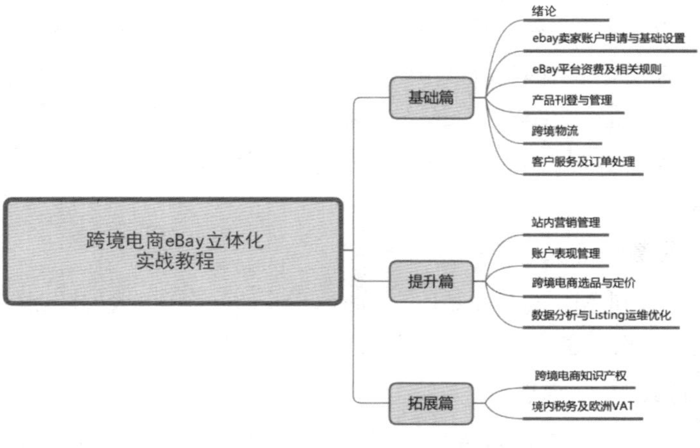

图 1-5 eBay 立体化实战教程体系结构

本教材重点从卖家的视角介绍跨境电商运作管理方面的知识和技能。基础篇首先是绪论，对跨境电商的交易模式、类型、发展现状等知识加以简要介绍，使读者对跨境电商有基本的了解。在此基础上，进一步介绍 eBay 卖家账户申请与基础设置、eBay 平台资费及相关规则、产品刊登与管理、跨境物流、客户服务及订单处理等，通过该篇的学习，能够让读者掌握在 eBay 平台上开展电子商务的基本流程，并可以尝试在平台上开展产品销售。提升篇重点在提升卖家在 eBay 平台上的运营能力，包括站内营销管理、账户表现管理、跨境电商选品与定价、数据分析与 Listing 运维优化等内容，通过对这些知识的学习和技能的锻炼，使得跨境电商的经营者可以获得更好的运营效果。拓展篇为跨境电商经营者在拓展国际市场中需要了解的跨境电商知识产权、境内税务及欧洲 VAT 等的知识。

二、《跨境电商 eBay 立体化实战教程》的特点

本教材采用浙江大学出版社开发的"立方书"平台，在书中嵌入二维码，配以视频讲解、知识拓展等内容，可以让最新的知识得到及时更新。总体来说本书有以下特点。

（一）内容体系完整

本教材由基础篇、提升篇和拓展篇构成，既有跨境电商基本知识的介绍，又有从跨境电商平台账户注册申请、产品发布、订单处理、选品分析、营销策略、知识拓展等方面围绕跨境电商各业务环节的知识技能介绍，使得读者在更全面了解跨境电商知识的同时，又能更好地获得跨境电商实操的基本技能。本教材又有别于一般的培训教材，除了介绍实操外，围绕 eBay 平台运作难点和重点增加了提升拓展的内容，如 Listing 诊断和优化、基于大数据分析的选品管理、多账户避免关联操作等介绍，各章节环环相扣，前后相连。

（二）内容展现立体化

"立方书"平台是基于"线上线下（O2O）、移动互联（APP）和用户创造价值（UGC）"三位一体的融媒体教材出版新形态，即通过互联网、移动互联网技术，在纸质图书中嵌入二维码，配套手机端应用、PC 端平台，将教材、课堂、教学资源三者融合，打造教材即课堂、即教学服务、即教学环境的新形态教学方式，实现线上线下结合的 O2O 模式，可以随时随地学习、交流与互动。有利于读者多渠道获取信息，在不同工作环境中学习和实践。

（三）融媒体技术运用充分

截至 2018 年，我国网民数量超过 8.29 亿，而手机网民占 98.6%，超过 8.16 亿，互联网的普及率达到 59.6%。我国也进入了全媒体时代，互联网已经成为人们获取知识的重要渠道，为了适应这一变化，本教材充分运用融媒体技术，在纸质书中嵌入了二维码，读者在阅读本书的过程中扫描二维码便可获取延伸知识，二维码链接部分以视频、音频、网页、APP、图片等形式展示，使得媒体技术得到充分运用。另一方面，作者可随时在 PC 端将二维码中的后台知识进行变更，这些知识的随时可更换性，体现了较强的时效性，使教材更新速度加快，教材内容的更新将不再受纸质书的限制。

本章小结

1.跨境电商是指分属不同关境的交易主体，通过电子商务平台达成交易，进行支付结算，并通过跨境物流送达产品、完成交易的一种国际（地区间）商业活动。

2.与传统国际贸易相比，跨境电商交易具有中间环节少、交易周期短、交易成本低、成交金额小、交易频次高等显著特征。

3.跨境电商的主要交易平台有亚马逊、eBay、敦煌网、速卖通、Wish 等。

4.跨境电商将在三四线及以下城市得到快速发展，跨境电商新模式将不断涌现，全渠道将成为跨境电商新的趋势，物联网、人工智能等新技术将引领跨境电商创新。

5.跨境电商的业务环节除境内电子商务交易的各环节以外，还需要经过海关通关、检验检疫、外汇结算、出口退税、进口征税等多个环节。

6.跨境电商的物流模式主要分为直邮模式、保税模式、集货模式、转运模式四种。

7.eBay 平台的主要服务功能有销售指导服务、供应链管理和融资服务、交易促进服务、外贸培训、卖家保护政策、高质量的本地服务和其他企业增值业务。

思考题

1.跨境电商的主要类别有哪些？

2.主要跨境电商平台的运营模式有何异同？

3.跨境电商的主要业务流程有哪些环节？

4.跨境电商的物流解决方案主要有哪些？

5.对于跨境电商未来发展趋势你有什么看法？

分析题

分析 eBay 平台与其他跨境电商平台商业模式的异同。

第二章

eBay 卖家账户申请与基础设置

学习要求

通过本章学习，掌握 eBay 卖家账户申请与基础设置的步骤。应了解 eBay 账户的基本类型及其区别，知晓账户申请前应符合的条件及需准备的相关资料，为账户类型选择及账户申请奠定基础；熟练掌握个人卖家账户与企业卖家账户的申请步骤；熟练掌握业务政策设置和站点偏好设置的所有内容，为账户的运营奠定基础。

卖家在 eBay 平台上进行产品售卖之前，应该做哪些准备工作呢？这是在进入 eBay 平台运营之前应该了解的，在这一章中将回答以下问题。

- eBay 卖家的账户类型有哪几种？它们之间有什么联系和区别？
- 作为卖家应该如何选择适合自己的账户类型？
- 个人卖家账户和企业卖家账户应该如何申请？
- 卖家账户申请后业务政策和基础设置应该如何操作？

第一节　账户类型及申请准备

一、账户的类型及其区别

（一）eBay 注册账户类型

根据注册主体不同，卖家账户分为个人卖家账户和企业卖家账户两种类型，不论是个人还是企业注册的账户都称为个人卖家账户，所不同的是企业在注册账户的过程中需要提供企业的名称。下文把这两种账户称为个人注册的个人卖家账户和企业注册的个人卖家账户，企业注册的个人卖家账户也可以在个人注册的个人卖家账户基础上更改得到。

企业卖家账户则必须通过业务拓展经理注册获得，是 eBay 平台比较推荐的一种账户类型。因为境外大部分的政策法规对跨境电商业务与具备企业资质卖家的定义是一致的，它们认为跨境电商业务包括转售产品、生产销售取得利润、保持一定频率地销售大量的产品、为了业务购买产品等，所以卖家可以通过企业资质的认证来证明自己具备运营跨境电商业务的资质。2014 年，eBay 针对中国跨境电商卖家推出了企业入驻通道，该项目可以帮助中国符合资质的企业卖家在账户创立初期获得相应的额度及其他辅助服务，助力企业卖家降低学习成本，拓展市场，尽早在 eBay 站稳脚跟。

（二）eBay 企业卖家账户的优势

通过 eBay 官方认证的企业卖家账户享有以下三种优势。

1. 更高的刊登额度

一般企业卖家账户享有更高的刊登额度，在特定品类下拥有较高的刊登额度。个人卖家账户只有 5 个可销售的额度，即一个月能卖出的产品数量只有 5 个。假设你 1 号就卖出了 5 个产品，到 30 号之前额度不提升就无法再多出售 1 个产品，只能等到下个月再卖，个人卖家也可以通过 VV 视频认证的方式进行额度提升，视频认证需要卖家跟着视频进行简单的操作，一旦通过，即可增加 76 或 100 的刊登数量的额度（视频认证的内容请参照第八章“账户表现管理”）。通过企业认证的企业卖家，其销售额度会大幅上升，基本在 1000～3000 个之间。审核部门还会根据卖家的账户表现给予额度提升的机会，额度基本上是每个月至少翻三番。个人卖家账户（按 5 个计算）在 3 个月后的最高额度只有 100 个左右，而经过认证的企业卖家账户 3 个月后则可达到近万的额度。

当然，被 eBay 认定为企业卖家的账户，也可能因为该账户处于不合格卖家级别的状态导致账户额度也无法得到提升。

经过认证的企业卖家，不仅可以获得更高的销售额度，还能获得长达 9 个月的账户扶持期，即账户通过审核以后，从销售产品开始的 270 天内，一般可分为 1～3 个月的积累期，4～6 个月的成长期和 7～9 个月的冲刺期。

2. 能得到 eBay 指定的客户经理的扶持

第一，最基本的是可以帮企业卖家解决问题。企业卖家运营过程中的共性问题，他们可以通过线上线下的培训进行学习，但一些个性化的问题，如这个产品是不是适合放海外仓？如果放海外仓用哪家物流？该什么时候进行发货？第一批货发多少 SKU？定价多少？什么时候发会好一点等问题，则需要客户经理参照其他卖家的经验或者多年的管理经验，给出比较专业的建议。

第二，及时进行账户分析和操作。eBay 的客户经理会帮各位企业账户卖家关注他们的账户，在账户出现问题之前，结合有关部门提供的数据，给予提醒或者提出更好的解决方案。

第三，平台政策的更新讲解。eBay 的平台政策根据实际需要会有不同程度的调整，卖家只有真正理解相关政策才能将账户运营得更好，客户经理的帮助能让卖家更好地理解政策的变动及其含义。

3. 优先参加市场活动

通过企业入驻通道的卖家可以免费参加 eBay 组织的各类卖家大会等。

【思考题】 一家具有一定规模的制造型企业，要成为 eBay 的卖家，应该选择哪种账户类型？为什么？

二、账户的申请准备

个人卖家账户和企业卖家账户的申请都要符合一定的要求并准备相关资料。

个人注册的个人卖家账户的申请相对简单，申请者只要是中国地区的合法公民即可，提交的资料包括手机号码、e-mail 地址、双币的 VISA 信用卡。企业注册的个人卖家账户则需要提供企业名称，但不需要营业执照等具体材料。

申请企业入驻通道的卖家必须符合更高的要求，并需要提供更为详细的资料，可扫描二维码了解更多信息。

以上内容具体更新情况可参考第二节中“企业卖家账户申请”部分。

【思考题】 个人注册的个人卖家账户、企业注册的个人卖家账户和企业卖家账户之间各有什么异同？

申请企业入驻通道的卖家必须符合的相关要求及需要提供的相关材料

第二节 账户申请

账户申请包括个人卖家账户和企业卖家账户的申请。通过个人注册的个人卖家账户可以变更升级为企业注册的个人账户。企业卖家账户可以在企业注册的个人卖家账户基础上进一步申请得到，或通过 eBay 提供的绿色通道进行申请。

一、个人卖家账户的申请

eBay 个人卖家账户如通过企业注册的，除了要提供公司名称外，其他申请步骤与个人注册的个人卖家账户申请一致。下面重点介绍个人注册的个人卖家账户的申请及升级为企业注册的个人卖家账户的申请步骤。

个人卖家账户申请

（一）个人注册的个人卖家账户的注册与认证

(1)登录 eBay 香港站首页(www://www.ebay.com.hk)，如图 2-1 所示，并点击界面左上角的“注册”。

图 2-1 eBay 首页

(2)跳转到登记注册信息的个人账户界面,如图 2-2 所示。

图 2-2　填写个人信息界面

(3)填写完成后,点击“登记成为会员”则注册成功。

(4)点击“继续”,会进入电话确认的步骤,电话确认可以选择“立即打电话给我”和“立即传送手机短信给我”,本书选择后者,如图 2-3 所示,此时,该手机号码将收到一个 PIN 码,然后输入 PIN 码完成电话验证,如图 2-4 所示。

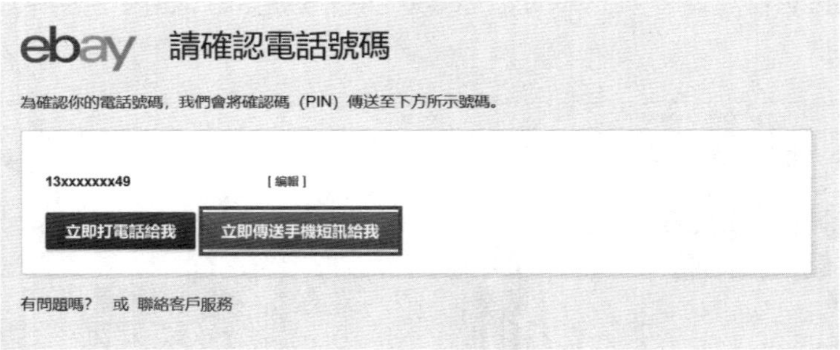

图 2-3　获取 PIN 码的界面

图 2-4　输入 PIN 码的界面

(5)电话确认后，进入刚才注册时填写的邮箱，打开 eBay 发过来的邮件，点击“确认”，进行邮箱确认，最终完成账户注册，如图 2-5 所示。

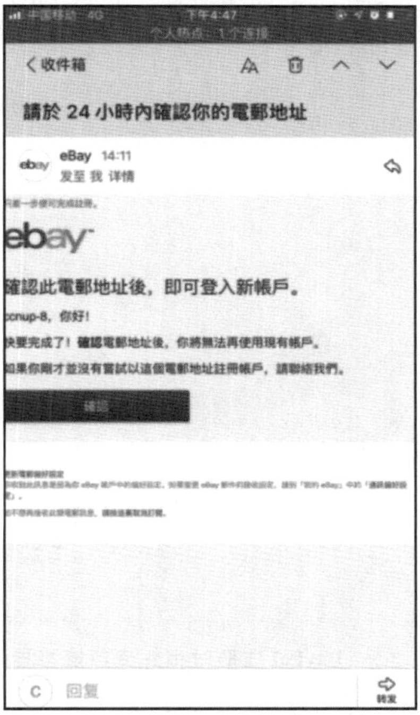

图 2-5　邮件地址确认界面

(二)注册 PayPal 资金账户

(1)登录 PayPal 的首页(https://www.paypal.com)，如图 2-6 所示。

图 2-6　PayPal 首页

(2)可以根据需要选择“个人账户”和“商家账户”，对应 eBay 的个人卖家账户，这里选择 PayPal 的“个人账户”，点击进入，输入相关信息后，即可完成账户的注册，如图 2-7 所示。

图 2-7　PayPal 注册时相关资料填写界面

(3)账户注册完成后,需要在邮箱中激活账户,如图 2-8、图 2-9 所示。

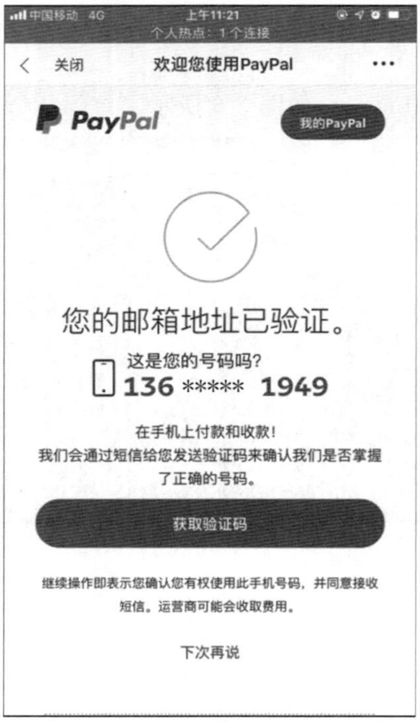

图 2-8　PayPal 发送邮箱激活验证码

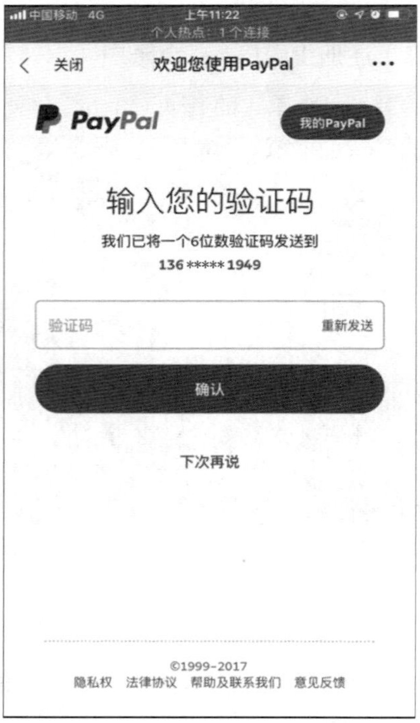

图 2-9　输入 PayPal 验证码

(4)账户激活后，需要关联信用卡。重新登录 PayPal 账户，出现关联信用卡的界面，点击“关联卡”，如图 2-10 所示。

图 2-10　PayPal 账户与信用卡账户关联界面

(5)填入信用卡相关信息后，输入手机验证码，关联信用卡并验证，如图 2-11 所示。

对账户进行验证，账户验证是确认账户中关联的信用卡或借记卡属于账户持有人。“已验证”状态可让其他 PayPal 用户更放心地与卖家开展业务。因此卖家想开始在 eBay 上开展销售业务，就必须先验证信用卡。

图 2-11　验证信用卡的操作界面

验证的步骤分为三步。

第一步，登录 PayPal 账户，点击用户界面上方的“钱包”，就能看到刚才关联的信用卡，显示状态为未验证，如图 2-12 所示。

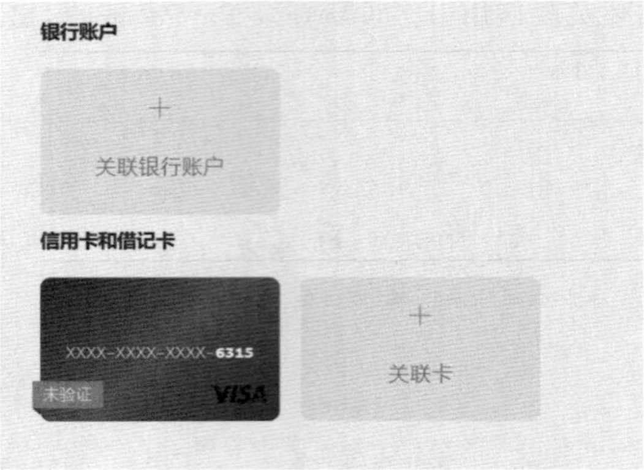

图 2-12　显示信用卡未验证界面

第二步，点击进入该卡片，看到“验证信用卡”按钮并点击，如图 2-13所示，进入输入验证码的界面。

图 2-13　信用卡详细信息界面

第三步，在验证卡的界面输入验证码，如图 2-14、图 2-15 所示。

图 2-14　输入验证码界面

图 2-15　显示信用卡扣款信息的界面

第四步，输入验证码且信用卡成功扣款以后，就会显示验证成功，在“钱包”界面显示的信用卡状态也变成了“已可使用”，分别如图 2-16、图 2-17 所示。

图 2-16　信用卡验证成功界面

自主管理支付

图 2-17　在 PayPal 中信用卡显示已可使用状态的界面

（三）绑定 eBay 账户和 PayPal 账户

eBay 账户申请的最后一步是绑定 eBay 账户和 PayPal 账户。

（1）在 eBay 中国香港站登录，点击“我的 eBay”进入账户后台，点击左侧“账户”标签页中的“PayPal”账户，进入 PayPal 账户资料界面，如图 2-18 所示。

PayPal 学习资源

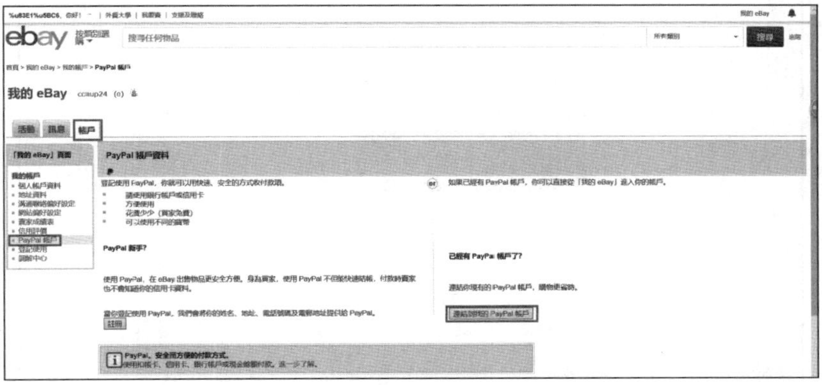

图 2-18　PayPal 账户资料界面

(2)点击图 2-18 中的“连接到我的 PayPal 账户”,输入 PayPal 的用户名和密码,点击“登录”,如图 2-19 所示。

图 2-19　登录并关联 PayPal 账户的界面

(3)账户成功实现关联。

(四) eBay 个人卖家账户的付款方式设置

在完成 eBay 个人卖家账户的申请后,卖家就可以点击“我要卖”进行产品的刊登,这时卖家会发现刊登完产品后,在网站中仍旧找不到自己的产品,这是因为卖家没有在 eBay 账户中设置付款方式。因为刊登产品可能会涉及部分费用的支出,所以卖家可以在账户注册完毕后,进入后台设置付款方式。主要步骤如下。

(1)在 eBay 中国香港站登录后,点击“我的 eBay”,进入卖家后台界面,在界面下方找到“功能总览”并点击,如图 2-20 所示。

图 2-20　eBay 卖家后台界面

(2)在“功能总览”界面中,找到“卖家账单”中的“卖家自动付款方式”并点击进入“自动付款界面”,如图 2-21 所示。

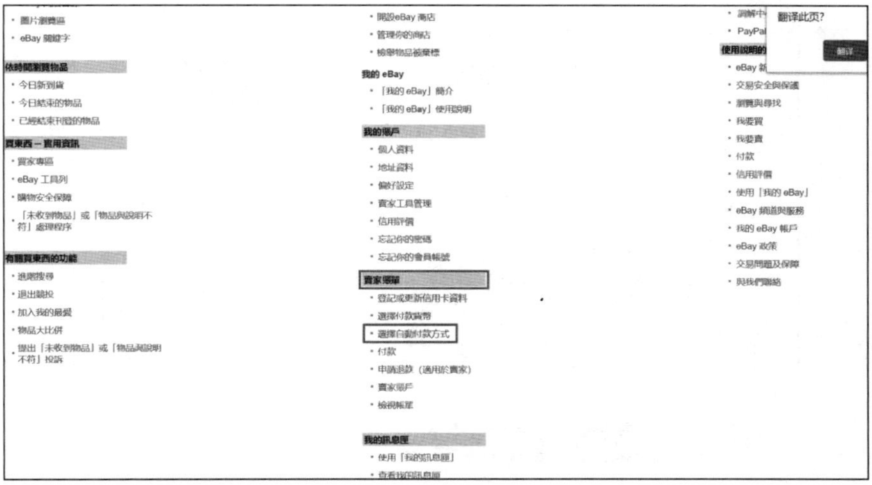

图 2-21 “功能总览”界面

(3)在选择自动付款界面有信用卡和 PayPal 两种自动付款方式可选,如图 2-22、图 2-23所示。

图 2-22 选择信用卡为自动付款方式的界面

图 2-23　选择 PayPal 为自动付款方式的界面

(4)此演示步骤选择 PayPal 为自动付款方式，点击图 2-23 中的“同意并继续”，按照指示填写相关资料即可，此时就可以在卖家后台“账户”栏目下“卖家账户”中看到自动付款方式为 PayPal，如图 2-24 所示，同时点击图中的“变更”项目可以更改自动付款方式。

图 2-24　eBay 卖家账户后台“卖家账户”界面

(5)设置完成后即可进入产品刊登界面。

(五)个人注册的个人卖家账户升级为企业注册的个人卖家账户

企业注册的个人卖家账户可以直接申请，也可以从已有的个人注册的个人卖家账户中升级得到。当个人注册的个人卖家账户要升级为企业卖家账户时，也必须先将其升级为企业注册的个人卖家账户。变更为企业注册的个人卖家账户的步骤如下。

(1)登录个人注册的个人卖家账户后,点击“我的 eBay”进入后台,点击“账户”后,选择下方的“个人账户资料”,如图 2-25 所示。

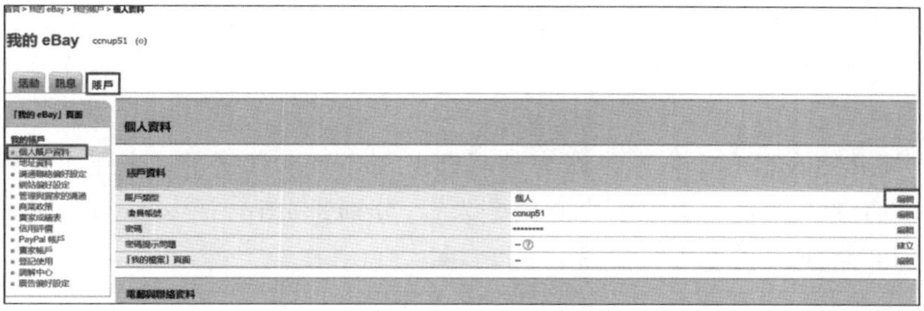

图 2-25 个人账户资料界面

(2)点击图 2-25 中“账户类型”旁边的“编辑”,进入变更界面,如图 2-26 所示。

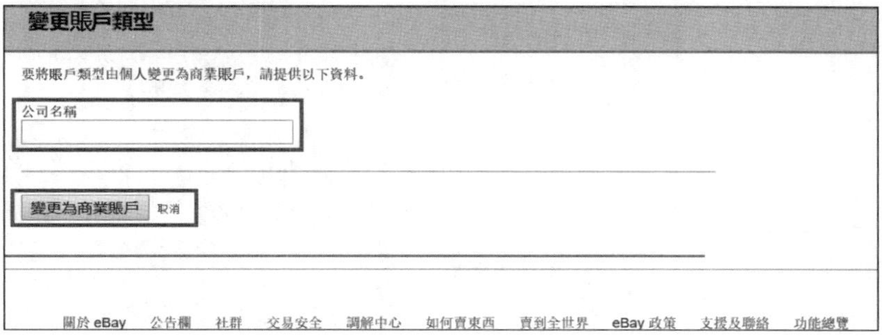

图 2-26 变更账户类型界面

(3)输入公司名称,点击“变更为商业账户”,系统直接跳转到后台,同时在申请者的邮箱里会收到一封确认邮件,完成变更操作,如图 2-27 所示。

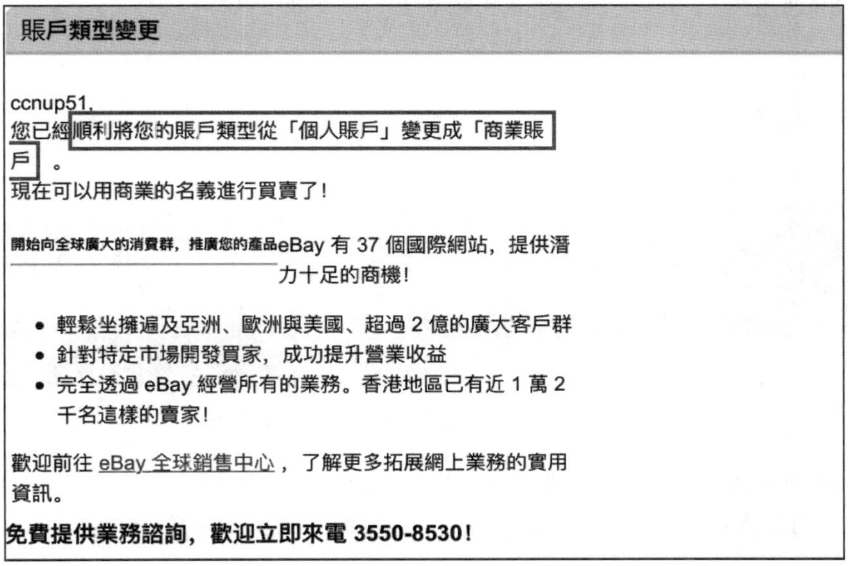

图 2-27 来自注册邮箱的确认信息

二、企业卖家账户的申请

企业卖家账户申请

企业卖家账户的申请有两种途径，一种是联系 eBay 的招商经理直接申请，另一种是在已有的个人卖家账户的基础上申请企业卖家账户。后者可以分为两种申请方式，一是向 eBay 直接申请，二是采取第三方实地考核的方式申请。

下面详细介绍在已有个人卖家账户的基础上，向 eBay 直接申请企业卖家账户关键步骤。向 eBay 直接申请企业卖家账户有两个入口，分别是 http：//www.ebay.cn 首页上的“卖家中心”和“企业入驻通道”，如图 2-28 所示。

图 2-28　企业卖家账户入口

(1)从不同入口进入企业入驻通道。

图 2-29 所示为从“卖家中心”进入申请企业入驻界面。

图 2-29　由“卖家中心”进入企业入驻申请界面

图 2-30 所示为从“企业入驻通道”向 eBay 直接申请企业入驻。

从以上两个入口进入申请企业入驻环节后，后续步骤基本一致。

图 2-30　由企业入驻通道进入申请企业入驻界面

(2)卖家需先登录已有的企业注册的个人账户,如图 2-31 所示。

图 2-31　登录企业注册的个人卖家账户的界面

(3)登录后需要对“企业入驻通道”做应用的授权,卖家会看到如图 2-32 所示的标准的 eBay 应用授权界面,请点击“Agree”按钮。

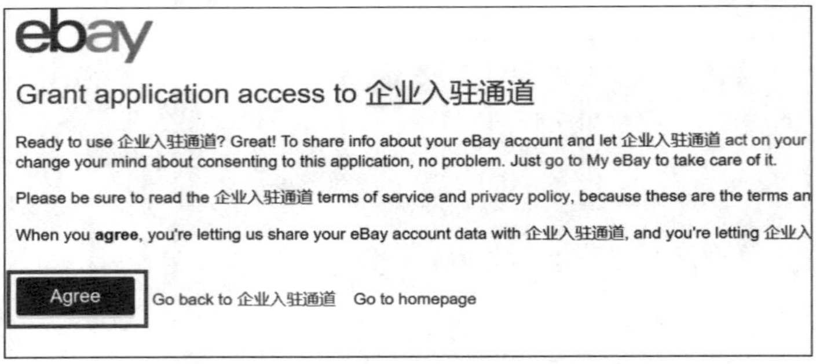

图 2-32　授权进入"企业入驻通道"的界面

(4)授权后,企业入驻通道会检查卖家的申请账户是否满足企业入驻通道的申请要求。若符合要求,卖家即可填写申请表,如图 2-33 所示。

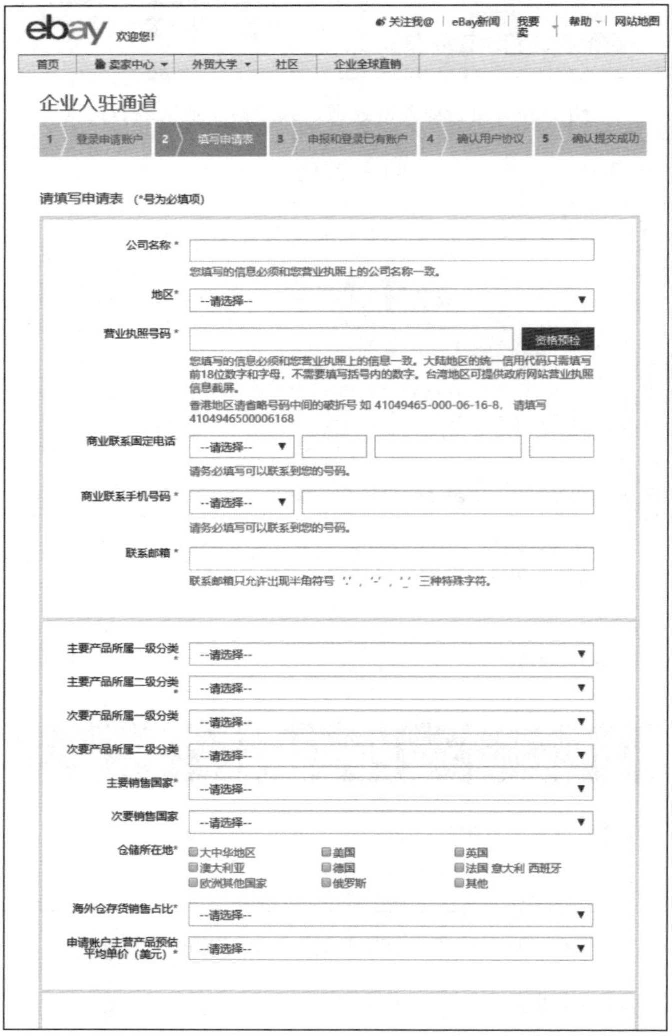

图 2-33　企业入驻通道申请表

如不符合申请要求，申请者将看到 eBay 拒绝的反馈及相应的理由，比如“抱歉，企业入驻通道接受的账户类型为新账户（从第一笔交易起 270 天以内）或有客户经理的账户，您的账户不符合以上要求”。

（5）按照“申请表填写的内容说明”二维码中的填写要求填写申请表中的内容。

申请表填写内容说明

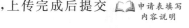

（6）填写完要求的信息之后，再上传准备好的资料，包括营业执照、法人代表身份证正面、法人代表身份证反面及公司地址证明等，上传完成后提交申请并等待。

（7）邮件查收审核结果。eBay 工作人员会在 7 日内处理这个申请，并将审核信息发送至电子邮箱和“我的 eBay”。

上文提及的第三方实地考核方式可通过扫描二维码进一步了解。

第三方实地考核方式注册企业卖家账户

【思考题】 注册企业卖家账户有哪几种途径？

第三节 账户基础设置

业务政策设置

一、业务政策设置

【思考题】 业务政策设置包括哪几方面的内容？

当卖家在 eBay 上完成注册，准备刊登 Listing 并进行售卖的时候，卖家都必须在 Listing 界面上向买家明确说明如何付款、退货及发货等信息，这就要求卖家在后台统一创建并且储存付款、退货和发货等业务政策设置（Business policy）来简化撰写、管理 Listing 的流程，提升卖家的工作效率。如果卖家的付款、退货和发货等政策因产品而异，那么卖家需要设置几套不同的业务政策模板，这些模板既可以用于新建的 Listing，也可以应用到已有的 Listing 中。在正式开始使用业务政策功能前，首先卖家需要扫描“申请加入 Business policy”功能二维码加入此功能。

申请加入 Business policy

加入之后，卖家就可以从 Seller Hub（其网址为 http://www.ebay.com/sellerhub）中的“Account”模块中点击“Business policies”进入业务政策管理的界面。以美国站为例对三种业务政策设置步骤做出说明。业务政策创建界面如图 2-34 所示。

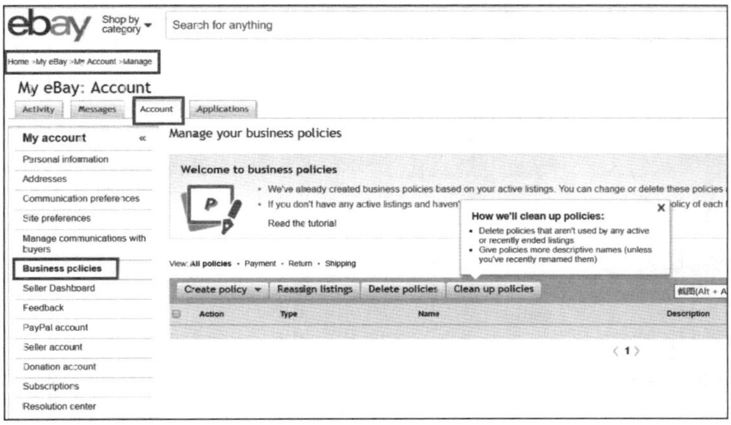

图 2-34 业务政策创建界面

【思考题】 如果不设置商业政策，还能刊登 Listing 吗？

（一）创建付款政策

付款政策是买家在购买产品时的付款方式，例如使用 PayPal 进行支付。不论是用“一口价”（Fixed Price）形式还是“拍卖”（Auction）形式刊登产品，卖家都需设置产品的付款方式。设置付款政策的操作步骤如下。

（1）在图 2-34 中，单击“Business policies”界面中的“Create policy”按钮，在下拉列表中选择“Payment”，创建一个新的付款政策。

（2）在创建付款政策界面中，可在“Policy name”对应的文本框中输入付款政策名称，在“Policy description”对应的文本框中输入付款政策说明，如果要将正在设置的付款政策设为默认政策，可勾选“Set as default payment policy”，如果没有设置默认的付款政策，在刊登 Listing 的时候会把多个支付政策中最后创建的那个作为默认值。

（3）在“Electronic payment methods（fee varies）”中可设置付款方式。如要将 PayPal 作为支付方式，需勾选 PayPal，然后在“Your PayPal account e-mail address”下的文本框中输入 PayPal 邮件地址。

如需买家立即支付，可勾选“Require immediate payment when buyer uses Buy It Now”。勾选这个选项有两个前提：第一是直到付款成功，这些 Listing 都是可以正常售卖的，第二是产品的售价必须是包括运费的总价。

（4）如有额外的付款说明，可在“Additional payment instructions（shows in your listing）”中填写，设置完毕后，点击“Save”保存，如图 2-35 所示。

图 2-35 创建付款政策界面

（二）创建退换货政策

为了提升买家的购物体验，卖家一般都会提供退换货的服务，有退换货服务的卖家都要设置退换货政策，指定退货条件及退货期限等细节。清晰的退换货政策可让买家消除购买担心，在 Listing 刊登时提供完善的退换货政策有助于获得竞争优势，提高成交率。设置退换货政策的操作步骤如下。

（1）在业务政策界面中（见图 2-34），单击“Create policy”按钮，在下拉列表中选择“Return”创建一个新的退货政策设置界面，如图 2-36 所示。

（2）在创建退换货政策界面中，在“Policy name”对应的文本框中输入退货政策的名称，在“Policy description”对应的文本框中输入退货政策说明，如需将退货政策定为默认政策，可勾选“Set as default return policy”。

（3）在具体退换货政策设置部分，可勾选“Domestic returns accepted”表示接受退货，需提供起码 30 天的退货时间。

（4）可在“Return shipping will be paid by”下方的复选框中选择运费的分担方式，“Buyer”为买方承担退换货运费，“Seller”为卖方承担退换货运费，即 free return。

（5）同样，在“International returns accepted”做相应的设置。

（6）设置完毕后请点击“Save”保存。

图 2-36　创建退换货政策的界面

(三)创建物流政策

物流政策提供有关运送的细节,如指定处理时间、提供的运送方式及运费等信息。设置物流政策的操作步骤如下。

(1)在业务政策界面中,单击“Create policy”按钮,在下拉列表中选择“Shipping”,创建物流政策,物流政策创建界面如图 2-37 所示。

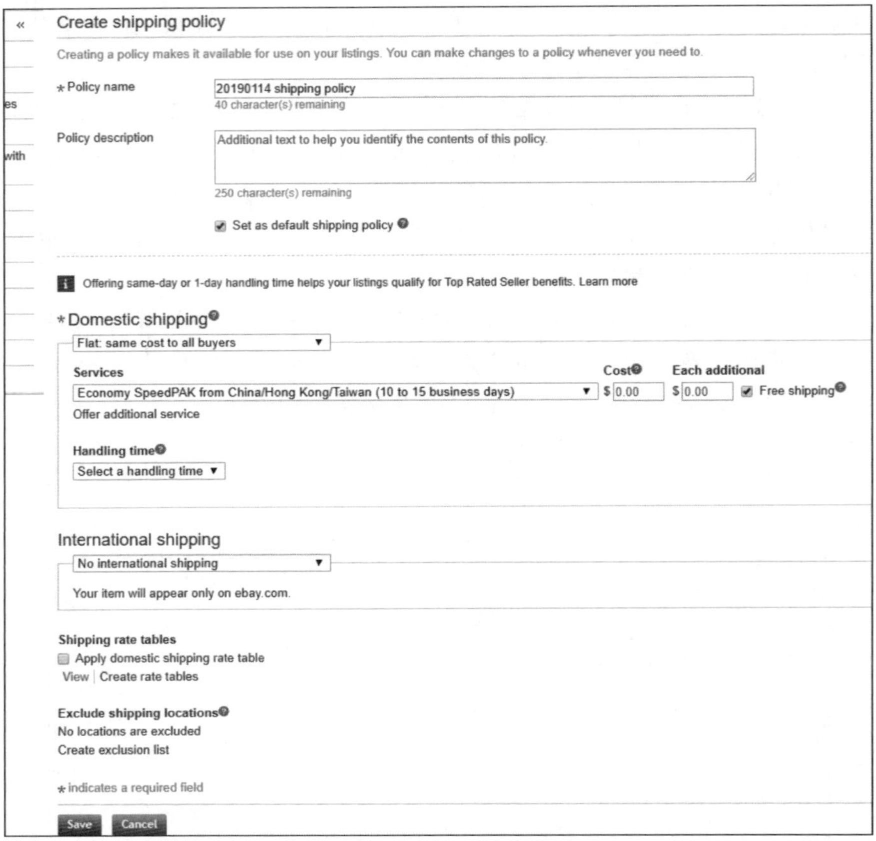

图 2-37 创建物流政策界面

(2)在创建物流政策界面中,在“Policy name”对应的文本框中输入物流政策的名称,在“Policy description”对应的文本框中输入物流政策说明,如要将正在设置的物流政策定为默认政策,可勾选“Set as default shipping policy”选项。

(3)在创建物流政策界面中,在“Domestic shipping”中可设置前往美国的货运细节,可在“Domestic shipping”下的复选框中选择“Flat:same cost to all buyers”,为每件物品设定固定运费,“Calculated:cost varies by buyer location”为不同地区的买家设置不同的运费,“Freight:large items over 150 lbs”可为超过 150 磅的大型物品设置运费,“No shipping:local pickup only”则将物品设置为本地交货无运费。一般个人卖家都是出售小物品,可选择“Flat:same cost to all buyers”,如图 2-38 所示。

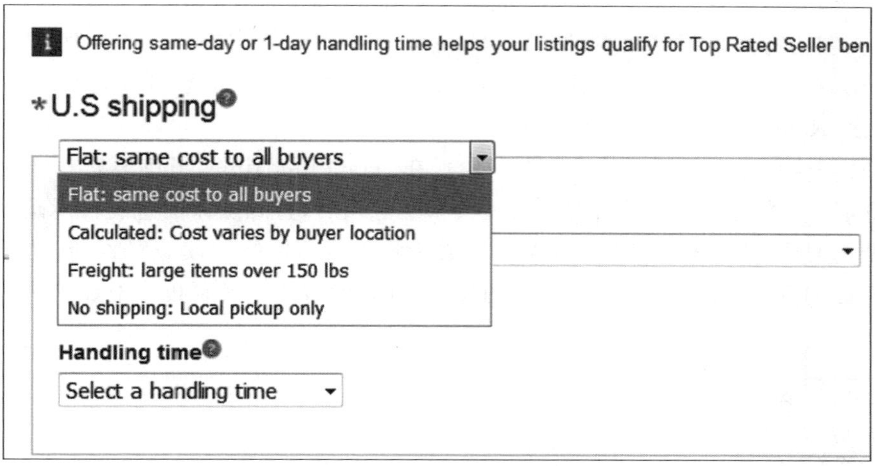

图 2-38　固定运费设定

(4)在图 2-37 创建物流政策界面中,“Services”下的复选框中可选择具体的运送服务,按照产品快递发出的地点不同可以分为从美国本土发出的快递和从美国以外的地区发出的快递(比如从中国、印度等),这两种运送服务按照时效又可以分别分为 Economy services(经济型服务)、Standard services(标准型服务)和 Expedited services(快递型服务),如图 2-39 所示。

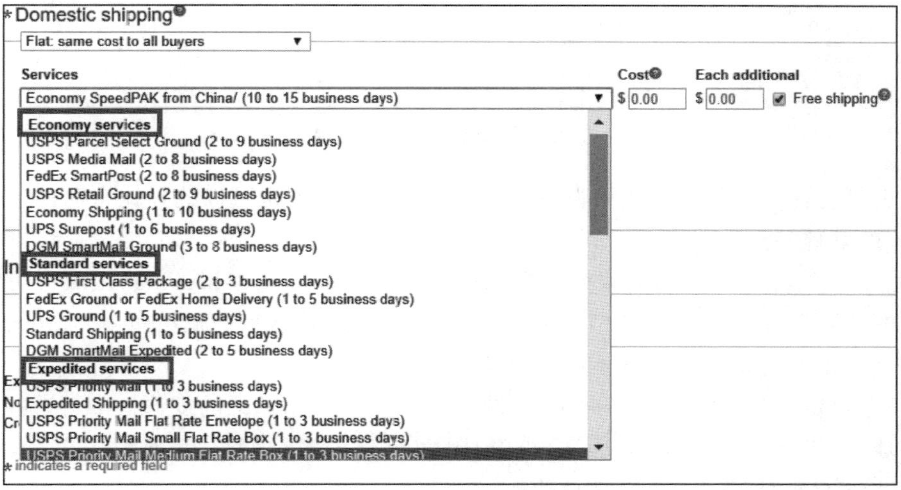

图 2-39　按照时效所分的三种不同的物流方式

以美国站点的卖家为例,卖家可以根据自身的情况做出选择,例如,作为中国普通小件物品的直邮卖家,一般都会选择标准型服务,因为经济型服务对账户表现会有一定的影响。

(5)按照图 2-40 所示,在“Cost”下面的文本框中需填写产品的运费,在“Each additional”下面的文本框中填写每增加一件物品所要多付的运费。同时,可勾选“Free shipping”将产品设置为包邮以增加物品曝光率,很多情况下卖家都会选择包邮,但是包邮的时候卖家要核算好物流成本和其他成本，对产品做出合理定价。

（6）在创建物流政策界面中（见图 2-40），点击“Offer additional service”可增加更多运输服务，比如上文提及如果同时选择 SpeedPAK 和 eDIS，就需要增加多运输服务，如不需要，可点击“Remove service”取消。

（7）在创建物流政策界面中（见图 2-40），在“Handling time”下的复选框中可选择物品的处理时间，处理时间是指当卖家收到买家的付款后，直到卖家的包裹被承运商扫描揽收所需要的时间（工作日）。选择当天发货或者隔天发货将提升卖家的级别，当然卖家应该考虑自己的实际情况，给自己留足够的发货时间，没有如期发货也会对账户表现产生负面影响。

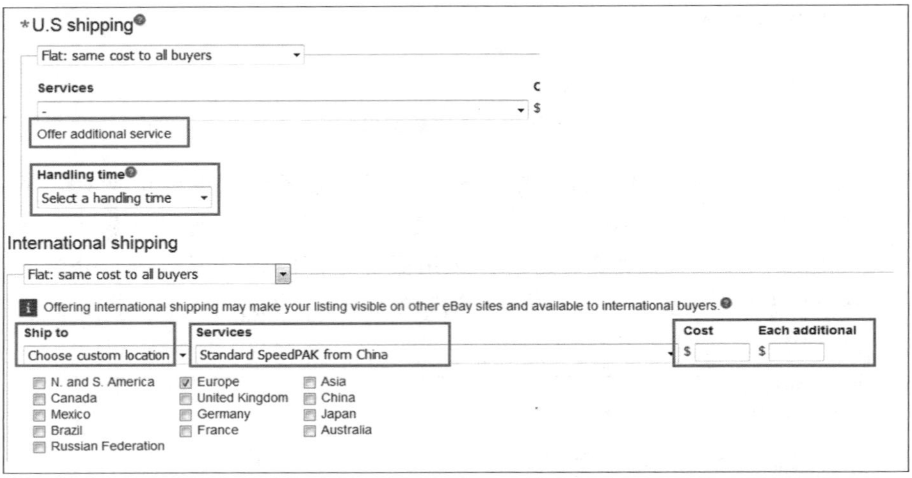

图 2-40　国际运输方式选择

以上是发往美国的物流政策设置，除了发往美国，卖家也可以选择让自己的产品出现在 eBay 的其他站点上。

（8）在图 2-40 中创建物流政策的界面中，在“International shipping”区域中可设置除美国外的国际（地区间）货运细节，如果卖家提供国际（地区间）航运，可在“International shipping”下的复选框中选择货运收费方式。

（9）在自定义目的地设置界面中（见图 2-41），在“Ship to”下的复选框中可选择要寄送的目的地，请谨慎使用“Worldwide”选项，因为部分国家（地区）可能无法送达，可选择“Choose custom location”自定义目的地。

（10）在自定义目的地设置界面中（见图 2-41），可在“Services”下的复选框中设置具体的物流服务，在“Cost”下的文本框中填写产品的运费，在“Each additional”下的文本框中填写每增加一件产品需多付的运费。

（11）在自定义目的地设置界面中（见图 2-41），点击“Offer additional service”可增加更多运输服务，可为不同地区设置不同的运输服务和费用，如不需要，可点击“Remove service”取消。

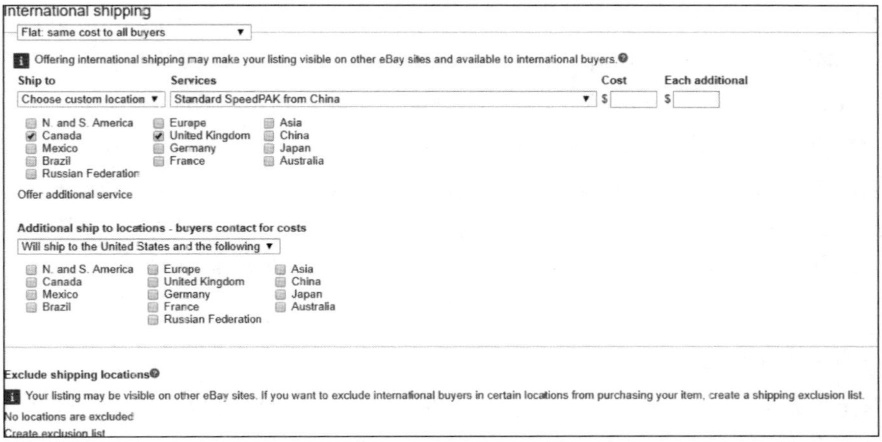

图 2-41　自定义目的地设置

(12)在创建物流政策界面中(见图 2-37),可在“Shipping rate tables”区域编辑航运费率表,点选“Apply domestic shipping rate table”来应用美国航运费率表,亦可点击“View/Create rate tables”来查看或创建具体的航运费率表。

(13)在创建物流政策界面中(见图 2-37),在“Exclude shipping locations”中设置不能运达的国家/地区,可点击“Create exclusion list”来创建不能运达的国家/地区列表。

(14)设置完货运政策后,点击“Save”保存。

最终完成了三种业务政策的创建工作,如图 2-42 所示。

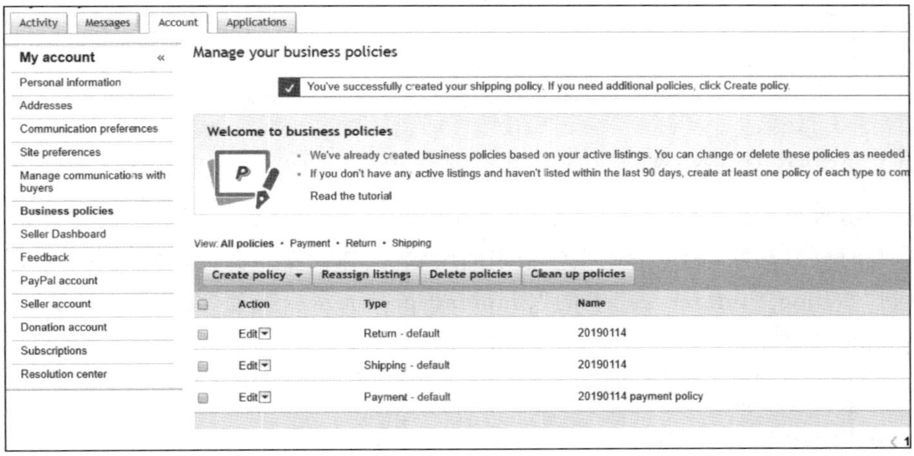

图 2-42　业务政策设置完成界面

二、站点偏好设置

【思考题】 站点偏好设置包括哪几个方面的内容,他们的作用分别是什么?

作为一名 eBay 卖家,Listing 刊登前的站点偏好(Site Preference)设置非常有必要,能够在后期的运营中避免一些隐患。这些设置包括无货隐藏设置(Out-of-stock)、客户电话必填设置(Require phone number for shipping)、屏蔽不发货地区设置(Exclude shipping locations)、每日截单时间设置(Order cut off time for same business day handling)、屏蔽买家设置[Block buyer(Buyer requirements)]、常见问答设置(Manage communications with buyers-FAQ page setting)、未付款纠纷自动处理助手(Unpaid Item Assistant)、自动退货设置(Return preferences)。本节内容在"Site Preferences"界面,对无货隐藏设置、客户电话必填设置、屏蔽不发货地区设置、每日截单时间设置等做主要介绍(屏蔽买家设置、常见问答设置、未付款纠纷自动处理助手、自动退货设置等客户关系管理相关内容的设置详见第六章"客户服务及订单处理"),设置的路径统一为:"My ebay"下点击"Account",再选择"Site Preferences"。

(一)无货隐藏设置

选择无货隐藏(Out-of-stock)设置后,当物品的库存为零时也不会下线,这样就能够保存该物品的销售数量和销售排名。具体设置步骤是在"Site Preferences"界面找到"Selling Preferences"中的"Sell Your Item Form and Listings"选项,在该选项下找到"Use the out-of-stock-option",选择旁边的"Yes"并点击"Apply",如图 2-43 所示。

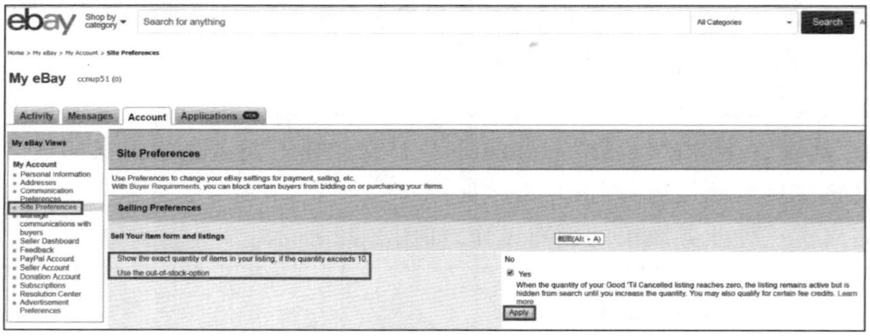

图 2-43 无货隐藏设置(Out-of-stock)界面

(二)客户电话必填设置

勾选客户电话必填 (Require phone number for shipping)选项便于快递公司在配送货品时,及时联系买家,避免沟通不畅带来的问题,具体设置步骤为:在"Site Preferences"界面找到"Selling Preferences"中的"Shipping preferences",为"Require phone number for shipping"选项选择"Yes"并点击"Apply",如图 2-44 所示。

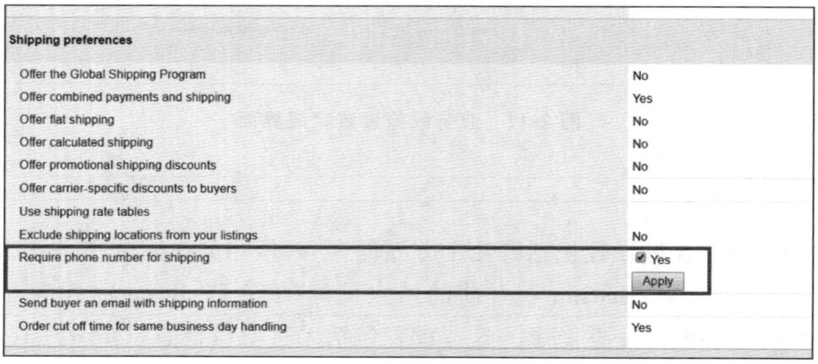

图 2-44 客户电话必填设置界面

（三）屏蔽不发货地区设置

屏蔽不发货地区（Exclude shipping locations）的地址的具体步骤为：在“Site Preferences”界面找到“Selling Preferences”中的“Shipping preferences”，对“Exclude shipping locations from your listings”选项进行设置，卖家可以根据自己的实际情况，排除美国站点中的某些快递区域，如图 2-45 所示，可选择排除 Alaska/Hawaii（阿拉斯加/夏威夷）等偏远地区，也可以选择排除 US Protectorates（美国保护国）、APO/FPO（美国军队/舰队邮局）和 PO Box（邮政信箱）等，在全球范围内，卖家也可以选择全球配送或部分国家（地区）不配送的情况。在图 2-45 中下方点击“Exclude shipping locations”后的“Show all countries”，显示具体国家（地区）来选择不运送的地区列表。选择完成后，点击“Apply”按钮保存。

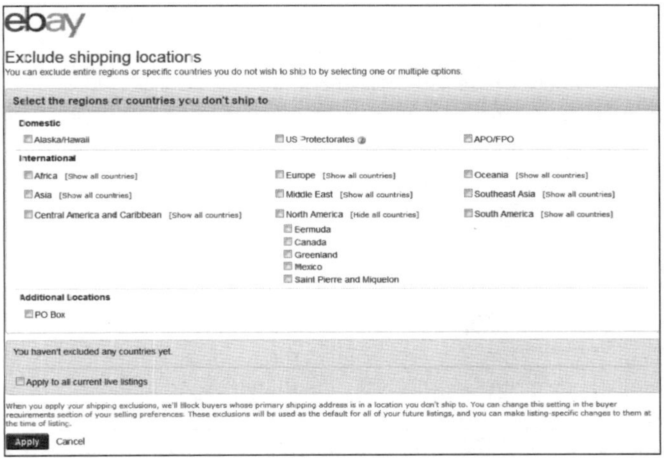

图 2-45　屏蔽不发货地区设置界面

设置完不发货地区列表后，卖家还需要屏蔽主要收货地址在不发货地区列表中的买家的购买。具体的设置方法如下：进入“Site Preferences”中的“Buyer Requirements”旁边的“Edit”，在设置界面中，勾选“Buyers in locations to which I don't ship”，点击“Submit”提交保存，如图 2-46 所示。

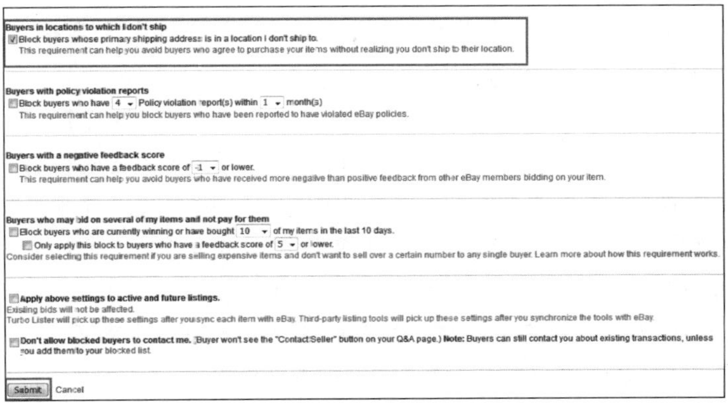

图 2-46　屏蔽收货地址在不派送范围内的买家的界面

PO Box和APO/FPO对物流设置的影响具体可以参见二维码中的内容。

PO Box和APO/FPO对物流设置的影响

（四）每日截单时间设置

每日的截单时间，默认是每个太平洋时间工作日的下午2点。如果卖家需要设置每日截单时间（Order cut off time for same business day handling），其路径为：在"Site Preferences"界面找到"Selling Preferences"中的"Shipping preferences"，点击"Order cut off time for same business day handling"对应的"Edit"进行编辑，如图2-47所示。可以根据实际情况，对时区和时间点进行编辑调整。

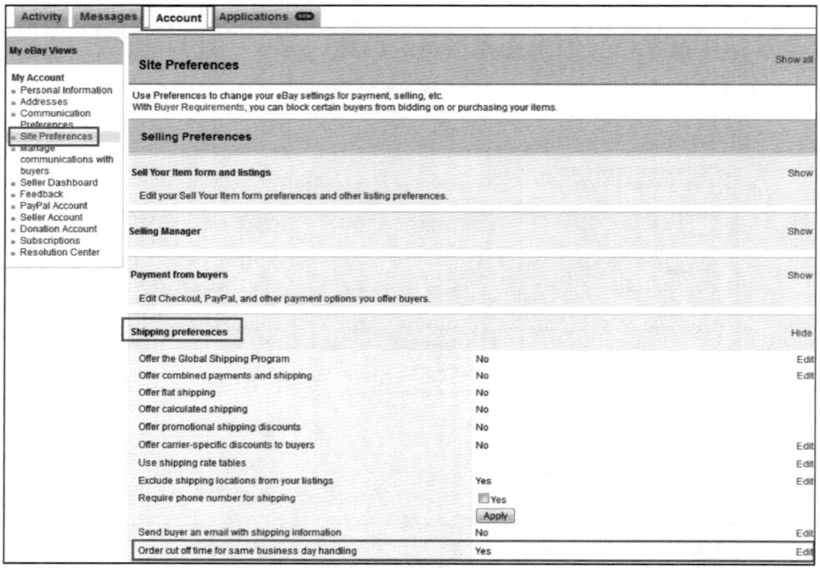

图2-47　订单截止时间设置界面

本章小结

1.根据注册主体不同，卖家账户分为个人卖家账户和企业卖家账户两种类型。企业卖家账户比个人卖家账户享有更多的权限。

2.个人卖家账户可以分为个人注册的个人卖家账户和企业注册的个人卖家账户，企业注册的个人卖家账户可以由前者升级获得。相比个人注册个人卖家账户，企业注册的个人卖家账户还需要提供企业名称。

3.企业注册的个人卖家账户不是企业卖家账户，企业卖家账户需要符合更高的要求。其一，必须是企业注册的个人卖家账户；其二，PayPal账户必须完成认证。企业卖家账户还需要提供更多的资料，包括营业执照、法人代表身份证明和公司地址证明。

4.卖家业务政策包括付款政策、退换货政策和物流政策等，通过设置卖家业务政策可以简化撰写、管理Listing的流程，提升卖家的工作效率。

5.站点偏好设置包括无货隐藏设置、客户电话必填设置、屏蔽不发货地区设置、每日截单时间设置、屏蔽买家设置、常见问答设置、未付款纠纷自动处理助手、自动退货设置。

思考题

1.卖家账户的类型有哪些？

2.个人卖家账户的类型有哪些？

3.企业卖家账户的申请需要符合哪些要求并准备哪些素材？

4.为什么要进行卖家业务政策设置？卖家的业务政策设置包括哪几个方面的内容？

5.站点偏好设置的主要内容有哪几个方面？他们的作用分别是什么？

操作题

1.申请个人卖家账户。

2.申请企业卖家账户。

3.设置卖家业务政策。

4.设置卖家站点偏好。

第三章

eBay 平台资费及相关规则

学习要求

本章主要介绍 eBay 平台的资费情况及相关规则。通过本章的学习，可以了解刊登费、成交费、刊登升级费、店铺费用及广告服务费等几种主要的平台资费情况；理解 eBay 平台对卖家刊登产品种类与刊登信息的相关规定；熟悉 eBay 平台对卖家的保护与约束；掌握平台所规定的信用评级政策，从而为卖家维护自身权益与更好地为买家服务奠定基础。

作为 eBay 平台上的卖家，你是否了解 eBay 平台资费由哪些部分组成？是否了解自己应该遵守哪些规则，以及如何保障自己的权益呢？在这一章中将回答以下问题。

- eBay 平台是如何向卖家收取刊登费用的？
- eBay 平台是如何向卖家收取成交费用的？
- 作为卖家应该如何维护自己的权益？
- 作为卖家需要遵守哪些平台规则？
- 卖家的信用评价包括哪几个方面的内容？

eBay 平台的刊登资费

第一节 平台资费

一般 eBay 会向平台卖家收取两种类型的基础费用：刊登费（Insertion Fee）和成交费（Final Value Fee），这些费用又会因为产品的售价、刊登形式、刊登时选择的分类及卖家的账户表现等具体情况而异。另外卖家可能还会为使用增值服务向平台付费，如刊登选项升级费用、店铺订购费及广告费等。以下将对基础刊登费用和增值服务费用的相关内容进行介绍，包括刊登费、成交费、刊登选项升级费、店铺订购费及广告服务费等。

一、刊登费

（一）刊登与重新刊登的费用

当卖家刊登 Listing 的时候，需要为刊登付费，若该物品从属于两个类别，卖家还需要为第二个分类付费。

当卖家将未出售的物品重新刊登时，需要为重新刊登付费，当然每个卖家都有一定的免费刊登数量，这个数量包含重新刊登的数量，即只有当刊登和重新刊登的数量超过免费刊登数量时，重新刊登才需要缴费。

（二）免刊登费的 Listing 数量

每个月，卖家都将获得至少 50 条免刊登费（Zero Insertion Fee，ZIF）的 Listing 数量。如果卖家订购了 eBay 店铺，将获得更多的免刊登费的 Listing 数量。卖家在无店铺和有不同级别店铺的情况下可享受的免刊登费的数量可参考二维码中的信息。

不同情况下卖家免刊登费的 Listing 的数量

免费刊登的 Listing 出售后仍需要缴纳成交费，使用其他增值服务的时候也需要缴纳相应的费用。

（三）拍卖 Listing 中的重复刊登费和多属性 Listing 的刊登费

eBay 禁止一口价刊登采用重复刊登的方式，而拍卖可以采用重复刊登的方式，但是只显示一条刊登，另外一条不会在 eBay 平台上显示，除非第一条 Listing 有买家参与竞拍，第二条 Listing 才会在平台上显示。如果对一个 Listing 采用拍卖形式的重复刊登，eBay 会对卖家收取重复刊登的费用，即使第二条刊登还没有在平台上显示出来。

针对多属性产品刊登，每次刊登只需支付一次刊登费。收取费用的标准是以刊登的起始总价为基础的，比如所刊登的产品有 4 个属性，产品价格是 10 美元，那么收费的基础数据是 40 美元。

（四）针对 GTC Listing 的刊登费

设置 GTC（Good'Till Cancelled）的 Listing 每一个自然月自动循环上线，除非这条 Listing 中的产品被售完缺货，或者卖家停止 Listing，或者 Listing 违反 eBay 的某些政策被移除。因此，eBay 每个自然月收取一次刊登费。

二、成交费

不同类别产品的成交费比例

当产品成功出售时，卖家需要缴纳一定的成交费。成交费是基于买家总共付款金额的一定百分比来收取的，包含了产品费用和物流费，根据产品类别不同，收费比例在 2%～12%之间不等，最多不超过 750 美元。

另外，请注意，如果卖家的账户表现不佳，跌入不合格卖家级别后，成交费会增加，根据 2019 年春卖家更新的信息，eBay 规定跌入不合格卖家级别的卖家将被收取 5%的成交费。

某些情况下 eBay 也会返还成交费，比如，卖家或者买家同意取消交易；买家没有付款，而且卖家根据要求进入未付款纠纷流程；卖家解决了一个交易的问题，并且给买家退了款。从 2019 年春季开始，退款流程更简便，eBay 支持卖家与买家达成退款协议后直接退款。如果卖家提供了部分退款（Partial Refund），或者在 eBay 平台外给买家退款，eBay 将不予返还成交费。

三、刊登选项升级费

在刊登产品时，卖家可以选择一些升级的功能，以使自己的 Listing 更容易吸引买家眼球，如字体加粗、第二分类、副标题、1 天或 3 天的拍卖时长、保底价或其他等，此时卖家需要额外支付功能费用，且无论产品是否售出，这些费用不包含在每月的免刊登费 Listing 条数中。以美国站为例，表 3-1 给出了持续时间为 1、3、5、7、10 天的一口价 Listing 升级费用的具体介绍。

表 3-1　持续时间为 1、3、5、7、10 天的 Listing 升级费用

刊登升级项目	售价在 150 美元以内，或者在不动产类目刊登的产品	售价超过 150 美元
加粗	2.00 美元	3.00 美元
特大图片展示（the Collectibles, Art, Pottery & Glass, Antiques 类别除外）	0.35 美元	0.70 美元
可展示在国际站的 Listing	0.50 美元	0.50 美元
选择两个分类	每个分类都要收取刊登和刊登升级的费用，只收取一次交易费	
刊登设计	0.10 美元	0.20 美元
副标题	1.00 美元（0.50 美元 for Real Estate Listings）	3.00 美元
优惠组合，包括大图、副标题、刊登设计	1.15 美元（0.65 美元 for Real Estate Listings）	3.15 美元

GTC 持续在线 Listing 的一口价刊登升级费用，以及拍卖式刊登升级费用的具体信息可扫描二维码了解。

GTC 持续在线 Listing 的一口价刊登费升级费用

四、店铺订购费

卖家可以在 eBay 上订购 eBay 店铺，以 eBay 美国站点为例，卖家可选择 5 种不同类型的店铺，分别是：Starter（入门店铺），Basic（基础电铺），Premium（高级店铺），Anchor（超级店铺）和 Enterprise（企业店铺）。店铺订购分为包月形式订购和包年形式订购，不过无论哪种形式，eBay 都是按月度方式来收取订购费。

美国站店铺订购费用

订购店铺的卖家相较于无店铺的卖家具有以下优势：数量更多的每月免刊登费 Listing、更低的刊登费、更低的成交费，以及有机会获得一些额外的工具用于有效管理自己的业务。其他的费用结构就与非店铺卖家一样，主要包括刊登费、成交费、Listing 升级功能费和 Promoted Listing 广告服务费用。店铺所享受的福利也会根据订购店铺的类型不同而有差异。

不同级别店铺的刊登费、免刊登费 Listing 数量、成交费及 Listing 升级功能费收费标准，详细请参考二维码中的信息。

不同级别店铺资费情况

当卖家订购了 eBay 店铺后，可以根据自己的业务情况，随时更改自己的订购计划，包括更改店铺的级别和更改店铺的时长。如果卖家希望提前取消一个年度订购的店铺，或者把一个年度订购的店铺改为月度订购的店铺，eBay 将收取提前结束费（Early Termination Fee）。但是如果结束订购周期的行为发生在最后一个月，则无须支付提前结束费。提前结束费用收取明细，可参考二维码中的信息。

店铺订购提前结束收取费用明细

【思考题】 订购店铺的卖家比不订购店铺的卖家具有哪些优势？

五、Promoted Listing 的广告服务费

卖家可以选择使用 eBay Promoted Listing 广告服务以使自己的产品获得更多的曝光机会。Promoted Listing 可以有机会把卖家的产品推送给更多的潜在买家，而卖家只需要为那些通过 Promoted Listing 广告成交的产品支付费用，该费用可以由卖家自行设置(通常是产品售价的 1%起)，具体操作步骤在第七章“店铺促销活动设置”中的 Promoted Listings 中有详细讲解。

【思考题】 卖家的基础费用和增值服务费用分别包括哪些内容？

第二节 刊登政策

为了确保买家在购买产品时有更好的体验，也为了让卖家获得更简单和更成功的销售体验，eBay 对卖家的产品刊登做出了明确的规定。主要包括产品刊登的品类政策和产品刊登的信息政策。

一、产品刊登的品类政策

刊登产品之前，卖家必须先确认该产品是否可在 eBay 刊登，卖家需要先阅读 eBay 的政策，遵守 eBay 规定并参考范例，若出现不符合规定的刊登，一经发现，产品将被 eBay 平台移除，且账户会受到使用限制，包括买卖权限的限制及账户被冻结等。关于刊登品类的政策主要包括三个方面。

(一) eBay 平台本身制定的可以和不可出售的产品品类的相关政策

eBay 违禁品和受管制物品清单

eBay 的刊登政策通常根据当地法律法规制定。不过，在某些情况下，特别是针对危险或敏感物品的政策，有关规定也会根据会员的建议和 eBay 公司的规章制定。违禁品和管制物品清单涵盖了可在特定情况下刊登的物品，以及一定不可刊登的物品。例如，在医疗药物和设备政策中，虽然 eBay 不允许包括隐形眼镜在内的很多项目，但 eBay 允许在特定条件下的部分项目，如特定类型的医疗器械等的刊登。违禁品和受管制物品清单请扫描二维码了解具体信息。

(二) 通过 eBay 平台进行国际交易，确保刊登品类符合 eBay 全球网站的政策

卖家有责任检查他们的交易品类在交易双方的国家是否合法。进行跨境交易时，请先查看 eBay 的跨境交易及进口限制的规定。具体内容可以参考二维码中的信息。

eBay 的跨境交易及进口限制的规定

(三) 刊登前还必须了解某些品类和行为相关的知识产权政策

为维护买家和卖家安全的交易环境，eBay 强调知识产权保护。例如盗版的内容在 eBay 上是不允许出售的。而其他名人素材，如名人签名等，对于如何出售它们 eBay 平台有一系列限制。

关于知识产权的相关信息可参考二维码中的具体内容。

知识产权的相关信息

【思考题】 根据 eBay 平台的规则，确认你想出售的产品是否可以直接在平台上售卖。

二、产品刊登的信息政策

关于 Listing 中产品刊登的信息政策主要包括了刊登中的图片和文本政策、禁止刊登时不提供实际物品或者服务政策、禁止重复刊登政策、禁止操纵搜索浏览体验政策、明确说明产品所在地政策、卖家对产品的担保政策、禁止动态内容的政策、禁止外链政策、禁止卖家使用第三方证明方式的政策、预售政策等。

刊登中的图片和文本政策的详细规定

（一）刊登中的图片和文本政策

Listing 中卖家必须原创产品描述和图片，或者使用 eBay 目录中提供的内容，确保不侵犯其他人的内容权利。关于图片和文本的具体要求可以扫描二维码学习相关内容。

（二）禁止刊登时不提供实际物品或者服务的政策

eBay 上的所有产品都必须提供实物或具体服务。不提供有形物品或服务的 Listing 会给买家造成困惑，增加欺诈的风险。关于此规定更具体的内容，可以扫描二维码后阅读相关内容。

禁止刊登时不提供实际物品或者服务的详细规定

（三）禁止重复刊登政策

eBay 不允许卖家为同一个产品创建多个 Listing，比如卖家不可以同时为《魔戒》第一版创建两个不同的 Listing。关于重复刊登的有关情况可扫描二维码学习相关内容。

禁止重复刊登的详细规定

（四）禁止操纵搜索和浏览体验政策

有些卖家为了使自己的产品列表在站内搜索结果中的曝光率提高，会通过操纵 eBay 的搜索和浏览体验，在产品列表中添加与自己的产品没有任何关系的流行关键词，或使用其他可能误导买家的策略，但是这种行为在 eBay 是明确禁止的。哪些是明确禁止的操纵搜索和浏览体验的行为，可以扫描二维码了解相关信息。

禁止操纵搜索和浏览体验的详细的规定

（五）明确说明产品所在地政策

为了让买家对运费和交货时间有一个清晰的了解，所有卖家必须在他们的清单中提供关于产品所在位置的清晰和准确的信息。更多细节请扫描二维码了解。

明确说明产品所在地的详细规定

（六）卖家对产品的担保政策

卖家如果能向买家提供担保或保证，既可以让买家买得更放心，也可以让自己获得竞争优势。虽然这不是必须提供的，但是一旦卖家提供了担保或保证，就必须在刊登的时候写明详细的信息。具体操作请扫描二维码了解。

卖家对产品担保政策的详细规定

（七）禁止动态内容政策

在 Listing 中特别是在移动设备上的 Listing 中，加入动态内容会增加界面的加载时间，可能引入安全风险，给买家带来许多不好的体验，因此 eBay 禁止了动态内容。具体的属于禁止的动态内容，可以扫描二维码了解相关信息。

禁止动态内容的详细规定

（八）禁止外链政策

为了给买家提供更安全更好的购买体验，eBay 禁止使用那些将客户引向 eBay 外部的链接，产品视频、货运服务、其他有需要的法律信息三种情况除外。可以扫描二维码的了解具体信息。

禁止外链的详细规定

（九）禁止卖家使用第三方证明方式的政策

eBay 禁止卖家在刊登产品的时候，通过第三方证明或者标志的方式来担保卖家的“信誉”或“可信度”，以确保买家不会被不易核实的背书所误导。哪些是被禁止的第三方证明行为？卖家又可以采取哪些方式获得买家的信任？可以扫描二维码了解具体信息。

禁止卖家使用第三方证明方式的政策的详细规定

（十）预售政策

电子游戏或限量版产品上市销售之前，通常会有很大的需求。为确保买家不会失望，eBay 对手机和视频游戏等物品的预售刊登政策做出了一些限制，比如预售产品必须在购买完成后 30 天内发货，并且在刊登信息中明确说明该产品是预售的。更详细的信息可扫描二维码了解。

预售政策的详细规定

【思考题】 在发布产品时，哪些内容是不能在介绍中出现的？

第三节 平台销售政策

eBay 平台销售政策包括平台对卖家的保护政策及平台对卖家销售行为的限制。

一、保护卖家的销售政策

为了给卖家创造一个可以信任的市场环境，帮助卖家取得最终的销售成功，eBay 从公平的绩效评估到未付款项目的最终价值费用积分，为卖家提供了一系列保护措施。卖家在 eBay 上进行销售的时候，应该阅读这些完整的政策，以保护自身的销售权益。

eBay 会保护卖家免受许多无法控制的事件的影响，也会为事情没有按计划进行时提供帮助。卖家保护政策主要包括以下几个方面的内容：准时发货但物品没有按时到达，有物流中断、bug 系统漏洞或恶劣天气而导致的无法按时送达的情况；退回的物品已被打开、使用或损坏；买家撤回拍卖出价或成交不付款；买家更改订单或提出额外的需求；买家有非正常或高比例的投诉或退货现象；卖家绩效标准受到影响的情况；eBay 为卖家提供的退款保证服务。针对上述每种情况下，eBay 对卖家的保护做出以下详细的介绍。

（一）准时发货但物品没有按时到达

有物流中断、bug 或恶劣天气等情况引起的产品没有准时到达的情况，eBay 会自动调整卖家的延迟发货率，并删除交易差评，具体情况如下。

(1)即便发货晚了，但仍然在预计的交货日期范围内收到交货扫描信息。

(2)如果货物没有收到任何承运人扫描，也没有跟踪信息，但买方没有表明货物迟交，则不视为迟交。

(3)物流在处理时间内收到承运商扫描，但由于承运商中断、eBay 站点 bug、自然灾害或恶劣天气而延迟到达。

(4)eBay 或 PayPal 要求停止发货或取消交易。

(5)其他 eBay 公告板上提及的事件 。

(二)退回的物品已被打开、使用或损坏

当卖家提供免费退货并接受退货时，卖家可以享受如下权益。

(1)对退回来已经使用、损坏和失踪的产品使用部分退款工具。

(2)卖家提供给买家全额或部分退款，则 eBay 将在一定时间内移除该买家留下的中差评。

(三)买家撤回拍卖出价或成交不付款

(1)如果由于买家撤回出价致使卖家取消这笔交易，eBay 将移除已取消的交易的差评及相关评价。

(2)如果买家不付款，同时卖家按照流程开启并关闭一个未付款纠纷，eBay 将移除买家的评价及取消交易后的差评，而且将为卖家退还成交费。

(3)为了防止买家拍下但不付款，卖家可以在付款政策中做出要求买家立即付款的设置。

(四)买家更改订单或提出额外的需求

如果卖家碰到买家对发货的内容提出额外的要求，可以取消订单或在原始清单下进行货运，如果 eBay 能从信息中看到买家的需求和改变请求，也会帮助卖家移除中差评和其他不良反馈。

(五)买家有非正常或高比例的投诉或退货的现象

(1)eBay 会采用一些方法识别买家是否滥用退货程序，并有能力阻止买家开始退货。

(2)eBay 会采取一些方法鉴定买家是否留下大量中差评或者进行大量的索赔及退货，如情况属实，eBay 会在这个买家刚刚开始退货或者索赔的时候就采取行动阻止他，同时也会移除他留下的中差评和其他反馈。

(3)对于违反购买惯例政策的买家，eBay 会采取相应的行动，也将同时移除该买家留下的评价及所有中差评。

(六)卖家绩效标准受到影响

(1)eBay 将卖家作为一个整体进行绩效评估。

(2)eBay 不会在卖家绩效中显示卖家的不良交易率，除非在评估时间段内，卖家与 4 个以上的买家发生了不良交易，另外，买家不会看到卖家的不良交易率。

(3)eBay 为优秀评级卖家提供了一个宽限期，交易和跟踪要求都低于标准的优秀评

级卖家经申请可能可以获得一段时间的宽限期，这段时间内卖家仍可享有优秀评级卖家的权益和地位，但是卖家必须保证自己的交易量、销售额和跟踪要求都达到优秀评级卖家要求的下限。以下几种情况下，优秀评级卖家可以申请宽限期：在之前的 12 个月内卖家与美国买家的交易少于 100 笔；在之前的 12 月内卖家与美国买家的销售额少于 1000 美元；在过去 3 个月内，卖家与美国买家在承诺的处理时间内上传了不到 95%（但不少于 90%）的物流跟踪信息。当然申请宽限期必须符合一定的资格：之前连续 3 个月（或以上），卖家等级评估须一直都是优秀评级卖家。

如果宽限期结束卖家仍然没有达到销售及跟踪单号的要求，或者没有达到优秀评级卖家标准，将会失去优秀评级卖家的等级及相关权益。

（七）eBay 为卖家提供的退款保证服务

合理的退款流程得到 eBay 的保护，主要情况包括以下几种。

（1）当 eBay 关闭一个退款担保案件或者有利于卖方的上诉请求时，eBay 会帮助卖家移除中差评和负面反馈。

（2）如果买方报告某项产品尚未收到，而卖家在规定的处理时间内发货，并在 eBay 介入并帮助处理请求之前向买方提供跟踪信息，卖家将会受到保护，卖家提供的跟踪信息包括“已交付”的交付状态、交货日期、收件人的地址等，如果一个项目的总成本为 750 美元或以上，还需要签署确认发货信息。

（3）如果买家投诉卖家提供的产品与描述不符，只要卖家提供了免费退货、接受退款和退货等服务，就不会收到中差评和负面反馈。

（4）买方在一段时间内只能采用一种方法来获得退款，同期打开另外的退款渠道都将被 eBay 关闭。

（5）如果买家开启了 PayPal 的退款保护，那么 eBay 将不提供相关的退款流程。

（6）如果卖家在补偿了 eBay 和买家的相关费用后丢失了自己的退款信息，则可以通过提供丢失退款的证据向 eBay 上诉。

eBay 平台也在不断地改进卖家保护机制，2019 年推出了一系列针对不良买家的卖家保护措施，即改进了举报功能。首先，eBay 推出新措施及早识别不良买家，阻止他们发起退货请求，并在部分情况下冻结他们的账户。如果一个买家被判定为不良买家，eBay 将会删除这个买家对相关购买产品的不利评价和不良交易，包括卖家服务指标中的待处理纠纷。此外，eBay 还优化了举报机制，方便卖家在举报过程中更清晰地描述买家行为，以帮助 eBay 调查买家潜在的违反政策行为，并采取措施保护卖家。

eBay 卖家最佳实践信息

另外，卖家需要遵循“最佳实践”避免交易问题，如果是使用 PayPal 的交易需要遵循 PayPal 的卖家保护政策。eBay 卖家最佳实践的信息和 PayPal 卖家保护政策具体信息可扫描二维码进一步学习。

【思考题】 在 eBay 平台上，卖家应该如何维护自己的权益？

PayPal 卖家保护政策具体信息

二、约束卖家的销售政策

卖家在 eBay 平台上进行销售，不仅享受 eBay 对卖家的保护政策，也必须遵守 eBay 针对卖家制定的相关销售政策。下面重点讲述卖家应该遵守的销售政策：销售实践政策、串谋出价行为的惩罚政策、逃避 eBay 收费的惩罚政策、滥用产品未付款政策、税收政策、知识产权和 VeRO 计划、专家表现评级政策等。了解这些政策能帮助卖家避免意外违反任何规则。如果卖家没有遵守规则，eBay 为了维持市场秩序可能会采取某些行动，如删除卖家的列表或产品、限制买卖特权等。

（一）销售实践政策

销售实践政策是指卖家在明确买家要求的基础上，满足或超出买家的需求，可以让买家开心，并与买家顺利达成交易的相关服务政策。卖家首先要提供与产品相符的精确细节，以及清楚明白的交易条件和细节。同时，卖家还应该自始至终提供优质的客户服务，包括收取合理的运费和手续费、在 Listing 中指定产品处理时间和退货政策、及时回答买家的问题、在整个交易过程中保持专业性、确保产品按照 Listing 中的描述交付给买方、经常检查和更新 Listing，以确保所有信息的准确性和及时性（如确保库存状态和项目条件是准确和最新的）。eBay 向卖家提出达到业绩标准的基本要求，也为卖家提供超出买家预期的服务建议，主要包括物流服务、物流和处理成本信息、物流和处理时间信息、销售条款和条件、交易跟踪、产品所在位置、产品描述、取消交易、沟通、退货、照片、价格提升的条件、独立定价等。每块内容的具体要求可以通过扫描“销售实践政策的具体内容”二维码详细了解。

销售实践政策的具体内容

（二）串谋出价行为的惩罚政策

eBay 不允许卖家串谋出价。所谓串谋出价是指卖家为了提高自己拍卖产品的吸引力或者提升其价格，让自己的家人、朋友、室友、雇员或者是网络上一些联系人参与竞标的行为。同时，eBay 也不允许卖家为了增加反馈或提高产品的搜索排名而找人对产品进行竞价或购买。eBay 认为这些行为对其他卖家或买家而言都是不公平的。

卖家务必遵守这些政策，否则会遭到包括限制买卖特权和暂停账户的处罚。串谋竞价在许多平台都是非法的，可能会受到严厉的惩罚。

向熟人售卖东西的行为是受到 eBay 限制的，即便不是为了有意增加产品的吸引力或者提高价格。卖家用自己另外的账户参与拍卖也是 eBay 坚决不允许的。

（三）逃避 eBay 收费的惩罚政策

有些情况下，卖方会有意无意采取某些手段规避 eBay 的收费，这在 eBay 都是不允许的。eBay 认为逃避收费所做的 Listing 刊登可能会导致糟糕的购物体验，并使其他付费卖家处于不利地位。

一旦卖方逃避收费的情况被平台发现，卖家的购买、销售或者使用网站功能的权限就会被限制或者停止。卖家所有的商家信息都可能被移除，或者在搜索结果中显示靠后或未显示，并且不会退还任何或所有适用的费用，还会丧失特殊账户状态和已有的任何折扣。eBay 最终会利用监控政策收回这些费用。

逃避 eBay 收费的手段主要有这几种：在 eBay 以外提供产品销售，在 eBay 站内引用或推广销售相关的站点或产品，超额的物流费用，提供或要求额外购买，在 Listing 标题、副标题、图片、产品地址中列出商家的 e-mail 地址、电话，避免预留费用，延长 Listing 的时间，将产品刊登在错误的类别等，具体详情可扫描“逃避 eBay 收费的惩罚政策的详细内容”二维码了解。

逃避 eBay 收费的惩罚政策的详细内容

（四）滥用产品未付款政策

当买家已经全款付清并收到产品，卖家仍开启产品未付款的起诉；或者卖家不结束这个销售，并开启产品未付款起诉，这些行为在 eBay 都是不允许的。具体详情可扫描“滥用产品未付款政策的具体规定”二维码了解。

滥用产品未付款政策的具体规定

（五）税收政策

卖家使用 eBay 开展购买、销售、刊登及使用 eBay 的网页和服务，必须遵守所有适用的法律、法规、条例和规章。eBay 对相关税收政策做了说明，如卖家所得税、消费税及 eBay 售价中的税费等，但 eBay 建议卖家咨询相关税务机构的专业意见。

关于税收政策更详细的内容，请参考本书提升篇中的第十二章“境内税务和欧洲 VAT”中的内容。

（六）知识产权和 VeRO 计划

eBay 平台致力于知识产权的保护，为买卖双方提供安全的交易市场，任何以非法的方式使用版权或商标的行为，都会被认为是侵权行为，也是违反法律和 eBay 政策的。在 eBay 上刊登产品之前，请务必阅读并遵循平台的规则和刊登政策。

eBay 创建了保护知识产权方案（Verified Right Owner，VeRO），所以知识产权所有者可以投诉平台上侵犯知识产权的行为，eBay 保证侵权的行为或结果会在平台上被移除，因为这些行为会削弱买家和卖家的信任度。

那么哪些产品的刊登可能会侵犯知识产权？怎么刊登可能会侵犯知识产权？如果你是一个知识产权所有者，或你不是一个知识产权所有者，你的 Listing 在平台上被移除的时候，你应该怎么办呢？可以扫描“eBay 对知识产权的相关规定”二维码了解具体情况。

eBay 对知识产权的相关规定

另外，知识产权部分内容还会在第三篇中的第十一章“跨境电商知识产权”中详细讲解。

（七）卖家表现评级政策

eBay 期望卖家始终向买家提供优质的服务，以获得较高的买家满意度。在 eBay 规定的卖家表现评级政策中规定了 eBay 对卖家的期望、卖家未满足买家预期的情况、卖家表现的评估时间、不良交易率要求、卖家未解决的纠纷数量和延迟运送率等。具体情况可扫描“eBay 对卖家表现评级政策的详细规定”二维码了解。

eBay 对卖家表现评级政策的详细规定

如何根据卖家表现评级政策改进卖家运营水平将在第十章“数据分析与 Listing 运维优化”中详细讲解。

【思考题】 卖家在销售过程中应该遵守哪些规则？

第四节　卖家信用评级

一、卖家信用评级的查看

eBay 卖家的信用评级政策

每个 eBay 的会员都有属于自己的反馈情况，在买和卖的过程中，都会有不同的卖家或者买家留下反馈信息，也会留下平台本身对买家、卖家的一些记录，比如会员时长、成交数量等。在反馈机制作用下，eBay、买方和卖方之间能够互相监督，这使得 eBay 成为一个成功的社区。

通过浏览反馈概况区域，我们可以了解 eBay 会员是如何被其他 eBay 会员评价的。这里主要介绍卖家的 Feedback profile（反馈概况）区域（见图 3-1），包括五个部分：①整体评分反馈区域；②卖家账户等级，此处卖家为优秀评级卖家，关于卖家账户表现的详细情况请参考第八章“账户表现管理”中的内容；③近期卖家反馈；④详细的卖家评价（Detailed Seller Ratings，DSR）；⑤买家给卖家的留言。

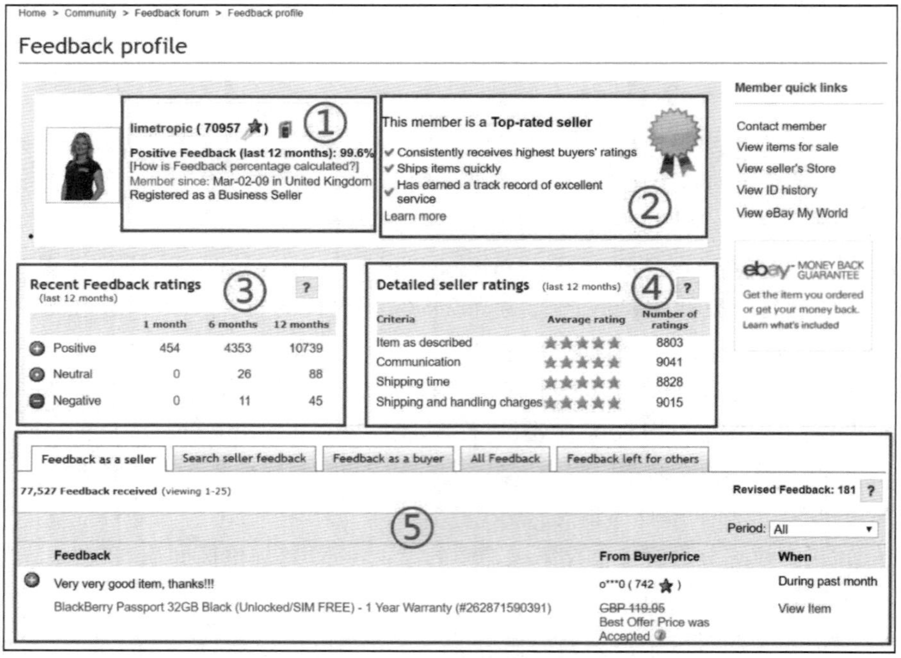

图 3-1　eBay 卖家反馈概况示意

（一）整体评分反馈区域

整体评分反馈区域如图 3-2 所示，该区域又包含了四部分的内容：①整体反馈分数，②店铺标志，③好评率，④该卖家成为 eBay 会员的时间及卖家所在地等。

图中①显示的卖家目前有积分 70957 分，积分的旁边是一颗紫色的流星，10 分的反馈分数会为卖家赢得一颗黄星。当卖家的反馈分数增加时，这颗星会变色，一直到分数超过 1000000 时成为银色流星，卖家紫色的流星表示积分在 50000～99999 之间。

图中②显示了店铺标志,表明该卖家申请了店铺功能。

图中③显示了该卖家的好评率,好评率的计算方式为:过去 12 个月内卖家所得到的好评数量占过去 12 个月内卖家获得好评数量和差评数量总和的比例,其中须排除同一买家在同一周内的重复评价(按 eBay 时间计算),公式为

好评率=好评数量÷(好评数量+差评数量)

图 3-2 所示卖家有好评 9451 个,差评 42 个,因此他的好评率为

9451÷(9451+42)=99.6%

图中④显示的是该用户注册成为 eBay 卖家会员的时间为 2009 年 3 月 2 日,卖家的所在地是英国。

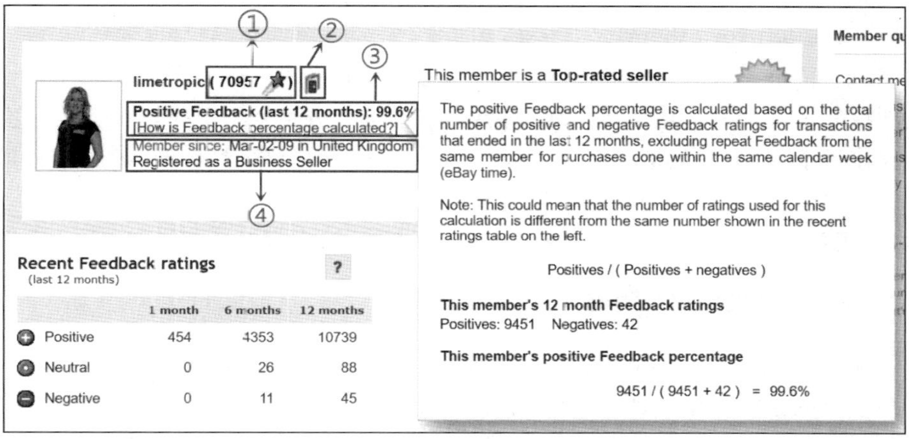

图 3-2 整体评分反馈区域示意

(二)近期卖家反馈评分表

最近的反馈评分表显示了该卖家在过去 1 个月、过去 6 个月和过去 12 个月内收到的总体反馈评分数。买家可以留下好评(Positive)、中评(Neutral)或差评(Negative),如果最近的反馈评级基本都是好评,那么对卖家来说这是个好兆头,浏览店铺的买家很有可能下单购买。如图 3-1 中的③所示,该卖家近一个月全部都是好评,共计 454 个,没有中评和差评,过去 6 个月有 11 个差评,而过去 12 个月 45 个差评,可见最近卖家的客户满意度在提升。

由于买家的反馈会成为卖家记录永久保存在 eBay 平台上,所以卖家要在买家可能留下中评和差评之前尝试解决所有问题,以期让买家最终能留下好评。如果卖家已经收到了差评,可以向买家做出解释,并向买家发送请求让他们修改反馈。另外,买家是否留下反馈是出于买家的自愿原则,如果买家没有留下反馈,卖家可以发送信息提醒但是不能强迫。

(三)详细的卖家评价

除了整体评级,买家还可以对卖家的销售细节(DSR)进行评级,在交易完成后的 60 天内,买家可以在留下总体反馈评级和评论的同时留下对卖家的细节评分。销售细节主要包括产品描述(Item as Described,描述的准确程度)、沟通(Communication,卖家与买家沟通是否良好)、运输时间(Shipping Time,卖家运送物品的速度)、运费和手续费

(Shipping and Handling Cost,费用是否合理)等四个部分。每个项目用星星的数量进行评价,其中1星是最低等级,5星是最高等级。这些详细的卖家评分是匿名的,不计入整体反馈分数。图3-1中④所示为卖家在过去12月里详细的卖家评价,总体而言,该卖家在细分维度上的客户满意度都比较高。

(四)买家留言

买家不仅可以留下好评、中评和差评,还可以留下简短的评论。看到买家留下评论,卖家也可以对买家的评价进行反馈。图3-1中⑤所示评论区里,我们可以看到作为卖家收到的评论(Feedback as a seller)、按产品编号和时间搜索评论(Search seller feedback)、作为买家收到的评论(Feedback as a buyer)、所有评论(All feedback)及给其他人留下的评论(Feedback left for others)。

卖家只能留下积极的反馈和简短的评论,这意味着买家可以留下诚实的反馈,而不必担心遭到报复,当然eBay还制定了保护措施,以保护卖方免受不公平的负面或中立反馈,如果买家违反了eBay的反馈政策,卖家可以要求eBay将其删除,一旦eBay审核通过,就可能会删除整个反馈,或仅删除评论与评级。

【思考题】 卖家的信用评级主要包括哪几个方面的内容?

二、卖家信用评级的相关规则

为了保证Feedback profile(信用评价界面)能公平有效运转,eBay为此制定了相关规则。在基于自愿原则上留下评论、卖家只能留下好评等基本规则之外,eBay还制定了禁止买卖双方利用反馈机制进行勒索的政策、禁止卖家操纵反馈的政策及禁止卖家制定不合理的反馈条款和规定的政策。

(一)禁止买卖双方利用反馈机制进行勒索的政策

买方不得威胁使用反馈或详细的卖家评级以强迫卖方提供:未包含在原始产品描述或购买价格中的产品或服务,原始列表或eBay退款保证未涵盖的退货、退款或更换产品。如果交易出现问题,买方应在“我的eBay”中报告问题。

卖方不能要求买方留下积极的反馈、具体的详细卖家评级,或修改现有的反馈以换取许多利益,包括但不限于:收到购买的产品、发出全额或部分退款、经济补偿金、附加产品、其他未包含在原始列表中的产品和服务。如果买方与卖方为有些问题的争议进行联系,卖方应尽一切努力解决问题。一旦交易结束,卖方可以邀请买方留下正面反馈或详细卖家评级,或要求修改先前的负面或中立反馈。

买卖双方请确保遵循这些准则。如果不这样做,可能会受到eBay一系列制裁,包括限制购买、销售权限,甚至暂停账户。

(二)禁止卖家操纵反馈的政策

卖家不能仅仅为了增加反馈分数,获得eBay特权或提高他们在eBay网站上的声誉而操纵反馈。同时,也不能通过一系列重复购买来影响其他成员的反馈,或者留下具有正面评价的差评。操纵反馈的行为主要包括以下几个方面。

(1)交换反馈的唯一目的是提高自己的反馈分数,获得网站权限或提高声誉。

(2)在列表标题中包含“反馈”或任何对 eBay 反馈的引用(除非该词用于描述待售物品)。

(3)通过重复购买和留低分的方式来操纵另一账号的评分。

(4)提供出售、购买反馈,以物易物或赠送反馈行为。

(5)与其他成员合作或注册多个账户以人为地提高自己的反馈分数。

(三)禁止卖家制定不合理的反馈条款和规定的政策

卖方不得在其列表或销售条款中包含任何限制买方留下反馈的条件,比如“没有事先与我联系而留下负面反馈的买家将需要支付 500 美元”“通过购买此产品,您同意只对我的账户留下积极的反馈”。违反此政策可能会导致一系列 eBay 的惩罚,包括取消刊登、账户权限限制、账户暂停、没收费用及失去卖家账户等级等。

【思考题】 卖家可能发生哪些滥用卖家信用评级的相关规定。

本章小结

1.一般 eBay 会向平台卖家收取两种类型的费用:基础费用和增值服务费。

2.基础费用包括刊登费和成交费,这些费用又会因为产品的售价、刊登形式、刊登时选择的分类及卖家的账户表现等具体情况不同而不同。

3.增值服务费包括刊登选项升级费用、店铺订购费及广告服务费等。

4.刊登品类的政策主要包括三个方面:eBay 平台本身制定的可以和不可在 eBay 出售的品类;通过 eBay 平台进行国际(地区间)交易,确保品类刊登符合 eBay 全球网站的政策;刊登前还必须了解容易侵犯知识产权的品类和行为。

5.刊登产品信息的政策主要包括了刊登中的图片和文本政策、禁止刊登时不提供实际产品或者服务的政策、禁止重复刊登政策、禁止操纵搜索和浏览体验政策、明确说明产品所在地政策、卖家对产品的担保政策、禁止动态内容政策、禁止外链政策、禁止卖家使用第三方证明方式的政策、预售政策等。

6.保护的卖家政策主要包括以下几个方面的内容:准时发货但产品没有按时到达,有物流中断、bug 或恶劣天气导致无法按时送达;退回的产品已被打开、使用或损坏;买家撤回拍卖出价或成交不付款;买家更改订单或提出额外的需求;买家有非正常或高比例的投诉或退货的情况;卖家绩效标准受到影响的宽限期;在处理时间内向国际(地区间)买家发货,有 eBay 退款保证请求。

7.卖家应该遵守的销售政策有:销售实践政策、串谋出价行为的惩罚政策、逃避 eBay 收费的惩罚政策、滥用产品未付款政策、税收政策、知识产权和 VeRO 计划、卖家表现评级政策等。

8.卖家的信用评级包括整体评分反馈区域、卖家账户等级、近期卖家反馈评分表、详细的卖家评价和买家留言等五个部分。

9.eBay 还制定了禁止买卖双方利用反馈机制进行勒索的政策、禁止卖家操纵反馈的政策及禁止卖家制定不合理的反馈条款和规定的政策。

思考题

1.刊登费由哪几部分组成,分别是怎样收取的?

2.成交费由哪几部分组成,分别是怎样收取的?

3.卖家订购店铺的费用及其享受的权益有哪些?

4.eBay 平台向卖家收取了哪些类型的增值服务费?

5.eBay 规定的刊登品类的政策由哪几个方面组成?

6.eBay 规定的刊登产品信息的政策由哪几个方面组成?

7.eBay 平台是如何保护卖家的?

8.卖家信用评级包括哪几个方面的内容?

9.eBay 制定了哪些卖家信用评级的规定?

分析题

1.卖家如何才能找到 GTC 持续在线的 Listing 下次更新的时间?卖家可以在任意时间终止自己的 GTC 持续在线的 Listing 吗?

2.eBay 根据自身条件的变化及电子商务市场环境的变化来定期评估费用,2019 年 1 月开始上调了成交提成的费用,卖家在此之前刊登的 Listing 如果在 2019 年 1 月之后出售,他的成交费用会受到影响吗?另外,所有类目的最终成交费用都上调了吗?

第四章

产品刊登与管理

学习要求

本章主要介绍产品刊登步骤、产品刊登管理和以产品为核心的购物体验。通过本章内容的学习，可以了解一般产品刊登界面的内容，掌握刊登界面中编辑产品、销售和运输信息三部分内容的相关技巧；熟练掌握批量刊登、提前结束刊登、重新刊登、刊登管理工具使用及定时刊登等几种刊登管理方法；理解 eBay 以产品为核心购物体验的目的，并分别掌握已有刊登和新建刊登如何关联 eBay 标准产品库的具体步骤。

卖家在 eBay 平台上完成账户申请，并熟悉了平台规则及相关资费之后，就可以刊登产品进行售卖了。卖家想要取得很好的销量，不仅需要优质的产品和良好的服务，也离不开优秀的产品刊登。所谓优秀的产品刊登必须满足完整性好、高关联性和高匹配度等特点，完整性好的 Listing 能很好地减少售前客服量和纠纷，高关联性和高匹配度的 Listing 有利于增加曝光。在这一章中将回答以下问题。

• 完整的产品刊登包括哪几部分内容？
• 如何编辑产品信息、销售信息和运输信息？
• 产品刊登管理包括哪几个方面的内容？
• 什么是以产品为核心的购物体验？
• 已有刊登和新建刊登分别应该怎么关联 eBay 的标准产品？

产品刊登步骤

第一节　产品刊登步骤

很多高销量的产品背后，除了产品本身的品质之外，精美的 Listing 编辑也至关重要。让我们一起来学习 Listing 的基本构成及如何创建一条 eBay Listing。

登录 http://www.ebay.com 首页后，点击“My eBay”(我的 eBay)下方“Selling”(售卖)，如图 4-1 所示，进入“Tell us what you 're selling”(告诉我们你正在售卖的产品)搜索导航界面，如图 4-2 所示。

在“Tell us what you're selling”搜索导航界面输入产品的名称“aluminum easel”，如图 4-2 所示，然后选择合适自己产品的分类，点击进入“Create your list”(创建你的刊登)刊登界面。

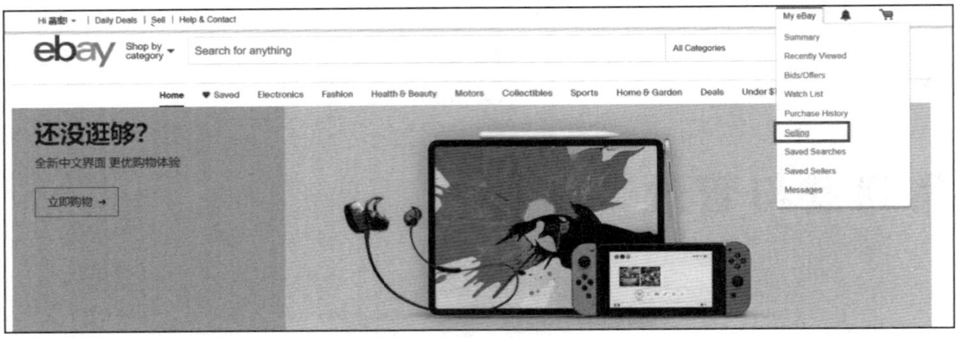

图 4-1　eBay 登录界面

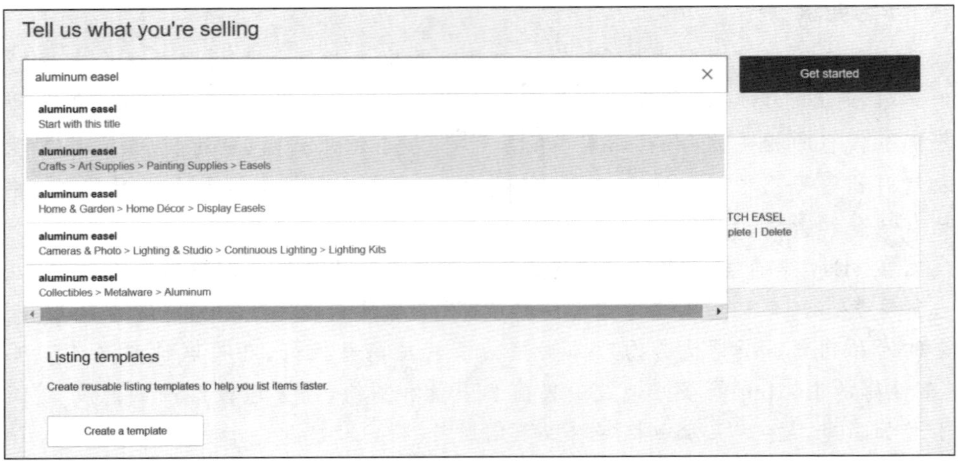

图 4-2　"Tell us what you're selling"界面

在"Create your list"界面，可以看到产品刊登主要分为三个模块，分别是"Listing details"(产品信息)、"Selling details"(销售信息)"Shipping detail"(运输信息)，分别如图 4-3、图 4-4和图 4-5 所示。接下来，对三个模块的内容编辑进行详细介绍。

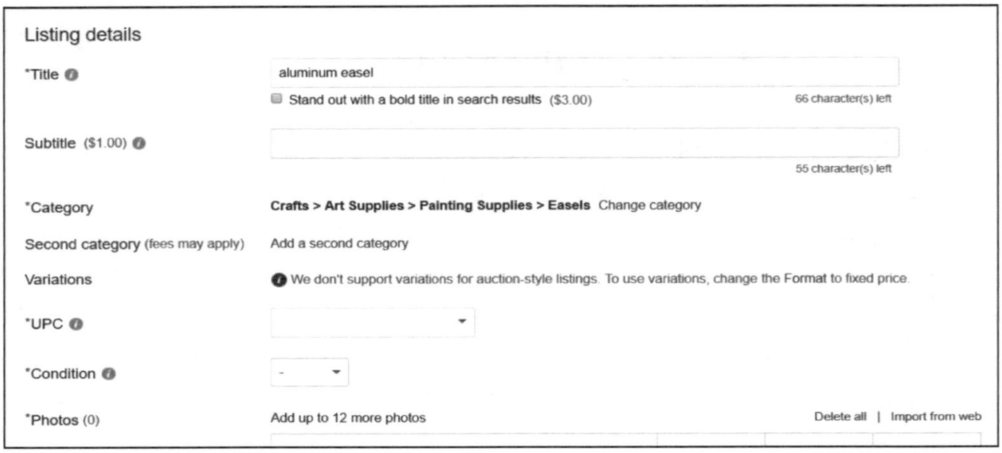

图 4-3　产品信息界面

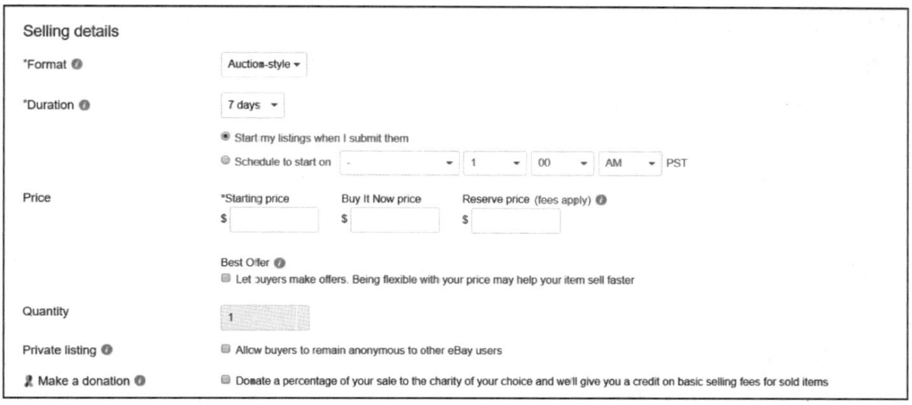

图 4-4 销售信息界面

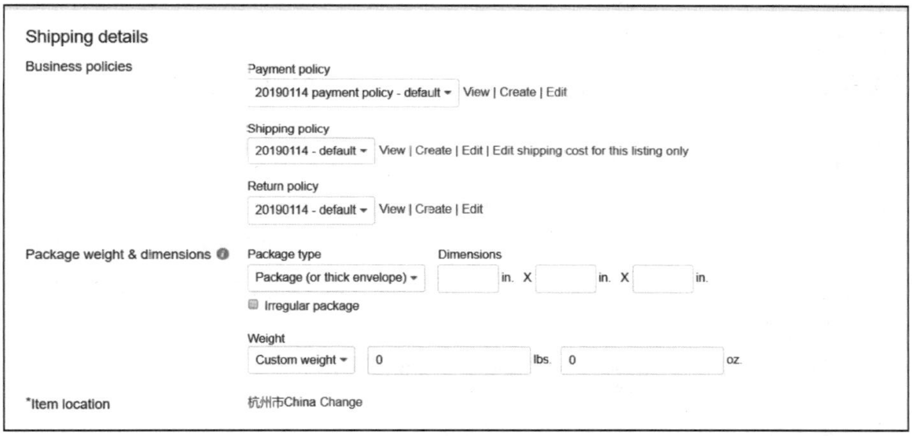

图 4-5 物流信息界面

一、编辑产品信息

产品信息主要包括"Title"(标题)、"Category"(分类)、"Variations"(多属性)、"UPC"(全球贸易项目代码)、"Condition"(使用状态)、"Photos"(产品图片)、"Item specific"(产品属性)、"Item description"(产品详情描述)等几个部分。

单属性 Listing 的刊登

1. 编辑产品标题

编辑产品信息中的第一项是填写产品标题,如图 4-6 所示。

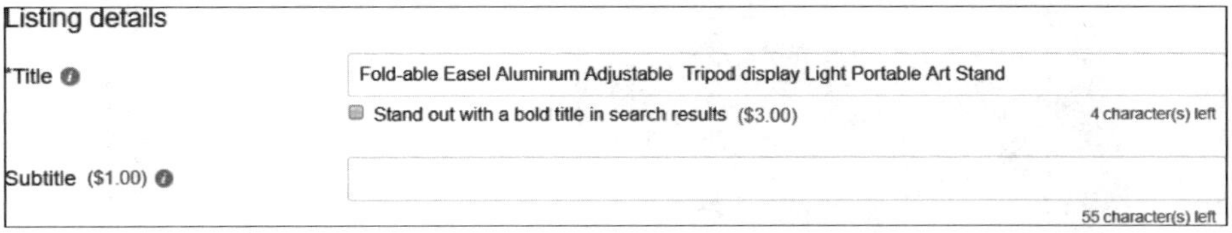

图 4-6 填写产品标题界面

所谓产品的标题就是向用户展示所销售产品特点的词语。标题要求符合买家搜索习惯,并能激发他们的兴趣,让他们快速知悉并产生购买欲望。好的产品标题会提供简单的物品信息,并尽可能包含多个高相关性的产品搜索关键词。

eBay 对标题的要求设置了一定的规则:①尽可能地充分利用系统允许的 80 个字符描述卖家的产品,提升关键词搜索率;②不要在标题中添加无关的标注符号,不得含有网站地址、电子邮件或电话号码;③不得含有亵渎或猥亵的语言;刊登有品牌的产品时,产品必须是由品牌厂商生产的正规合法的产品;④不得使用涉及侵权的关键词;⑤确保标题单词拼写正确。

一般标题的组成与顺序排列应符合以下公式

标题=核心关键词+重要关键词+次关键词+差异化关键词(创新)

其中核心关键词主要是说明这个产品是什么,重要关键词是指该产品有什么,次关键词是指该产品还有什么,比如特点、功能等,差异化关键词是对比竞争对手的同类产品,体现自己产品"我有他无或者他有我优"的优势。

【思考题】 如何才能编辑一条引流效果好的标题?标题词语的来源有哪些?

2. 编辑产品分类

选择产品分类主要有以下两种方式。

(1)在"Tell us what you're selling"搜索导航界面,通过输入产品关键词来使用 eBay"建议分类"功能,具体操作步骤为:点击"Change category"(改变分类),在弹出的选项中,可以在"Suggested categories"(推荐分类)中选择相应的分类,如图 4-7 所示,若没有合适的分类,可以选择第二种分类方法。

图 4-7 填写产品分类的界面

(2)在刊登物品界面中选择/修改一个合适的分类进行刊登,具体操作可以在"Search categories"(搜索分类,见图 4-8)和"Browse categories"(浏览分类,见图 4-9)中选择。分类选择时请务必选择和产品最接近最适合的分类。如果选择不合适的分类可能会降低产品的曝光率。不同的分类会产生不同的成交费用,卖家也可以根据需要选择第二分类,提升产品的曝光度。

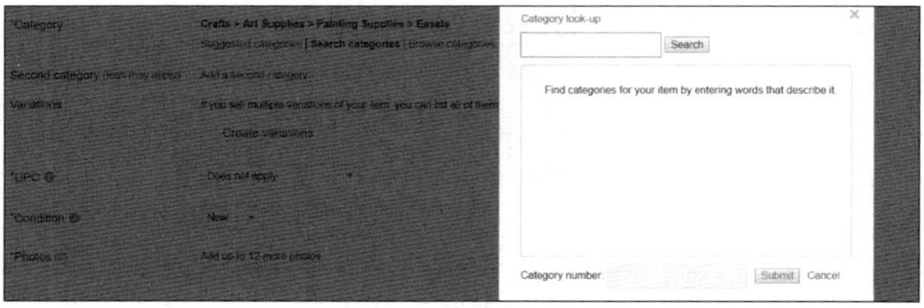

图 4-8 搜索分类界面

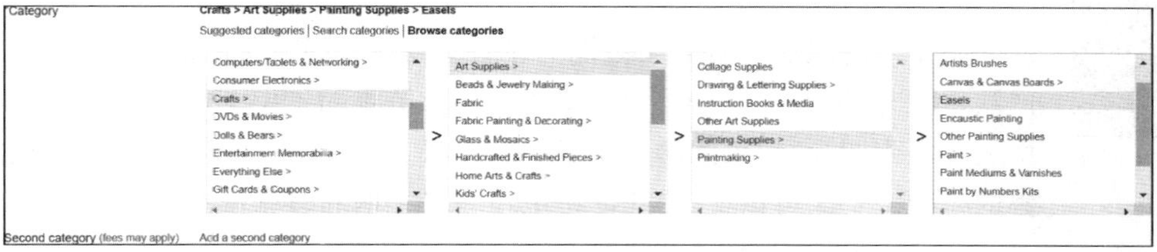

图 4-9 浏览分类界面

3. 编辑产品的多属性

当卖家售卖的产品具有多个属性,例如不同的颜色、尺寸等,需要通过建立一条多属性的固价 Listing 来包含所有可以提供的属性选择。每一条 Listing 最多包含 5 种属性,每一个属性最多可以设置 60 个选项值。以鞋子为例,卖家可以设置最多 5 种属性,如颜色、尺寸、宽度、材质、款式。而每一个属性,最多可以有 60 个选项值,如最多可以设置 60 种颜色、设置最多 60 种不同的材质等。同时,每条 Listing 卖家最多可以免费添加 250 个属性。多属性产品如何设置请扫二维码了解相关信息。

4. 填写全球贸易项目代码

以 eBay 美国站点为例来填写全球贸易项目代码(Global Trade Item Number,GTIN),如图 4-10 所示,此处的 GTIN 需要填写 UPC 通用产品码,通常 UPC(Universal Product Code)码为 12 位数字,请确保填写正确的 UPC 码信息,若没有,请选择“Does not Apply”。

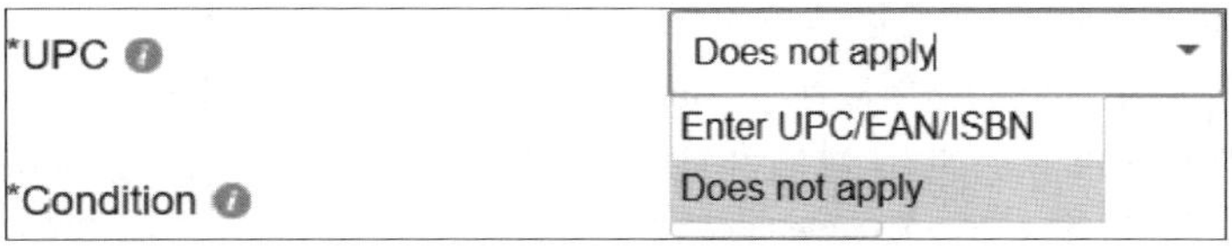

图 4-10 全球贸易项目代码填写界面

5. 标明使用状态

售卖的产品需明确标明其状态,如全新、工厂翻新、卖家自行翻新或二手等。当卖家选择产品状态为全新未开封的,那么该产品就必须是全新未使用的,而且其包装需要和零售渠道包装一致,除非该产品是手工制作或者由生产厂商提供的特制的非零售渠道包装,如图 4-11 所示。

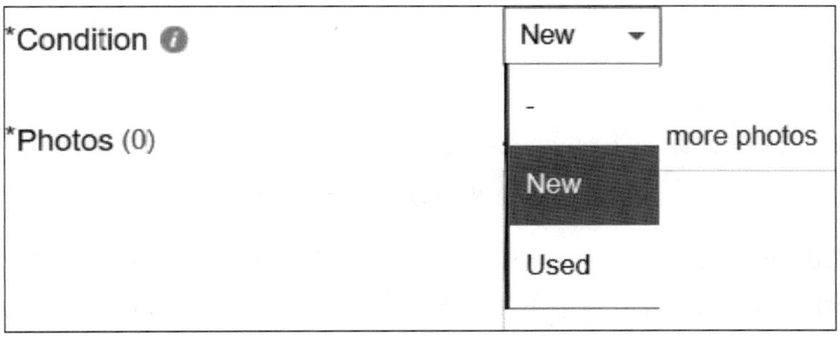

图 4-11 售卖产品使用状态填写界面

eBay上传产品的图片政策

6. 上传产品图片

高品质的图片能给买家提供更好的购物体验，更容易让买家找到卖家的产品，使产品更容易售出。在eBay上进行销售的产品，至少需要在Listing中上传一张图片，如果能够上传更多高质量、高精度的图片，还能增加成功销售的机会。卖家可以在Listing中上传一张主图和多张细节图。

产品识别码设置的详细说明

7. 填写产品属性

(1)为什么要填写产品属性

产品属性可为买家提供产品的细节详情，如品牌、类型、尺寸、颜色等。这些详情会按统一的格式显示在产品刊登内容描述中，可以帮助买家在搜索产品时准确筛选他们的需求，以及了解产品的细节。建议卖家在创建产品刊登时，尽量完整填写所售产品的属性信息，因此，卖家需要对自己的产品非常了解，卖家越了解自己的产品，所能提供的产品属性就越完整，完整的产品属性可以提升产品的曝光程度，最终有助于产品的成功销售。

产品属性项需要填写的内容较多，其中带红色星号标记的是必填项目，其他则可以不填，所属不同类目的产品，其必填项的数量不同，比如图4-12在Craft(手工品)类别下，该类产品的属性项目中“Brand”(品牌名称)和“MPN”(制造商零件编号)这两个产品参数必须填写，其余参数卖家可以根据特定产品描述需要而设置，如颜色、材质、高度、净重和包装重点等。而在“Dresses”(裙子)类，“Size”(尺寸)就是必填项。

(2)产品属性填写的具体步骤

①eBay会根据卖家之前设置的关键词，如分类信息等，推出一些相关的属性信息，卖家可以接受推荐信息，接受后会显示“Your item specifics have been updated”(你的产品属性已更新)，卖家要确认这些更新后的信息，如果不正确要尽快修改，如图4-12所示。

图4-12 填写物品属性的界面

②点击“Add your own item specific”(添加自定义产品属性)，可创建自定义产品属性。比如这里为三脚架添加了一个材质属性——铝，如图4-13所示。

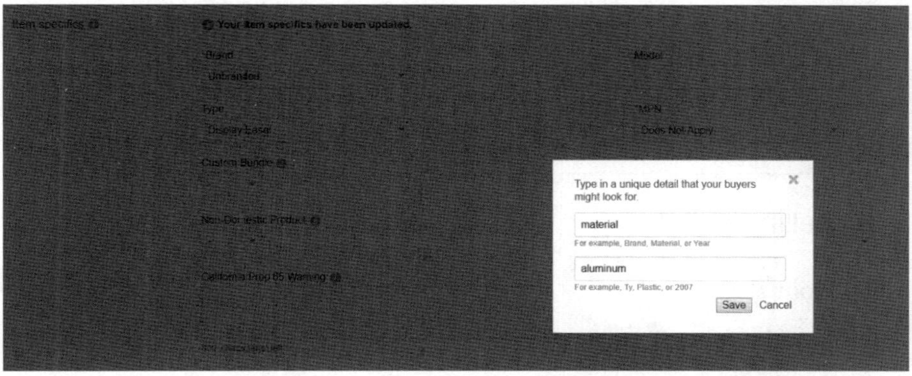

图 4-13 添加自定义产品属性的界面

关于(品牌名称)和制造商零件编号等产品识别码的详细说明请参考二维码中的具体说明。

8. 编辑产品的详情描述

卖家在产品详情描述部分向买家描述售卖的产品,提供完整准确的产品细节。编辑产品详情描述步骤如下。

产品详情描述设置模块,有“Standard”(标准界面)和“HTML”(超文本标记语言界面)两个标签页,点击“Standard”直接输入产品描述,或点击“HTML”,使用 HTML 代码加入较复杂的产品描述。卖家可以直接在“Standard”中编辑,利用工具条对产品描述进行简单的排版设置,如图 4-14 所示。

图 4-14 在标准界面添加物品描述

详情页描述的关键点及应该避免的一些问题可以参考如下二维码中的信息。

详情页描述的关键点

拍卖产品和一口价产品的详情页

二、编辑销售信息

销售信息包括销售方式(Format)、Listing 在线持续时间(Duration)、产品价格(Price)和产品的可售数量(Quatity)等。拍卖和一口价的产品详情页有很多不同,可扫描二维码了解相关内容。

1. 编辑销售方式

eBay 产品的销售方式包括：一口价方式(Fixed price)、拍卖方式(Auction-style)、一口价与拍卖并用方式三种，卖家可综合各种因素选择合适的刊登方式，如图 4-15 所示。

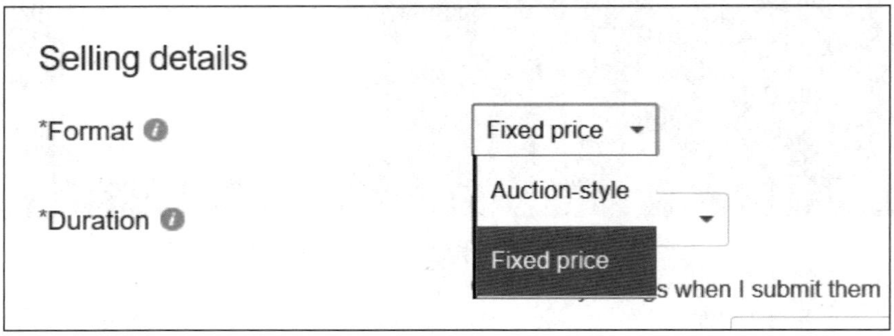

图 4-15 销售方式

此外，卖家在选择不同的售卖方式后，Listing 刊登的其他内容包括在线持续时间、价格和数量等的编辑要求会有所不同。

2. 编辑 Listing 的在线持续时间

当卖家在 eBay 上刊登产品时，需要指定一个 Listing 在线持续时间。卖家如果设置的是一口价刊登，那么他可以选择 3 天、5 天、7 天、10 天、30 天的在线时间。也可以选择 Good'Til Canceled(即 GTC)模式的 Listing 在线时间，如图 4-16 所示。

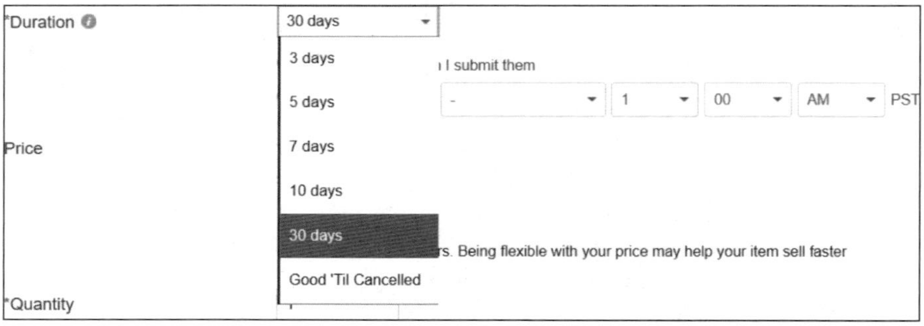

图 4-16 一口价状态下刊登的在线持续时间选择界面

当卖家开发了一款销售成绩较好的产品，希望该产品持续在 eBay 上销售，并将累计销量(Sold)在 Listing 上展现给买家，则需要选择 Good 'Til Cancelled Listing(GTC 持续在线 Listing)。所谓 Good 'Til Cancelled Listing，就是指这条一口价的 Listing，每一个自然月会被 eBay 自动更新，除非这条 Listing 的在线库存被卖完，或者该 Listing 被卖家或者 eBay 下架。eBay 也会按每个自然月收取 GTC Listing 的刊登费。在这里，卖家需要利用另一个工具："Out-of-stock"(缺货)设置，可以暂时隐藏库存卖空的 Listing，待卖家手动补充了在线库存后，该条 Listing 又可以继续售卖。这部分内容在本章第二节中的"Out-of-stock 设置"中详细讲解。

卖家如果选择的是拍卖形式的刊登，就可以选择 3 天、5 天、7 天、10 天的在线时间，如图 4-17 所示。如果卖家的回评数超过了 10 个,还可以选择 1 天的拍卖在线时长选项。当然,1 天和 3 天的拍卖在线时长是需要额外收取费用的。

另外,卖家在撰写完成一条 Listing 后,既可以选择直接发布上线,也可以为刊登指定一个未来上线的时间(最长 3 周)。利用"Scheduling Listings"(定时刊登)功能可以方便卖家随时撰写编辑 Listing,然后控制 Listing 上线和结束的时间,如图 4-18 所示。

图 4-17　拍卖刊登状态下刊登在线时间的选择

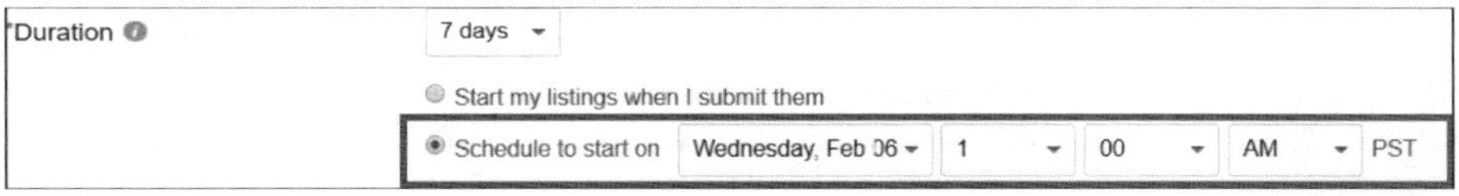

图 4-18　定时刊登的设置

3. 编辑产品价格

为产品设置一个恰当的价格,是吸引买家注意的有效方式,更是增加产品浏览量及带动销量的重要方法之一。产品价格的设置也分为一口价、拍卖价、一口价和拍卖价并存三种情况。

(1)设置"一口价"产品价格的步骤

在产品刊登设置页面的 price 模块中,选择"Fixed price"选择以"一口价方式"销售物品。在"Buy It Now price"下方文本框中输入"一口价"的具体销售金额,如图 4-19 所示。

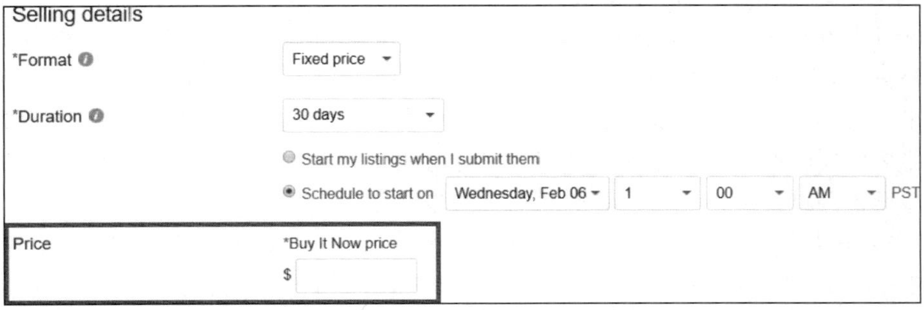

图 4-19　"一口价"设置界面

一口价中还可以设置"Best Offer"议价功能。输入一口价价格后,选择"Let buyers make offers",卖家就可以输入希望自动接收的议价价格,或者自动拒绝的议价价格,如图 4-20所示。

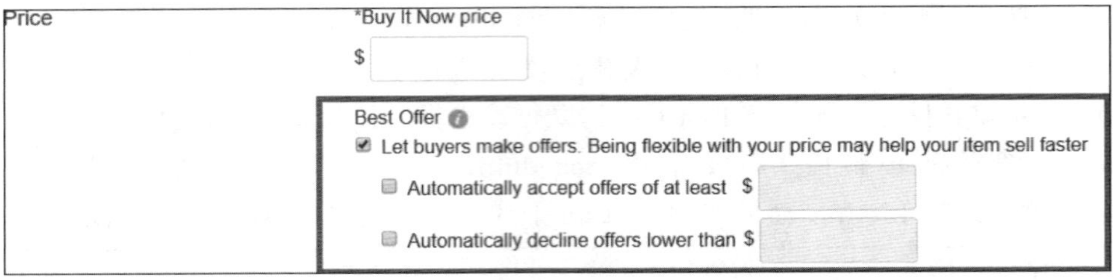

图 4-20　议价功能设置界面

(2)设置“拍卖方式”产品价格的步骤

在产品刊登设置界面的“Price”(价格)模块中,选择“Auction-style”以“拍卖方式”销售产品。在“Starting price”(起拍价)下方文本框中输入产品的起拍价,如图 4-21 所示。

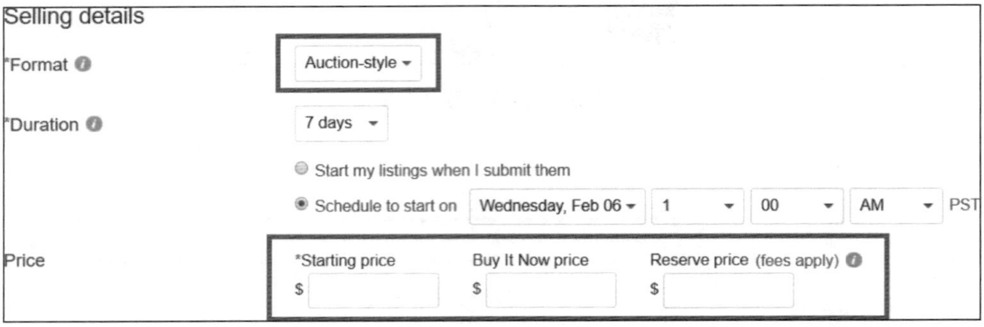

图 4-21　拍卖价格的设置

很多卖家发现,起拍价过高难以吸引买家出价,过低的起拍价又可能令产品以低价成交而亏本,设定“Reserve price”(保底价) 可以解决这个问题。如果拍卖物品没有超过卖家预设的“Reserve price”,卖家可以选择不出售该产品。卖家可以在“Reserve price”下方文本框中,输入该物品的保底价格。使用保底价功能需要支付一定的费用 。如果是为属于以下三个类别中的产品[①Heavy Equipment, Parts & Attachments(重型设备零配件);Heavy Equipment(重型设置)。②Printing & Graphic Arts(印刷和图像工艺),Commercial Printing Presses(商业印刷机)。③Restaurant & Food Service(餐饮服务);Food Trucks, Trailers & Carts(食品卡车、拖车和手拖车)]设置保底价格,不管保底价格是多少,eBay 只收取 5 美元的费用;而对这三个类别之外的其他类别中的产品设置保留价格,那么所要收取的费用在 5 美元到成交价格的 7.5%之间,最高费用不超过 250 美元。

(3)设置一口价和拍卖并存的产品价格的步骤

在产品刊登设置界面的“Price”模块中,选择“Auction-style”以“拍卖方式”销售物品。在“Starting price”(一口价)下方的文本框中输入物品“拍卖”的起拍价,在“Buy It Now price”下方的文本框中输入物品的“一口价”价格,即在设置物品“拍卖”价格的同时设置“一口价”,如图 4-21 所示。

4. 编辑产品的可售数量

卖家需谨慎设定产品的可售数量,严格管理库存。如果库存有所调整,卖家需及时调整对应刊登的可售数量,避免出现仓库有货,产品刊登界面没货,或刊登界面有货,库存没货的情况发生，以免给买家带来不良购物体验，导致卖家账户面临风险。

选择用“Auction”方式刊登产品，只能拍卖一件产品，如图 4-22 所示。

图 4-22　拍卖状态下产品数量的设置

选择“Fixed price”方式刊登产品，可以根据库存填写产品数量，如图 4-23 所示。

图 4-23　一口价状态下产品数量的设置

三、编辑运输信息

编辑运输信息(Shipping details)中需要填写的内容包括业务政策(Business policy)和产品所在地(Item location)，其中业务政策请参考第二章“业务政策设置”的内容。这里对产品所在地的编辑进行介绍(见图 4-24)，卖家主要应注意这两点：卖家必须如实填写产品所在地，运费的设置要与产品所在地相匹配。eBay 不允许卖家刊登不正确或不实的产品所在地资料，对于违反此政策的用户，将会进行相应惩罚。

具体编辑的步骤为：点击“Change”(变更)，可以进入到编辑产品所在地的界面。可在“Country”(国家)下方的复选框中输入产品所在国家，在“City, State”(城市，州/省)下方的文本框中输入物品所在城市和州或省份。

图 4-24　编辑产品所在地的界面

第二节　产品刊登管理

卖家不仅需要了解单个 Listing 的刊登步骤，还需要掌握如何刊登多个 Listing，以及开始售卖后如何对这些刊登进行管理，包括批量刊登、提前结束刊登和重新刊登等操作。

一、批量刊登

在某些情况下需要采用批量刊登的方式，比如，批量编辑 EAN/UPC、MPN、BRAND 等产品属性；对产品的物流方式进行批量修改；也可能是随着 eBay 政策的改变，需要卖家批量修改 Listing 等。具体步骤如下。

登录 eBay 网站后，点击“Seller Hub”进入后台，在“Listing”标签页中选择“Active”（激活）选项即可看到所有刊登的 Listing。

点击“Edit”（编辑）选项可以看到“Edit selected”（编辑选择）和“Edit all listings”（编辑所有产品刊登）两个选项，卖家可以根据需要选择。在图 4-25 所示界面中选择其中三条 Listing 并点击“Edit selected”。

图 4-25　批量编辑 Listing 的界面

进入“Edit listings”（编辑产品刊登）界面，点击“Edit fields”（编辑范围）可以看到方框范围内的字段都是可以批量编辑的，选择卖家需要修改的字段，然后编辑修改即可，如图 4-26 所示。

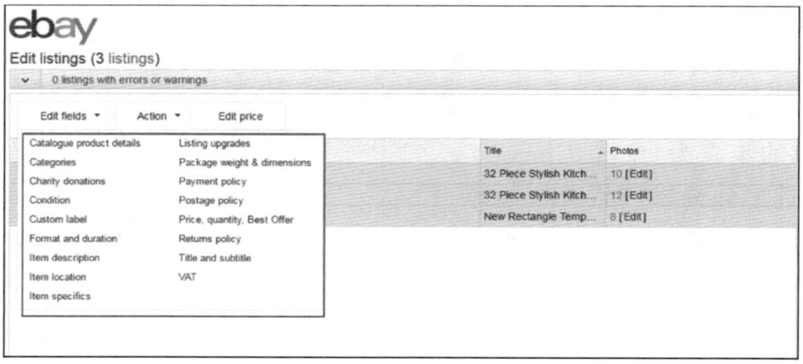

图 4-26　批量编辑 Listing 的范围

二、提前结束刊登

在产品销售的过程中，卖家可能因为突发情况，必须在原定结束日期之前提前结束刊登，当然这有可能会令潜在的买家非常失望，影响其购物体验，因此 eBay 一般不建议卖家这么做。如果卖家在迫不得已的情况下需要结束刊登，则必须遵循一定的规则正确地提前结束刊登。

如果卖家决定要结束一个 GTC 的刊登，eBay 将不会退还产品刊登费，但卖家也无须支付另一个自然月刊登期的费用。

如果卖家需要提前结束一个拍卖形式的刊登，需要符合以下条件之一：①这个拍卖刊登还没有买家竞拍；②这个拍卖刊登已有买家竞拍，卖家愿意卖给当前最高价出价者；③这个拍卖刊登已有买家竞拍，但不愿卖给当前最高价出价者，同时距离此刊登结束还有 12 小时以上，此时，卖家首先需要将此条拍卖中所有出价进行“Cancel bids”（取消竞拍）的操作，之后才能进行“End Listing”（结束刊登）的操作，当然 eBay 会收取相应的提前结束费用。

以下情况，卖家不能提前结束一个拍卖形式的刊登：①这个拍卖刊登已有买家竞拍，卖家不愿卖给当前最高价出价者，同时距离此刊登结束不到 12 小时；②这个拍卖刊登已有买家竞拍，但是出价未达到卖家设置的保底价，同时距离此刊登结束不到 12 小时。

因为提前结束刊登有可能降低买家购买体验，因此，eBay 不建议卖家频繁进行提前结束刊登操作，如果卖家滥用此功能，eBay 会进行调查，有可能对卖家账户给予惩罚。所以，如果有可能的话，尽量通过修改 Listing 信息的方式修改刊登中的错误信息，而不是简单地结束刊登。

提前结束刊登的步骤：①登录卖家的账户；②进入“Seller Hub”；③在“Listing”模块中的“Active”（活动）中，找到相应的刊登，点击“Action”（结束）下拉菜单中的“End”选项，如图 4-27 所示。

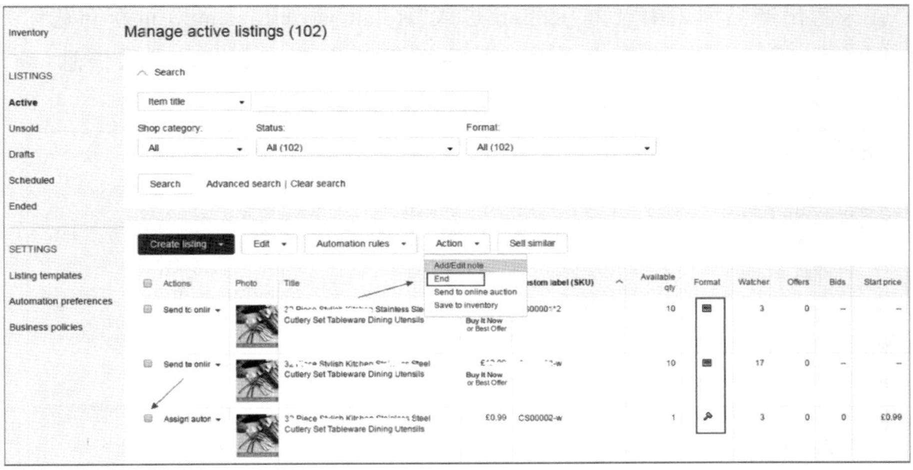

图 4-27 提前结束刊登界面

三、重新刊登

当卖家的 Listing 刊登未能成功售卖，就需要将其重新刊登上线。重新刊登会产生相应的刊登费，若卖家再次刊登时选择了一些 Listing 升级功能费，也会一并收取。另外，重新刊登了一条 Listing，eBay 需要一些时间（可能是几个小时）来汇总并展示到站点上。

在“Seller Hub”中重新刊登 Listing，请按照如下步骤进行操作。

（1）进入 eBay 美国站点，点击界面左上方的“Sign in”。

（2）登录成功，返回 eBay 美国站点首页后，可从界面右上方的“My eBay”处，进入“Seller Hub”界面。

（3）在“Seller Hub”的“Listings”模块下的侧边栏中，选择“Unsold”，进入“未售出产品”界面。

（4）如需重新刊登未售出的产品，可在“Unsold”模块里点击对应产品栏中的“Relist”（重新刊登），即可重新刊登单个未售出的产品；也可点击对应产品栏中的“Sell similar”（售卖类似产品），可重新编辑后再刊登单个未售出的产品，如图 4-28 所示。

图 4-28　Unsold 界面

（5）在未售出产品列表中点击“Relist”进入“Relist your Listing”（重新刊登你的产品）界面，如图 4-29 所示，卖家可先查看并确认需要重新刊登的未售出产品信息，确认无误后，再点击“List item”（刊登产品），即可重新刊登未售出的产品。

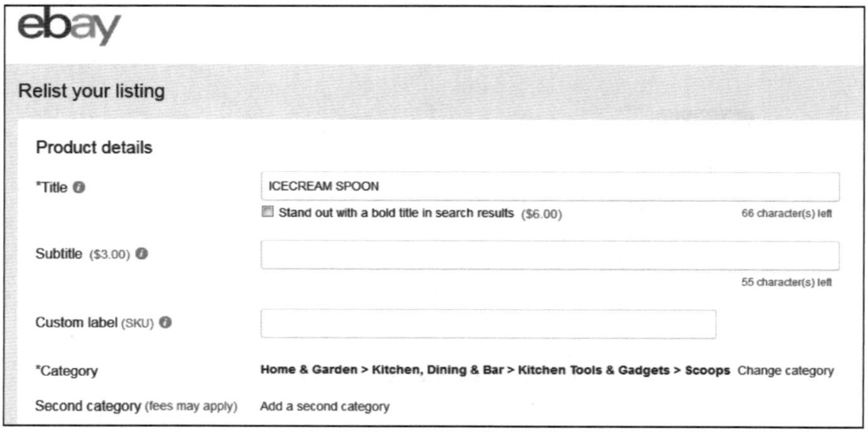

图 4-29　重新编辑并刊登的界面

四、刊登管理工具

Listing 刊登会用到一些工具，在 eBay 站点上，卖家经常用到的工具是“Seller Hub” Listing 管理。前文中的许多操作都用到了“Seller Hub”，关于如何利用“Seller Hub”进行 Listing 管理的完整讲解可以扫描二维码进行系统学习。

使用 Seller Hub 管理 Listing

除了 eBay 站点上的工具，卖家还可以使用第三方工具，境内的有 PushAuction、MerchantRun、数字酋长、易仓、蚂蚁刊登、店小秘等这些第三方刊登工具，境内的软件主要对象是境内卖家，带有中文界面，卖家能更好地了解软件的功能，在服务上也比同类境外第三方刊登软件有着更好及更强大的优势。感兴趣的卖家可以在网上搜索下载、学习和使用。

第三节　以产品为核心的购物体验

从 2018 年 9 月开始，eBay 将过渡到以产品为中心的购物体验，即将所有指向同一产品的 Listing 按照某一顺序全部展现给买家，以确保买家能够方便地找到卖家的产品。通过提供以产品为中心的购物体验，eBay 提高了向卖家提供定价指导的准确性，也为卖家刊登提供了许多标准化信息，从而使卖家减少刊登时间，确保卖家能够更好地管理自己的业务。

以产品为核心的购物体验

目前，eBay 已经强制实施某些类目的产品刊登与 eBay 的标准产品相关联，未来两年 eBay 会继续分批上线需关联 eBay 标准产品的其他类目，直至覆盖所有的类目。

卖家可以通过三种渠道获悉自己的产品是否已在实施关联标准产品的范围之内。

(1)在卖家的“Seller Hub”后台，点击“Listing”下方的“Active listing”可以看到需要进行标准产品修改的所有 Listing。

(2)在客户经理发送来的邮件中，卖家会看到自己的所有需要修改的 Listing，这里所需要修改的 Listing 的数量会大于等于卖家后台看到的需要修改的量，邮件里会列出卖家所有需要修改的 Listing，而卖家后台是 eBay 系统已经准备好的需要卖家修改的 Listing，所以应以“Seller Hub”的后台提示为准。

(3)在 http//www.ebay.cn 也开放了一个通道，卖家登录后可以下载所有的 Listing ID，这里所收到的 ID 的量和邮件中的量是一样的，也多于或等于“Seller Hub”中提及的量，所以也以后者为准。

另外，(2)和(3)两个渠道获得的全量的 Listing ID 是按照过去 30 天的销量高低进行排序的，这和渠道(1)的排序方式不同，建议卖家从销售额大的 Listing 开始修改，以确保该产品的销售不受影响。

目前已经执行标准产品的站点包括美国站、加拿大站、澳洲站和英国站，这四个站点的标准产品库是不互通的，假如一个卖家分别在这四个站点销售同一个产品，就要为该产品分别创建四个不同的标准产品。

在 eBay 规定范围内的产品，不论是已经创建的刊登，还是即将创建的刊登，都必须将其与 eBay 产品目录相关联，否则卖家将无法成功完成刊登。当然已有的刊登在不修改的情况下，可以不用绑定 eBay 标准产品，但是这些刊登在买家面前的曝光率可能会降低甚至为零。下面分别对已有刊登和新创建刊登如何关联 eBay 标准产品进行详细介绍。

一、已有刊登关联 eBay 标准产品的介绍

（1）首先点击“My eBay”进入卖家的“Seller Hub”后台，在“Seller Hub”中点击“Listings”，卖家将看到“All listings”（所有刊登）和“Requires product”（需要绑定的产品）两个标签页，其中“Requires product”就提示了所有需要绑定标准产品库的 Listing，如图 4-30所示。

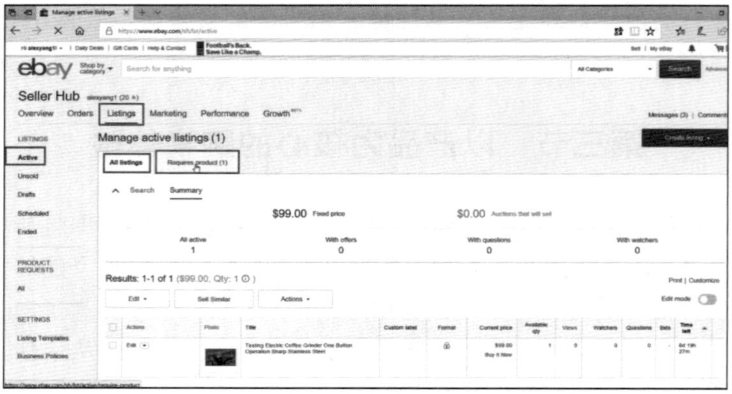

图 4-30 “Seller Hub”后台中的“Listings”界面

（2）点击“Requires product”标签页，又可以看到“With recommendation”（有推荐）和“Without recommendation”（没有推荐）两个标签页，如图 4-31 所示。其中“With recommendation”下包含的所有 Listing 都有对应的标准产品，卖家只要直接绑定即可，非常简单。

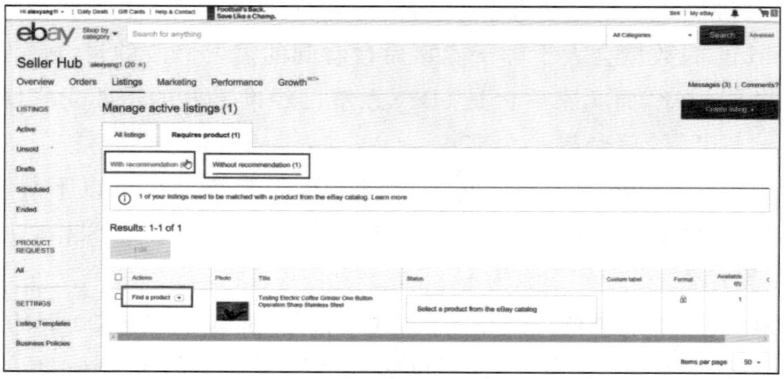

图 4-31 “Requires product”标签页界面

“Without recommendation”下的 Listing 则没有对应的标准产品，需要卖家手动在产品库中寻找标准产品并绑定或者直接创建新的标准产品。这里着重介绍“Without recommendation”下的 Listing 如何建立标准产品。

①选择其中一条 Listing，点击左侧的“Find your product”（寻找标准产品），能够看到目前这个 Listing 的所有信息，在现有信息的下方有个产品库的搜索栏，如图 4-32 所示，在搜索框内，将产品名称输入后，可以看到卖家的这个 Listing 在标准产品库里是不是已经有标准产品。

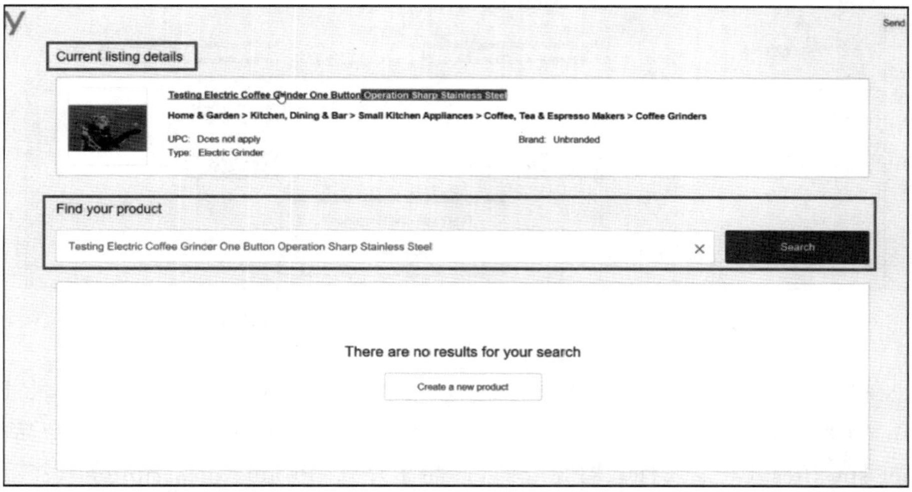

图 4-32 Listing 的详细信息及寻找标准产品的搜索条

②这里以“iPhone”为例进行搜索，在产品库里可以看到许多已有的不同的 iPhone 标准产品，如图 4-33 所示。如果可以找到和自己产品一致的标准产品，就点击“Select”（选择）直接绑定即可。

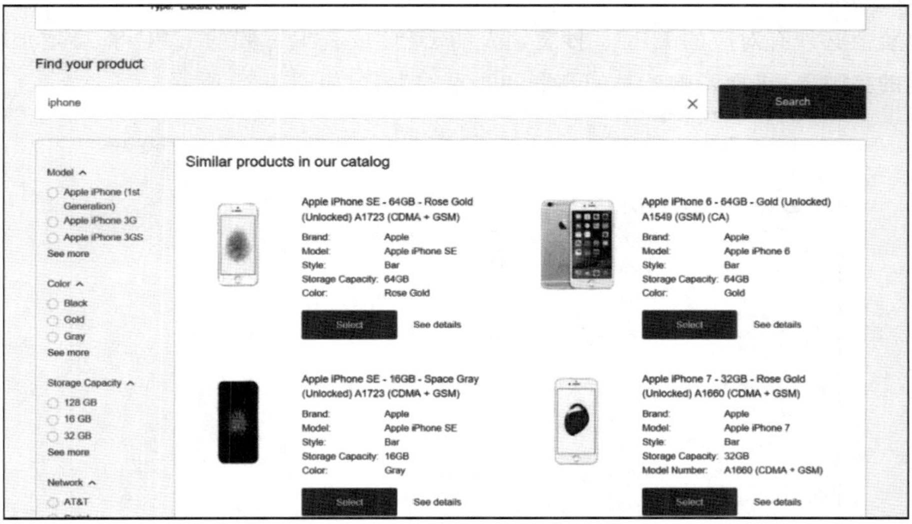

图 4-33 关于 iPhone 的标准产品库信息

(3)如果在搜索条里输入产品名称后，在产品库里找不到与卖家产品相符的标准产品，这时卖家需要创建一个标准产品，点击搜索结果下方的“Create a new product”（创建一个新的产品）即可进入创建界面，如图 4-34 所示。

图 4-34　点击"Createa new product"进入建立标准产品的界面

(4)在"Create a new product"界面,需要填写的内容包括"Category"(分类)、"Related categories"(相关分类)、"Product name"(产品名称)、"Product identifiers"(产品标志)、"Product specifics"(产品属性)、"Photos"(产品图片)、"Product description"(产品细节)和"Comments for eBay"(对 eBay 的建议),如图 4-35 所示。其中,有星号标记的内容必须填写,否则基本上会被 eBay 驳回。建议卖家将 Listing 中已填写好的内容都复制过来,且不能比原有的内容少。下面对需要注意的地方进行介绍。

①所有内容都必须如实填写,比如产品标志中的 UPC(Universal Product Code,产品通用条码),如果卖家没有 UPC 就如实填写"Does not Apply"。填写了 UPC 的产品,其产品包装上必须有对应的 UPC。抄袭别人的 UPC 或者编写假的 UPC,都会增加标准产品创建的失败率,进而影响产品的刊登和卖家的生意,如图 4-35 所示。

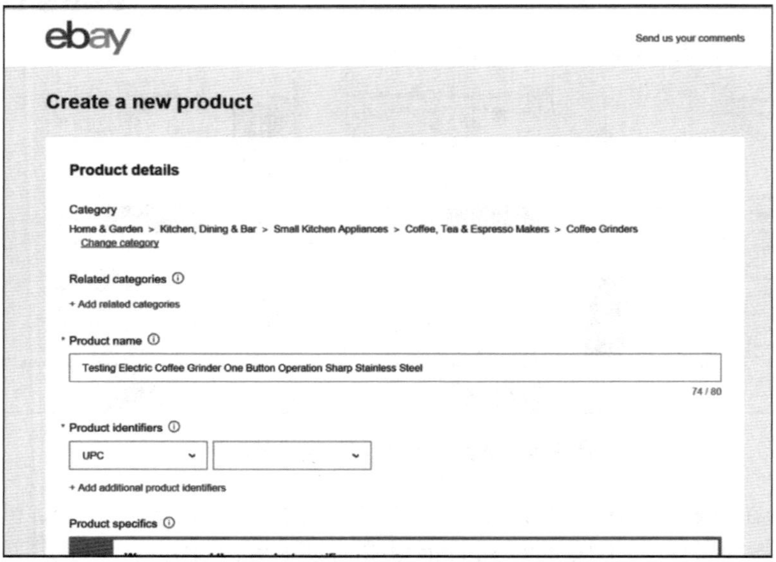

图 4-35　创建新的标准产品的界面

②在产品属性部分，eBay 为卖家做了相应的推荐，卖家只要点击“Accept all”（全部接受）就能将 eBay 推荐的属性全部拷贝过来，同时卖家还可以根据需要进行修改，如图 4-36 所示，拷贝后，空缺部分由卖家继续如实填写，如图 4-37 所示。

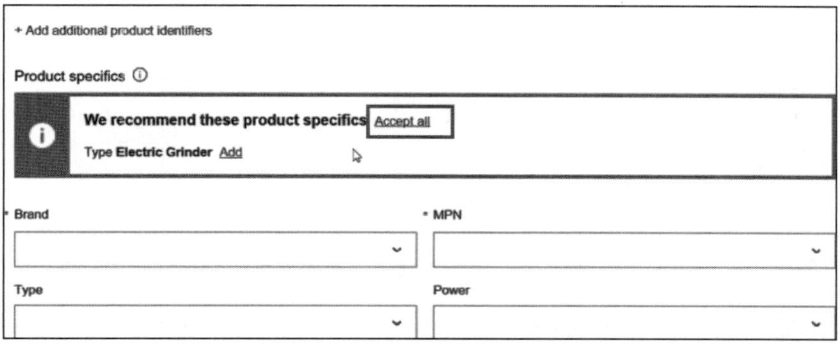

图 4-36　产品属性填写界面

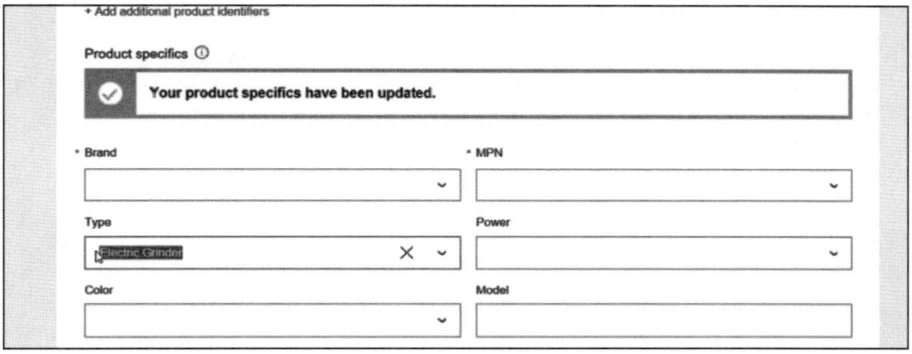

图 4-37　如实填写产品属性的其余部分

③在产品照片部分，卖家应注意上传的图片不能有水印，因为在标准产品库里，eBay 对水印的审核更为严格。

④在对 eBay 的建议部分，卖家可以不填写，如果要填写，建议填写一些可以证明自己产品真实性的信息，以提高此条标准产品的通过率。比如有官网的卖家可以将官网的链接放在这里。如果是卖家原先申请的标准产品被 eBay 驳回后重新提交申请，就可以在“Comments for eBay”这里告诉 eBay 的审核人员，这次申请对原先 eBay 指出的错误进行了哪些修改，请 eBay 重新审核。

二、新创建刊登关联 eBay 标准产品的介绍

(1)首先点击“My eBay”进入卖家的“Seller Hub”后台，在“Seller Hub”后台点击“Create listing”会有“Single listing”（单属性刊登）和“Multiple listing”（多属性刊登）两个选项，如果选择了多属性刊登，卖家要特别注意每个属性都必须绑定或者创建一个标准产品，即假如卖家有 10 个 SKU，那么卖家必须创建 10 个标准产品。如果是相同的 SKU 就不应该列在多属性中，否则就成了重复刊登。这里以单属性刊登为例，介绍新创建刊登关联 eBay 标准产品。点击“Single listing”进入单属性刊登创建的界面，如图 4-38 所示。

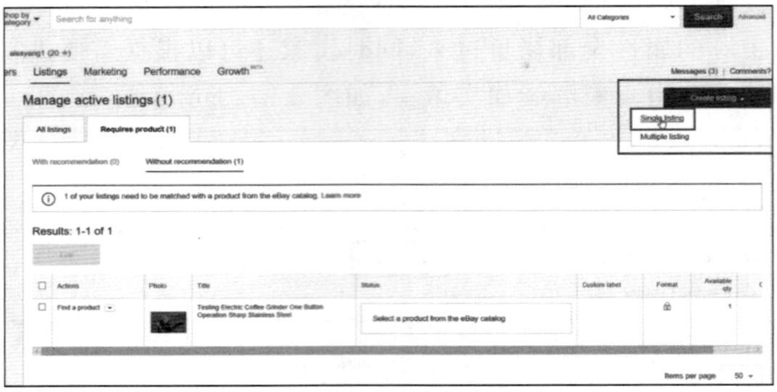

图 4-38　创建单属性刊登的界面

(2)在单属性刊登创建界面的搜索栏中输入卖家所要销售的产品名称,点击“Get started”(开始),如图 4-39 所示。

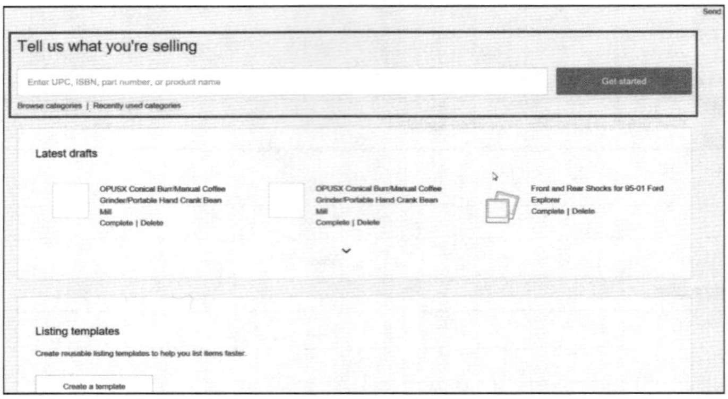

图 4-39　搜索标准产品信息的界面

(3)这里以咖啡研磨机为例,搜索可得产品库中有许多关于此类产品的标准产品信息,如图 4-40 所示。

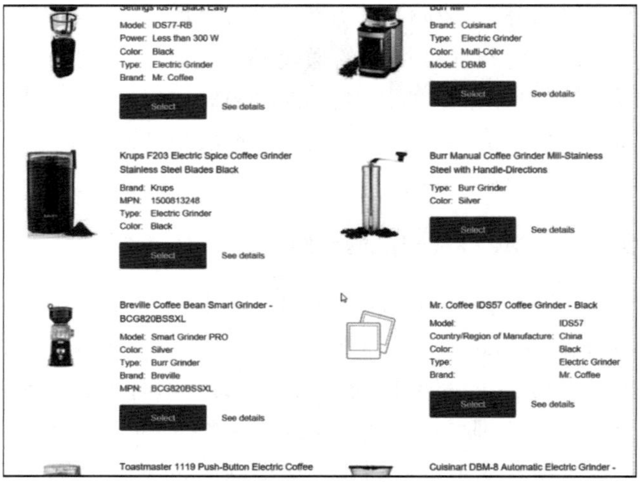

图 4-40　各种咖啡研磨机的标准产品信息界面

(4)如果卖家认为自己的产品和产品库的第一个产品一致,可以点击“Select”(选择)进入该产品的详细信息界面,仔细阅读这些信息与自己的产品是否相符,如果完全相符可以选择“Select product”(选择产品),如果完全不符可以选择“Close”(关闭),如图 4-41 所示。

(5)如果认为现有产品信息的填写有些错误需要修正,则要点击“Update product information”(更新产品信息),如图 4-41 所示,卖家对已有的标准产品信息进行修改后要提交修改理由,如果修改理由充分,eBay 会审核通过,反之则会驳回。

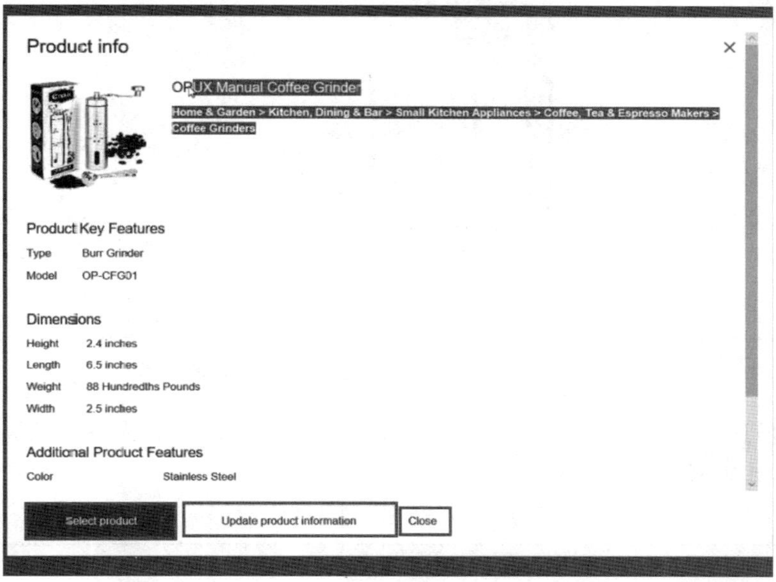

图 4-41　根据实际情况决定是否选择已有产品库的信息

(6)这里直接选择默认标准产品并在此基础上建立新 Listing,此时卖家可直接点击“Select product”进入该产品所对应的标准产品的模板,并对相关内容进行修改或增删等,如图 4-42 所示。

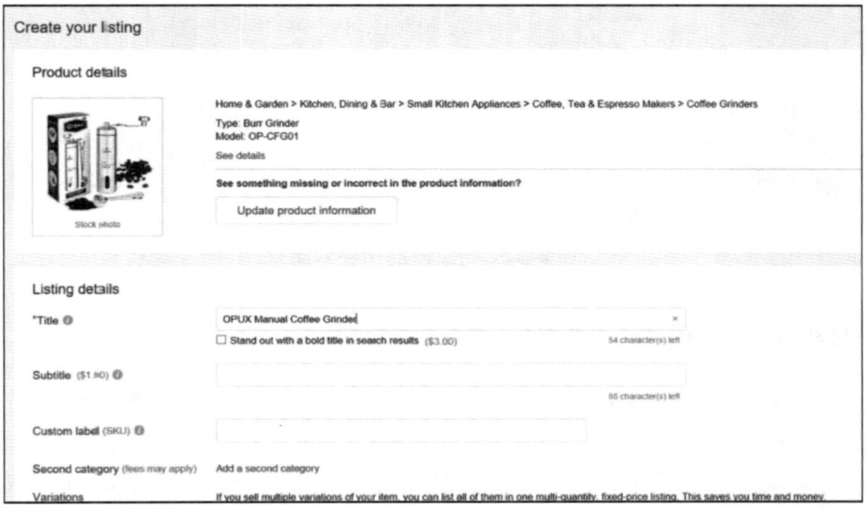

图 4-42　产品对应的标准产品的模板

在 Listing 详情界面，除了标准产品信息中已经确定的某些关键属性不能修改以外，卖家可以自主修改或者添加信息，比如修改标题中的内容，使产品名称更有特色，修改价格、数量等，还可以添加新的属性，也可以删除标准产品带来的原有图片，或者在原有图片的基础上新增图片，此时卖家可以添加有水印的图片，如图 4-43 所示。

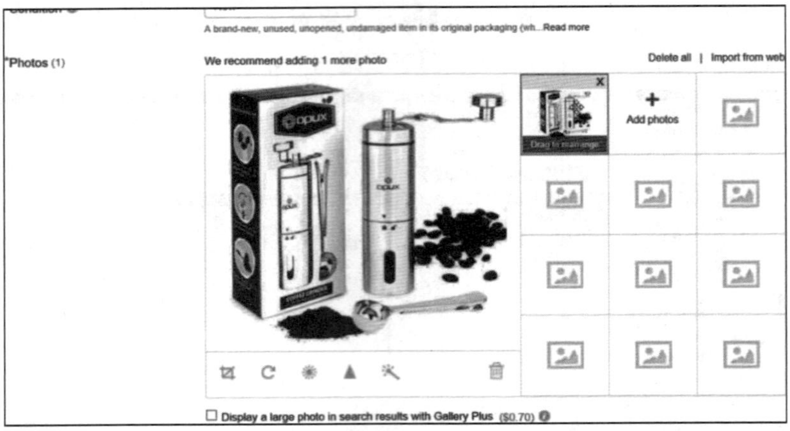

图 4-43　在标准产品信息基础上增删图片的界面

在产品描述部分，卖家可以在标准产品信息中已有标准产品描述信息的基础上添加额外的信息，如售后信息等。

(7)最后点击"List item"完成产品刊登，如图 4-44 所示。

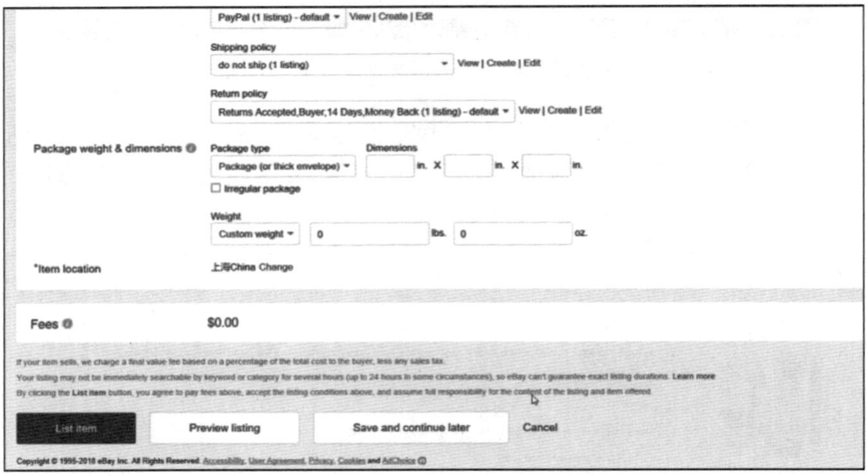

图 4-44　完成产品刊登界面

三、查看绑定产品库的刊登是否被 eBay 审核通过

以上部分，为大家介绍了已有刊登绑定标准产品库和新建刊登关联 eBay 标准产品的两种情况的具体步骤。那么这些关联是否都被审核通过了呢？卖家可以在"Seller Hub"后台"Listings"下方点击"Products"看到所有参与申请的 Listing 信息，包括通过和没通过的，如图 4-45 所示。

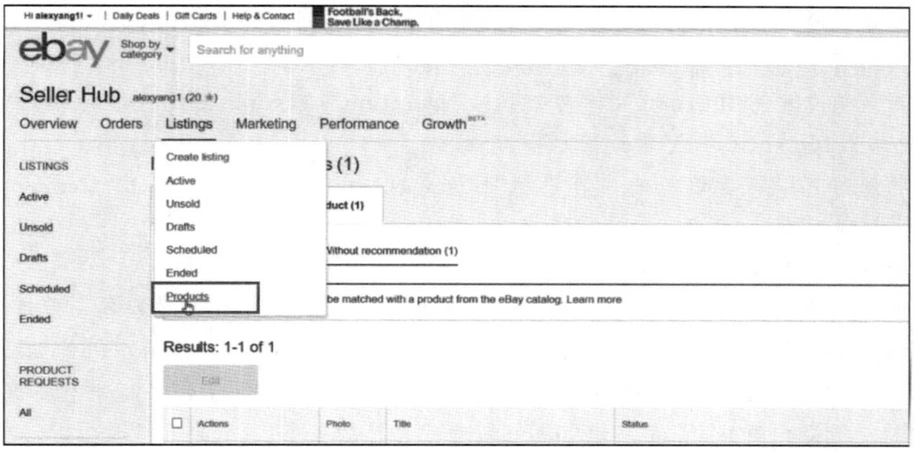

图 4-45　查看所有参与申请的刊登

申请通过的 Listing 还分为两种情况，一种是无条件通过，此时 eBay 会给予一个 ePID，另一种是修改后通过（Approved modified），即 eBay 通过了卖家的申请，但对卖家提供的标准产品信息进行了部分修改，比如删除了两张图片等。如果卖家的申请被拒绝，eBay 会提供拒绝的理由，卖家需要先查看理由，再点击“Revise request”（修改申请），根据 eBay 提出的意见进行修改并再次提交，如图 4-46 所示。

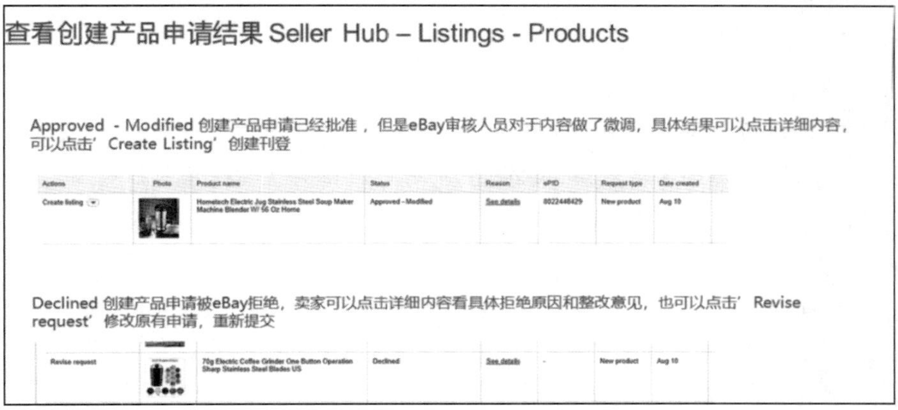

图 4-46　审核结果界面

一般卖家被拒绝的可能性主要包括没有如实填写 UPC、MPN、属性过少、图片问题较多等。

⊘ 小结

1.优秀的产品刊登必须满足完整性好、高关联性和高匹配度等特点，完整性好的 Listing 能很好地减轻售前客服量，减少纠纷，高关联性和高匹配度的 Listing 有利于增加曝光。

2.产品刊登主要分为三个模块，分别是“Listing details”（产品信息）、“Selling details”（销售信息）和“Shipping details”（物流信息）等。

3.产品信息包括标题、分类、多属性、全球贸易项目代码、使用状态、产品图片、产品详情描述等几个部分。

4.销售信息包括“Format”(售卖方式)、“Duration”(Listing在线持续时间)、“Price”(产品价格)、“Quantity”(可售数量)等几个部分。

5.物流信息中需要填写的内容包括“Business policy”(业务政策)和“Item location”(产品所在地)等。

6.产品刊登管理包括批量刊登、提前结束刊登和重新刊登等操作。

7.以产品为中心的购物体验,即将所有指向同一产品的Listing按照某一顺序全部展现给买家,以确保买家能够方便地找到卖家的物品。通过提供以产品为中心的购物体验,eBay提高了向卖家提供定价指导的准确性,也为卖家刊登提供了许多标准化信息,从而使卖家减少刊登时间,确保卖家能够更好地管理自己的业务。

8.eBay已经对某些类目的刊登物品强制实施与eBay的标准产品相关联,未来两年eBay会分批再上线需关联eBay标准产品的其他类目,直至覆盖所有的类目。卖家要掌握已有刊登和新创建刊登如何关联eBay标准产品库。

思考题

1.优秀的产品刊登的标准是什么?

2.产品刊登主要包括哪几个部分?

3.产品刊登管理包括哪几个部分?

4.eBay平台上的产品刊登工具是什么?

5.eBay平台外有哪些第三方产品刊登工具?

6.什么是以产品为核心的购物体验?

7.卖家可以通过哪些渠道获悉自己的产品是否已在实施标准产品的范围之内?

操作题

1.以一口价的方式刊登某一个产品。

2.以拍卖的形式刊登某一个产品。

3.已有刊登关联eBay标准产品。

4.新建刊登关联eBay标准产品。

第五章

跨境物流

学习要求

通过本章学习，在掌握跨境物流概况的基础上，掌握邮政物流、专线物流、商业快递、海外仓等常见的跨境物流方案并熟练掌握物流资费的计算；掌握 eBay 的商业快递型、标准型和经济型三种物流解决方案及不同类型的 eBay 推荐物流服务商；掌握 Speed PAK 及发货平台 eDIS 的操作；最后还要掌握根据不同物流政策和不同站点选择不同的 eBay 物流解决方案。

作为 eBay 平台上的卖家，可以选择哪些物流方案呢？卖家又应该如何选择物流方案？在这一章中将回答以下问题。

- 跨境物流的作用、困境、特点、主要模式及其选择依据是什么？
- 海外仓的优缺点有哪些？
- eBay 的物流方案有哪些类型，eBay 提供了哪些推荐的物流服务商？
- 具体物流政策下，卖家应该如何选择物流方案？
- 不同销售路向上，卖家应该如何选择物流方案？

第一节　跨境物流概述

跨境物流概述

一、跨境物流的概念

跨境电商交易主体处于不同的国家或地区，商品需要跨越不同的关境才能从供应商到达消费者处。因此跨境物流是连通不同关境内买卖双方的桥梁，以此实现产品使用权和所有权的转让。完善的跨境物流体系不仅直接影响商品的流转效率和成本，还深刻影响了用户的消费体验。跨境物流也可以反作用于跨境电商的运营，两者协调发展则可扩大跨境电商覆盖范围。跨境物流是跨境电商发展的重要影响因素。

近几年，跨境电商发展迅猛，然而跨境物流因成本过高、配送速度慢、服务水平低等已成为亟待解决的问题。特别是每逢旺季，跨境物流更是状况百出：爆仓、线路拥堵、海关严查、清关迟滞、仓位骤减、运力不足、投递不力、包裹延误，导致客户投诉与差评激增，从而影响店铺运营效果。

二、跨境物流模式及其选择

（一）跨境物流的模式

目前，跨境物流有多种模式，按照不同的标准分为不同的模式。

1. 按照物品发货地不同分类

按照物品发货地不同可以将跨境物流分为跨境直邮和海外仓。跨境直邮就是从卖家所在国（地区）发货至买家所在国（地区）的物流模式，其中跨境直邮又可以根据提供服务的主体的不同分为邮政物流、国际快递、国际专线等；海外仓则是卖家从销售目的国（地区）的仓库直接发货给当地消费者的物流模式，卖家可以采用自建海外仓、租赁第三方海外仓或定制海外仓的模式。

2. 按照是否提供物流中介服务分类

按照是否提供物流中介服务跨境物流可以分为平台型物流模式和垂直型物流模式。所谓平台型物流模式，即通过该平台可以让跨境卖家同时比较和选择多种物流模式，包括邮政物流、国际快递、国际专线和海外仓等跨境物流模式中的几种或者全部，该平台负责与各种物流模式提供商的系统对接，提供不同供应商的价格和服务对比信息，可拿到优惠报价，支持在线下单、结算及查询功能，但本身不提供或者只提供部分跨境物流服务，比如递四方，既提供国际专线服务，也提供邮政物流的中介服务等。垂直型物流模式是指物流服务商提供某个或几个具体的跨境物流服务。

跨境物流模式分类具体如表 5-1 所示。下面几节内容会对细分类别中的物流模式进行详细介绍。

表 5-1　跨境物流模式分类表

<table>
<tr><th>按照是否提供物流中介服务分类</th><th colspan="2">按照物品发货地不同分类</th></tr>
<tr><td>平台型物流模式</td><td colspan="2">提供物流中介服务，包括价格和物流服务的对比，提供一定的优惠价格，有时也提供一定的物流服务，比如国际专线等</td></tr>
<tr><td rowspan="6">垂直型物流模式</td><td rowspan="3">跨境直邮</td><td>邮政物流</td></tr>
<tr><td>国际快递</td></tr>
<tr><td>国际专线</td></tr>
<tr><td rowspan="3">海外仓</td><td>自建海外仓</td></tr>
<tr><td>租赁海外仓</td></tr>
<tr><td>定制海外仓</td></tr>
</table>

（二）跨境物流模式的选择

跨境物流模式种类较多，每个卖家都必须选择适合自己的物流模式。选择了合适的物流模式，不但能缩减物流成本，还能得到客户的支持和信赖，反之则会招致差评，让辛苦优化的 Listing 曝光、排名和转化率急剧下降。跨境物流模式选择的影响因素主要包括所销售产品的特性、物流费用、物流时效、目的国（地区）的清关能力、买家的需求、淡旺季等。

1. 所售产品的特性

这里产品的特性指产品的类型、重量、体积、货值等。首先考虑所售产品类型是普货还是敏感货物，如果是带电产品或者粉末状的化妆品等敏感性货物，可以选择新加坡小包、瑞典邮政小包，但不能走中国邮政小包，因为每种物流渠道都有禁寄物品限制。然后考虑所售产品的包裹重量和体积。如果单个包裹重量大于 2 千克小于 30 千克，或者包裹长宽高之和大于 90 厘米或单边长大于 60 厘米，也不能发邮政小包，可以选择中国邮政大包。最后，还要考虑所售产品的货值，一般高货值的产品选择有妥投信息的物流渠道，以便买方跟踪物流信息和确保产品的安全。比如，手机、平板电脑这些产品价值高，可以选择 EMS 或者 DHL 等物流渠道。

2. 物流费用

不同的物流方式费用不同，费用最低的就是中国邮政小包平邮服务，且没有挂号费，但是时效长、丢包率高。商业快递物流费用高，但运达时间短、丢包率低。

3. 物流时效

跨境电商发展迅速，越来越多的卖家加入跨境电商行业，竞争也越来越白热化，不仅仅体现在产品价格上，还体现在产品质量和卖家服务上，物流时效是一项重要的服务指标。买家收到货的时间越短，则满意度越高，用户体验越好。在物流时效上，商业快递渠道效率最高。

4. 目的国(地区)清关能力

大多数跨境电商卖家靠物流服务商清关，但过关时，经常出现一些意外情况，轻则需要补充资料，重则出现扣货，甚至没收货物，给卖家带来巨大的损失。不同的物流渠道在目的国(地区)清关能力不同，要选择清关能力较强的物流渠道。一般商家邮政物流清关能力较强。

5. 买家的需求

售前要明确告知买家不同物流方式的特点，为买家提供多样化的物流选择，让买家根据实际需求来选择物流方式，避免后续的纠纷和麻烦。比如，一个美国的买家在 eBay 平台上订购了一件 188 美元的婚纱，要求 5 天到货，则可以选择 UPS 或 DHL 等商业快递。

6. 淡旺季

在淡旺季要灵活使用不同物流方式，例如，在淡季时使用中国邮政小包降低物流成本，在旺季或者大型促销活动时可选择用中国香港邮政、新加坡邮政或比利时邮政来保证时效。

第二节　跨境直邮

跨境直邮

跨境直邮涵盖揽收、目的地预分拣、出口报关、国际(地区间)运输、进口清关、终端配送、物流轨迹追踪等端到端的整体服务。基于出口跨境电商“小批量、多频次”的特征，卖家一般通过邮政物流、商业快递或专线物流等方式，将产品从境内直接发货给境外买家。

一、邮政物流

邮政网络覆盖面广，能配送至全球大部分国家和地区，是跨境电商卖家的优选渠道。据统计，我国跨境电商出口业务 70%的包裹由邮政系统投递。邮政物流包括邮政小包、

e 邮宝、e 特快、EMS 及邮政大包等。

(一) 中国邮政小包

中国邮政小包(China Post Air Mail),是中国邮政针对 2 千克以下小件物品推出的空邮服务,可寄达全球大部分国家和地区。邮政小包出关时不会产生关税或清关费用,但在目的地国家或地区进口时有可能产生进口关税,具体根据每个国家(地区)海关税法的规定而有所不同。

邮政小包分为挂号和平邮两种服务类型,即中国邮政挂号小包(China Post Registered Air Mail)和中国邮政平常小包(China Post Ordinary Small Packet Plus)。

邮政挂号小包的运费根据包裹重量按克计费,1 克起重,单个包裹的重量不超过 2 千克,每单收取挂号服务费;邮政平常小包的运费根据包裹重量按克计费,30 克起重,30 克以上的包裹按实际重量计算运费,单个包裹的重量不超过 2 千克,免挂号费。两者的资费标准可在官网查询,或向第三方货代咨询。一般官网价格较高,第三方货代会给予一定的折扣价格,优惠幅度随发货量不同而不同。

邮政小包跟踪查询系统

邮政小包的寄送限制、揽收方式、妥投时效和物流信息查询等可参考二维码中的信息。

(二) e 邮宝

e 邮宝(ePacket)隶属于中国邮政速递物流股份有限公司,是为适应跨境电商轻小件物品寄递市场需要,推出的经济型国际速递产品。该产品以 EMS 网络为主要发运渠道,出口至境外邮政后,通过目的国(地区)邮政轻小件网投递邮件,为跨境电商平台和跨境卖家提供了便捷、稳定、优惠的轻小件物流服务。

目前,e 邮宝已开通俄罗斯、美国、巴西、西班牙、法国、荷兰、英国、澳大利亚、加拿大、以色列等 39 个国家和地区的物流服务,大部分情况下 7～10 个工作日即可妥投。与中邮小包相比,e 邮宝能够向部分目的国家和地区寄送内置电池的产品,但发货时需按要求独立包装和分拣。选择 e 邮宝的卖家可以在 11183 网站下单。

e 邮宝资费标准

e 邮宝资费标准请参考二维码中信息。

(三) e 特快

为适应跨境电商高附加值产品快速寄递需要,中国邮政速递物流公司在开办 e 邮宝业务的基础上,新设计和推出了 e 特快业务,为中国跨境电商卖家提供较 e 邮宝更优质的服务。e 特快的优势主要体现在三方面:第一,快速稳定,比 e 邮宝更快,时效稳定;第二,清关便捷,邮政 EDI 清关,安全快速;第三,全程跟踪,提供实时物流轨迹。

随着跨境电商的快速发展,e 特快已经在日本、韩国、俄罗斯、澳大利亚、新加坡、英国、法国、巴西、西班牙、荷兰、加拿大、乌克兰、白俄罗斯等 106 个主要国家和地区开展业务。

e 特快资费和相关规定

e 特快参考时效为:日本、韩国、新加坡、中国香港、中国台湾 2～4 个工作日妥投,英国、法国、加拿大、澳大利亚、西班牙、荷兰 5～7 个工作日妥投,俄罗斯、巴西、乌克兰、白俄罗斯 7～10 个工作日妥投。

e 特快收寄重量不受 2 千克限制，计费首、续重为 50 克，寄递时效更快，信息反馈更完整。e 特快资费及相关规定，包括最大限制尺寸标准、赔偿标准、计泡标准、免责条款等，可扫描"e 特快资费和相关规定"二维码获得具体信息。e 特快可以使用在线打单服务，具体操作介绍可登录中国邮政速递物流国际在线发运系统查看，在线发货系统地址可扫描"中国邮政速递物流网址"二维码获取。

中国邮政速递物流网址

（四）EMS 国际快递

EMS 国际快递是由各个国家或地区的邮政合办的一项全球邮政特快专递业务，提供递送国际紧急信函、文件资料、金融票据、产品货样等服务。EMS 清关能力强，妥投时效快，且在各个国家和地区的邮政、海关、航空等部门享有优先处理权。

EMS 国际快递可到达全球 220 个国家或地区，投递时间通常为 3～8 个工作日，不包括清关的时间。资费标准按起重 500 克、续重 500 克计费，无燃油附加费。当包裹最长单边≥60 厘米时，需计算抛重，计算方法为长(厘米)×宽(厘米)×高(厘米)/8000，取抛重和实际重量的较大值作为计费重量。

EMS 国际快递的资费标准、参考时效、物流信息跟踪、体积和重量限制、禁限寄物品等相关信息可扫描右侧二维码查询。

EMS 国际快递资费标准

【思考题】 如何计算包裹的重？

邮政物流的类型与特点如表 5-2 所示。

表 5-2　邮政物流的类型与特点

邮政物流类型	特点
平邮小包	适用于 2 千克以下的低价值包裹，无跟踪信息，时效慢
挂号小包	适用于 2 千克以下的包裹，有跟踪信息，价格便宜，时效慢
e 邮宝(ePacket)	适用于 2 千克以下的包裹，时效快
e 特快	不受 2 千克限制，时效快，信息可跟踪，覆盖国家(地区)逐渐增多
EMS 国际快递	500 克起重，时效快，价格贵

二、商业快递

常见的商业快递包括 DHL、UPS、FedEx、TNT 等。四大国际商业快递妥投时效和优势路向如表 5-3 所示。

表 5-3　四大国际商业快递妥投时间和优势路向

商业快递	总部	妥投时效	优势路向	备注
DHL (敦豪国际航空快件有限公司，https://www.5idhl.com/)	德国	全球 2～4 个工作日 欧洲 3 个工作日 东南亚 2 个工作日	北美、西欧	5.5 千克以下物品发往北美、英国有价格优势
UPS (联合包裹速递服务，https://www.ups.com)	美国	全球 2～4 个工作日 美国 48 小时	北美、英国	6～21 千克物品发往美洲、英国有价格优势

续 表

商业快递	总部	妥投时效	优势路向	备注
FedEx（联邦快递，http://www.fedex.com/cn/）	美国	全球2～4个工作日	中南美洲、欧洲	21千克以上物品发往东南亚有价格优势
TNT（TNT快递，http://www.tnt.com.cn）	荷兰	全球2～4个工作日 西欧3个工作日	西欧、中东	中东地区优先选择；西欧地区有价格优势，清关能力极强

与邮政物流相比，商业快递有配送时效快、门到门服务好、清关能力强、丢包率低等优势，但物流成本较高。四大国际商业快递的资费标准、物流跟踪、包裹限制请参考表5-4二维码中的信息。

表5-4 四大商业快递资费标准、跟踪查询和体积重量限制

商业快递	资费标准	跟踪查询	体积重量限制
DHL	DHL资费标准	DHL跟踪查询	单包裹的重量不超过70千克，单件包裹的最长边不超过20厘米。但是部分国家的要求不同，具体以DHL官网为准。体积重量(千克)算法为：长(厘米)×宽(厘米)×高(厘米)÷5000，货物的实际重量和体积重量相比，取较大者计费
UPS	UPS资费标准	UPS跟踪查询	每个包裹最大重量为70千克；每个包裹270厘米；每个包裹最大尺寸：长度＋周长＝330厘米，周长＝2×(宽度＋高度)。超过该限制，UPS将收取378元人民币的超重超长费，最多收取一次
FedEx	FedEx资费标准	FedEx资费标准	最长边不能超过274厘米，最长边加其他两边的长度的两倍不能超过330厘米；一票多件(其中每件都不超过68千克)，单票的总重量不能超过300千克，超过300千克请提前预约；单件或者一票多件中单件包裹有超过68千克的，需要提前预约
TNT	TNT资费标准	TNT资费标准	单包裹不能超过70千克，三条边分别不能超过240(厘米)×150(厘米)×120(厘米)，体积重量超过实际重量按照体积重量计费，体积重量(千克)算法为：长(厘米)×宽(厘米)×高(厘米)÷5000

三、专线物流

专线物流是物流服务商独立开发的专线专发物流服务。一般通过航空包舱的方式将货物批量运输到境外，再进行目的地的派送，通过规模效应降低成本。专线物流最大的特点是可以向特定国家或地区发送带电产品，时效快、资费性价比高、清关顺利。根据目的地不同，专线物流可分为美国专线、欧洲专线、澳洲专线、俄罗斯专线、中东专线等。

常用的专线物流有燕文专线（Special Line-YW）、中俄航空专线（Russian Air）、中外运安迈世（Aramex）快递、利通智能包裹（UBI Smart Parcel）国际专线等。

第三节　海外仓

海外仓

一、海外仓概述

跨境直邮由于物流成本高、派送周期长，一定程度上影响了消费者的体验，也增加了卖家成本。在此背景下，致力于降低物流成本、提高派送效率、提供一站式解决方案的海外仓服务应运而生。

海外仓是指跨境电商企业按照一般贸易方式，将产品批量出口到境外仓库，在电商平台完成销售后，再将产品派送至境外消费者的仓储物流方式。海外仓不只是在海外建仓库，更是对现有跨境物流运输方案的优化与整合。物流服务商提供在目的地国家和地区的产品仓储、分拣、包装、派送等一站式管理与服务。

海外仓可分为第三方海外仓、定制海外仓和自建海外仓。通常情况下，卖家借助第三方海外仓。2015 年，《国务院办公厅关于促进跨境电子商务健康快速发展的指导意见》明确提出，支持跨境电子商务零售出口企业加强与境外企业合作，通过规范的“海外仓”、体验店和配送网店等模式，融入境外零售体系。在海外设立仓库进行本土化经营已经成为跨境电商的重要趋势。

二、海外仓服务流程

海外仓服务包括头程运输、仓储管理和本地配送三个部分，如图 5-1 所示。

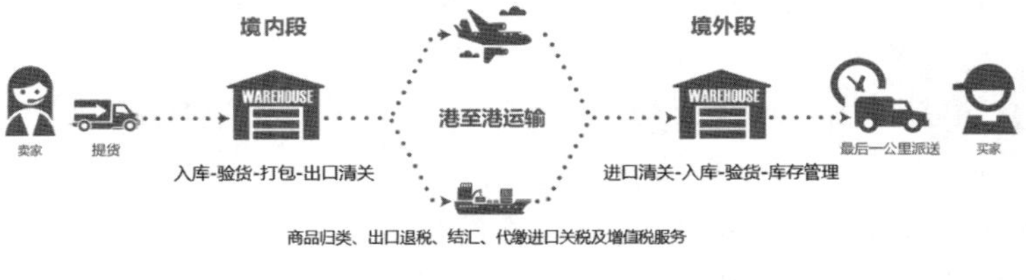

图 5-1　海外仓服务流程

头程运输是指境内商家通过一般贸易方式将产品运送至境外仓库。

仓储管理是指境内商家通过物流信息系统，远程操作海外仓储货物，实时管理库存。

本地配送是指海外仓储中心根据订单信息，通过当地邮政或快递将产品配送给客户。

三、海外仓的优势

海外仓“先发货、后销售”的模式颠覆了传统跨境物流的供应链，帮助卖家降低物流成本，提高派送时效，实现本土化经营和服务，提升了境外市场的竞争力。

（一）降低物流成本

跨境物流成本主要包括境内运输、国际货运和目的地配送三部分。通过设立海外仓，卖家以一般贸易的方式将产品批量运输到目标市场，运输、通关、商检等频次大幅减少，降低了产品的国际货运成本。通过批量发货，有效降低了物流环节中丢包、货物破损等各种风险，卖家的额外损失得以控制。俄罗斯 e 邮宝数据显示，通过海外仓发货，物流成本可降低 60%。

（二）提高派送时效

由于卖家提前将产品备货至海外仓，当客户下单后，海外仓提供分拣、包装、配送等服务，直接从本地发货，节约了国际货运的时间成本，大大提高了产品的派送时效。而且本地物流一般提供物流信息查询的服务，方便卖家对包裹的全程跟踪。eBay 内部数据显示，在美国市场，通过海外仓发货，29%的订单能在 3 天内妥投，86%的订单能在 5 天内妥投。如果从境内发货，配送周期可能长达 15 天。

（三）提供退换货服务

当客户需要退换货时，只需把产品寄回到当地的海外仓，规避了产品返回境内的通关和物流环节，不仅使退换货成为可能，也可以避免二次通关、商检、国际运输，节省了很多时间和成本。从海外仓进行配送和发货，可以缩短配送距离，提高配送的准确性，降低产品在运输过程中的丢包率和破损率等，从根本上降低退换货发生的概率，提升消费体验。

四、海外仓的风险

库存控制是卖家在使用海外仓时遇到的最大痛点，大部分的卖家都担心海外仓产品滞销。商品一旦积压，运回境内需要支付高昂的运费和关税，只能通过当地渠道降价处理。因此，在控制海外仓库存时，可采用小批量多频次的备货策略，即海外仓库存一批，运输途中一批，工厂生产一批，最大程度降低滞销的风险。

此外，卖家在使用海外仓时，还会面临资金周转慢、清关效率低、旺季入库慢、仓储费用高、商品错发漏发等风险。

【思考题】 海外仓有哪些优势和风险？

总结上文，跨境物流主要有跨境直邮和海外仓两种方式，买家可以通过第三方物流平台选择跨境直邮和海外仓的服务商，也可以在跨境直邮和海外仓服务商的平台上直接下单选择服务。各种物流模式的优缺点及适合场景具体如表 5-5 所示。

表 5-5 跨境物流模式优缺点对比及适合场景分析

物流模式	价格	时效	稳定性	适用场合
海外仓	中	快	高	适合企业级大客户，有稳定销量的产品且特别适合高重量物品
国际快递	高	快	高	适用于急件，或者高价值物品
国际专线	中高	中高	中	各种常规物品，但是覆盖国家（地区）有限

续 表

物流模式	价格	时效	稳定性	适用场合
邮政 EMS	中高	中高	中	中高重量段物品，邮政渠道不容易产生关税
国际 e 邮宝	中	中	中	中低重量物品
邮政小包	低	低	低	低单价物品，易影响账户表现

第四节　eBay 物流方案

一、eBay 物流方案概述

eBay 支持上述跨境直邮和海外仓两种物流模式，并分别推荐了相应的物流服务商。使用官方认可的物流服务商可以为卖家提供有保障的物流服务，在特殊情况下，卖家即便无法履行承诺的物流服务也能够免受差评。但 eBay 并不强制卖家使用官方认可的物流服务商，在能保证与推荐物流相同服务质量的情况下，卖家也可以采用自己偏好的非 eBay 推荐物流。eBay 的具体物流方案如表 5-6 所示。

表 5-6　eBay 物流方案总结表

<table>
<tr><td rowspan="16">eBay 物流解决方案</td><td rowspan="12">跨境直邮</td><td rowspan="2">商业快递型</td><td>Winit-DHL 环球快递</td><td>主要目的地是美国和澳大利亚</td></tr>
<tr><td>SpeedPAK 加快型</td><td>即将上线</td></tr>
<tr><td rowspan="6">标准型</td><td>SpeedPAK 标准型</td><td>美国、德国、英国、澳洲、加拿大、欧洲等 17 国路向</td></tr>
<tr><td>UBI 专线服务</td><td>俄罗斯、墨西哥、印度、加拿大、澳洲、新西兰专线等</td></tr>
<tr><td>DHL ec</td><td>欧洲、德国、美国等可追踪</td></tr>
<tr><td>DHL 国际专线</td><td>以色列专线</td></tr>
<tr><td>e 邮宝</td><td>覆盖 39 个国家和地区</td></tr>
<tr><td>中美快线</td><td>美国路向</td></tr>
<tr><td rowspan="3">经济型</td><td>UBI 智能包裹欧洲小包服务</td><td>覆盖整个欧盟 28 国</td></tr>
<tr><td>SpeedPAK 经济型</td><td>德国、英国等欧洲 46 国经济型服务</td></tr>
<tr><td>Winit-eDS 易递宝</td><td>依据不同 eDS 易递宝产品，目的国也会有所不一，主要国家包含美国、英国等 40 个国家和地区</td></tr>
<tr><td colspan="3"></td></tr>
<tr><td rowspan="4">海外仓</td><td colspan="3">Winit 海外仓</td></tr>
<tr><td colspan="3">出口易海外仓</td></tr>
<tr><td colspan="3">谷仓海外仓</td></tr>
<tr><td colspan="3">天珅海外仓</td></tr>
</table>

（一）eBay 跨境直邮服务商

eBay 将跨境直邮按照速度分为商业快递型、标准型和经济型直邮，每种类型的推荐物流服务商分别介绍如下。

1. 商业快递型直邮

(1)Winit-DHL 环球快递，是由 Winit 针对中国内地及中国香港市场推出的高端电商物流解决方案，属于 Winit 国际递送产品组合，利用 Winit 集货仓收寄卖家包裹，并集中交付由 DHL 送达买家手中的一项门到门的国际递送产品，具备时效快且全程可追踪的特点。

(2)SpeedPAK 的加快型也属于这种类型，各大站点将逐步开放。

(3)eBay 卖家也可以选择 FedEx 和 UPS 等方式，提供一定格式的跟踪代码即可。

2. 标准型直邮

eBay 推荐的标准型直邮包括 SpeedPAK 标准型、UBI 专线服务、DHL ec、DHL 国际专线、e 邮宝和中美快线。其中 e 邮宝已经在上文中详细介绍，SpeedPAK 标准型将在本节第二部分进行介绍。

(1)UBI 专线(利通智能包裹国际专线)是为跨境电子商务卖家定制的专线物流，为跨境电商平台和卖家提供专业、高效的物流服务。

(2)DHL 电子商务(DHL ec)欧洲可追踪包裹是由 DHL eCommerce 针对中国内地及中国香港市场推出的高性价比电商物流解决方案，同时兼具全程可追踪的特点。

(3)DHL 国际专线是目前 DHL 专门提供的通往以色列的快递路线。

(4)IB 中美快线(International Bridge)是专为 eBay 卖家推出的美国路向专线产品，不接受带电产品，运送范围为美国本土大部分区域(含波多黎各、夏威夷、阿拉斯加、POBOXES、APO/FPO 等地区)。

3. 经济型直邮

eBay 推荐的经济型直邮包括 UBI 智能包裹欧洲小包服务、SpeedPAK 经济型物流和 Winit-eDS 易递宝。SpeedPAK 经济型物流也将在本节第二部分中详细介绍。

eBay 跨境直邮服务商信息

(1)UBI 智能包裹欧洲小包服务(UBI Smart Parcel MiniPak -EU)是 UBI 为中国 eBay 卖家定制的欧洲小包经济型服务，派送范围覆盖欧盟 28 国。

(2)Winit-eDS 易递宝是第三方物流公司 Winit 专为 eBay 卖家定制的经济型国际直邮产品。

关于 Winit-DHL 环球快递、DHL ec 、UBI 智能包裹欧洲小包服务、IB 中美快递、Winit-eDS 易递宝的产品介绍、价格信息、寄送限制、下单方式、常见问题、联系方式等的具体信息可查看相应二维码的信息。

海外仓管理政策详细信息

(二) eBay 推荐的海外仓服务商

eBay 推荐的海外仓服务商主要有 Winit 海外仓、出口易海外仓、谷仓海外仓服务、天珅海外仓。

1. 万邑通简介

万邑通(Winit)成立于 2012 年，致力于打造开放的跨境电商产业支持平台，为广大跨境电商卖家提供跨境物流服务、国际速递、进口物流、金融贷款、跨境 B2S(business to share,分享式商务)分销等跨境电商供应链整体解决方案,是 eBay 官方推荐的物流合作伙伴。万邑通已针对 eBay 卖家推出了美国、英国、德国、比利时、澳洲等海外仓服务,为卖家提供包括国际物流管理、境内外仓储管理、“最后一公里”派送管理、数据分析等一站式的跨境电商供应链服务。

2. 出口易简介

出口易拥有超过 10 年自营海外仓经验,为卖家提供仓储与配送服务,配送范围可覆盖北美、欧洲、澳洲全境。不仅能够帮助中国卖家实现境外本土销售,降低物流运营成本,还能进行实时的库存管理与监测,缩短到货时间,提高买家满意度。

3. 谷仓简介

谷仓是易可达旗下提供海外仓仓储物流一条龙服务的产品。谷仓主要从事全球仓储配送服务,竭诚为客户提供专业化、国际化、个性化的全方位、高品质的标准化第三方海外仓服务。谷仓作为 eBay 的合作伙伴,已经为 eBay 卖家提供了法国仓、意大利仓和西班牙仓的服务,为卖家提供头程服务、海外仓储操作服务和二程服务。

4. 斑马简介

斑马物联网提供一系列物流解决方案。对于客户的 B2B2C(Business to Business to Customers,供应商对企业,企业对消费者)、M2B2C(Manufacture Business to Business to Customers,制造商对企业,企业对消费者)、M2C2B 或 B2B2B(Manufacture Business to Channel/Business to Business,制造商对渠道商,渠道商对企业)不同的业务模式,分别提供相配套的前端跨境联运服务和后端海外仓储配送服务,以及落地配送服务。斑马主要为 eBay 卖家提供澳洲仓服务。

Winit 海外仓、出口易海外仓、谷仓海外仓物联网、天珅海外仓等 eBay 官方推荐海外仓的功能、分布、加入服务方式及海外仓的使用可扫描二维码获取相关信息。

eBay 推荐的海外仓服务商信息

二、SpeedPAK 物流管理方案

SpeedPAK 包裹服务是 eBay 联合物流战略合作伙伴橙联股份有限公司共同打造的,以 eBay 平台物流政策为基础,为 eBay 中国跨境出口电商卖家量身定制的直发物流解决方案。采用 SpeedPAK 物流方案的卖家需要在 eDIS 物流平台下单。这里对 SpeedPAK 物流方案的介绍包括它的基本情况(覆盖范围、资费标准、寄送限制、违禁品和揽收范围等)及如何通过 eDIS 物流平台下单发货,eDIS 平台提供全程物流轨迹,并自动同步至 eBay 主站,买卖双方可实时掌握货物运输进度。

(一) SpeedPAK 物流方案的基本情况介绍

1. SpeedPAK 物流方案的类型

依据物流时效和追踪节点的划分,SpeedPAK 物流方案可以分为加快型服务、标准型服务和经济型服务,具体如表 5-7 所示。

表 5-7 SpeedPAK 物流方案的类型

服务类型	加快型服务	标准型服务	经济型服务
时效	5～9 日	8～12 日	10～15 日
追踪节点	全程追踪	全程追踪	半程追踪

目前主要在美国、英国、德国、澳大利亚、加拿大、意大利、法国、西班牙等多条路向分别上线了标准型和经济型服务，更多路向将陆续上线。所以，这里主要对标准型和经济型服务进行介绍。

2. SpeedPAK 提供的基本服务

SpeedPAK 提供上门揽收、目的地预分拣、出口报关、国际运输、进口清关、终端配送、物流轨迹追踪等端到端的整体服务，利用大数据监控端到端的服务质量，建立预警机制，旨在通过提供优质稳定的物流服务，帮助卖家降低物流管理成本，缩短物流派送时效，提升买家在平台的购物体验，无论淡季旺季均可保证服务质量。

3. SpeedPAK 相关信息规定和查询

虽然 SpeedPAK 有三种服务类型，但目前主推标准型和经济型两种服务类型，SpeedPAK 标准型和经济型的资费标准、揽收范围、运单查询、尺寸重量限制、禁运产品查询等信息可以在橙联官网（https://www.orangeconnex.com/）首页查询，如图 5-2 所示。

图 5-2 橙联官网首页

直邮美国小于 5 美金及其他主要国家交易的物流使用政策

为了进一步提高整体物流水准、改善境外买家消费体验，eBay 在原有物流要求基础之上，针对销往美国、英国、德国、澳大利亚、加拿大的高单价直邮产品，要求卖家使用 SpeedPAK 物流管理方案及其他符合政策要求的物流服务达到一定的比例，如表 5-8 所示。

表 5-8 各路向合规物流服务达标要求

截止时间	美国	英国	德国	澳大利亚	加拿大
2019 年 1 月底	60%	50%	50%	30%	50%
2019 年 2 月底	75%	60%	60%	40%	50%
2019 年 3 月底	90%	70%	70%	50%	50%

eBay 关于使用 SpeedPAK 物流管理方案及其他物流服务的政策要求，可详见二维码。

SpeedPAK 物流管理方案及其他相关物流服务政策

（二）eDIS 物流平台

eDIS 物流平台（eDelivery International Shipping）是 SpeedPAK 的线上发货平台，如图 5-3 所示，可以进一步提升物流服务水平，改善境外买家物流体验，帮助卖家取得更好的销售业绩。卖家可在平台完成线上发货，打印物流面单，跟踪物流轨迹等操作。

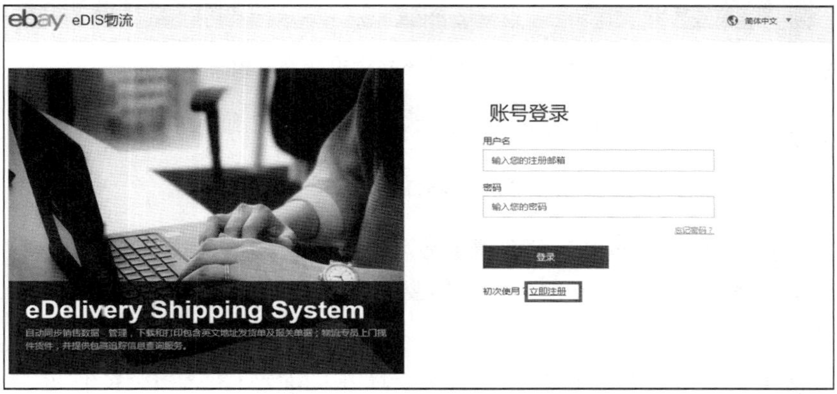

图 5-3　eDIS 物流平台首页

卖家可在 eDIS 物流平台首页（https://www.edisebay.com/）注册账户并激活。首次登录 eDIS 平台时，系统会引导用户进行账户预设操作，包括订单来源、发货地址、交运偏好、打印面单、物流偏好等设置。

eDIS 物流平台通过绑定 eBay ID，就能自动获取 eBay 的订单，包括收件人联系方式和收货地址，如图 5-4 所示。需要注意的是，每个 eBay ID 只能绑定 1 个 eDIS 账户，且不可更改，卖家需谨慎操作。

图 5-4　eDIS 物流平台订单管理界面

卖家在发货前，需先填写产品的申报价格、重量、尺寸、中英文申报名、是否有锂电池、原产地等信息，并提供包裹的尺寸、重量等参数，方可申请物流单号，并打印发货面单。完成发货后，卖家可在 eDIS 物流平台查询物流轨迹，如图 5-5 所示。

图 5-5　eDIS 物流平台物流轨迹查询

关于 eDIS 物流平台的操作说明，可扫描二维码获取帮助。

eDIS 物流平台操作说明

三、eBay 主要站点上的物流解决方案选择

本节第一和第二部分介绍了 eBay 所有的物流方案，但是这些方案不适用于所有的站点，不同的站点需要在这些所有的方案中选择合适的方案。

（一）美国路向

根据卖家在美国路向上的物流经验，eBay 推荐标准型（SpeedPAK 标准型、e 邮宝），快递型（Winit-DHL 快递服务）和海外仓（Winit 海外仓）三种服务类型，详见表 5-9。

表 5-9　eBay 美国路向物流解决方案

物流服务类型	物流服务名称	供应商	妥投时效	重量限制
标准型	SpeedPAK 标准型	橙联	8～12 个工作日	31.5 千克
	e 邮宝	中国邮政	7～10 个工作日	2.0 千克
快递型	Winit-DHL 快递服务	Winit	3～10 个工作日	30.0 千克
海外仓	Winit 海外仓	Winit	2～6 个工作日	150.0 千克

（二）英国路向

根据卖家在英国路向上的物流经验，eBay 推荐经济型（SpeedPAK 经济型、UBI 欧洲小包），标准型（SpeedPAK 标准型、DHL 电子商务英国可追踪包裹）和海外仓（Winit 海外仓）三种服务类型，详见表 5-10。

表 5-10　eBay 英国路向物流解决方案

物流服务类型	物流服务名称	供应商	妥投时效	重量限制
经济型	SpeedPAK 经济型	橙联	8～12 个工作日	2.0 千克
	UBI 欧洲小包	UBI	7～12 个工作日	2.0 千克
标准型	SpeedPAK 标准型	橙联	8～12 个工作日	2.0 千克
	DHL 电子商务英国可追踪包裹	DHL eCommerce	5～7 个工作日	2.0 千克
海外仓	Winit 海外仓	Winit	1～6 个工作日	200.0 千克

（三）德国路向

根据卖家在德国路向上的物流经验，eBay 推荐经济型（SpeedPAK 经济型、UBI 欧洲小包），标准型（SpeedPAK 标准型、DHL 电子商务欧洲可追踪包裹）和海外仓（Winit 海外仓、SEEDEER 天珅海外仓）三种服务类型，详见表 5-11。

表 5-11　eBay 德国路向物流解决方案

物流服务类型	物流服务名称	供应商	妥投时效	重量限制
经济型	SpeedPAK 经济型	橙联	8～12 个工作日	2.0 千克
	UBI 欧洲小包	UBI	7～12 个工作日	2.0 千克
标准型	SpeedPAK 标准型	橙联	8～12 个工作日	2.0 千克
	DHL 电子商务欧洲可追踪包裹	DHL eCommerce	5～7 个工作日	2.0 千克
海外仓	Winit 海外仓	Winit	1～2 个工作日	1000.0 千克
	SEEDEER 天珅海外仓	SEEDEER 天珅	1～2 个工作日	31.5 千克

（四）澳大利亚路向

根据卖家在澳大利亚路向上的物流经验，eBay 推荐标准型（SpeedPAK 标准型、UBI 澳大利亚专线）和海外仓（Winit 海外仓、斑马海外仓）两种服务类型，详见表 5-12。

表 5-12　eBay 澳大利亚路向物流解决方案

物流服务类型	物流服务名称	供应商	妥投时效	重量限制
标准型	SpeedPAK	橙联	8～12 个工作日	30.0 千克
	UBI 澳大利亚专线	UBI	5～8 个工作日	30.0 千克
海外仓	Winit 海外仓	Winit	1～6 个工作日	不限
	斑马海外仓	斑马物联网	1～6 个工作日	不限

销售往其他国家（地区）的物流解决方案及详细介绍，请参考二维码中的信息。

其他国家（地区）的物流解决方案

小结

1.跨境物流是连通不同关境买卖双方的桥梁，实现产品使用权和所有权转让是跨境电商发展的重要影响因素。

2. 跨境物流按照发货地不同可以分为跨境直邮和海外仓；根据是否提供物流中介服务可以分为平台型物流模式和垂直型物流模式。

3. 跨境物流模式选择的影响因素主要包括所销售产品的特性、物流费用、物流时效、目的国（地区）的清关能力、买家的需求、淡旺季等。

4. 跨境直邮涵盖揽收、目的地预分拣、出口报关、国际运输、进口清关、终端配送、物流轨迹追踪等端到端的整体服务，用到比较多的包括邮政物流、商业快递和专线物流等。

5. 海外仓是指跨境电商企业按照一般贸易方式，将产品批量出口到境外仓库，在电商平台完成销售后，再将产品派送至境外消费者的仓储物流方式。海外仓可分为第三方海外仓、自建海外仓和定制海外仓。

6. eBay将跨境直邮按照速度分为商业快递型、标准型和经济型，并为不同类型的直邮方案提供一定的物流服务商。eBay主要合作的海外仓有四家。

7. SpeedPAK包裹服务由eBay联合物流战略合作伙伴橙联股份有限公司共同打造，是以eBay平台物流政策为基础，为eBay中国跨境出口电商卖家量身定制的直发物流解决方案。采用SpeedPAK物流方案的卖家需要在eDIS物流平台下单。

8. 美国、英国、德国、澳大利亚等不同站点适用不同的物流方案和服务商。

思考题

1.跨境直邮几种类型的优缺点是什么？

2.如何应对海外仓产品滞销的风险？

3.eBay ID能否绑定多个eDIS账户？

4.在美国路向，eBay推荐的标准型物流服务有哪几种？

第六章

客户服务及订单处理

学习要求

通过本章学习，理解卖家在售前和售后阶段与买家沟通的重要性，通过了解卖家在eBay平台销售产品过程中的常见问题和沟通技巧，清楚订单处理的一般流程，尤其要熟练掌握一些特殊订单的处理方法，同时掌握纠纷处理的思路和对评价的管理方法。

境内电商客服与跨境电商客服因服务对象不同而存在各种差异，卖家在eBay平台上如何处理订单呢？卖家如何做好售前和售后客户服务呢？本章将回答如下问题。

- 售前客户服务主要工作内容有哪些？如何做好售前服务？
- 订单处理的基本流程是怎么样的？如何处理特殊订单？
- 常见售后纠纷有哪些？如何处理？
- 如何做好评价管理？

第一节　售前客户服务常见问题及建议

售前客户服务

一、售前常见问题及建议

（一）售前常见问题

订单小单化、碎片化及订单数量增长迅速是目前跨境电商的两大特点，除此之外，跨境电商行业有一个非常有趣的现象，一般在正常情况下，境外买家很少在下单之前与卖家进行直接沟通，这就是行业内经常提到的“静默下单”。但这并不意味着卖家就不需要做售前服务，还是会有部分买家通过邮件咨询产品细节信息、讨价还价、询问物流和关税等问题。为了能让买家买到真正需要的产品，在售前与买家做好充分的沟通就显得尤为重要。售前常见问题主要有如下两类。

1. 产品问题

有些买家在下单购买前比较关注产品的详细属性，如尺寸和颜色等信息，而对于一些特殊产品（如灯泡、电池等），买家比较关注产品的包装信息。

2. 服务问题

对产品达成初步购买意愿的买家进而会关注物流服务和支付等问题，例如可选的物流方式和配送时间，如果超出配送范围，需要支付多少费用，是否会涉及关税等问题。

（二）售前客服建议

1. 刊登产品的建议

在刊登产品时，卖家要在产品的描述页上使用图片、视频、文字等多种方式充分说明正在销售的产品特点，一旦这些内容显示在产品页面上，就成了卖家做出的不可改变、不可撤销的承诺。因此刊登产品信息时，尤其要注意以下几个方面的内容。

(1)产品基本信息

产品描述页中要尽量翔实地写清楚产品的详细属性和尺寸等信息。

(2)产品的包装信息

产品描述页中要尽可能告知买家产品的包装情况，尤其是特殊产品要告知具体的保护措施，尽量解除买家的疑虑。

(3)物流服务

产品描述页中要说清楚物流政策和退货政策，如果超出配送范围，要告知额外的运费和付款方式。

2. 售前客服邮件回复常用模板

面对买家询问产品细节、价格、物流、关税等问题时，eBay 卖家该怎么回复呢？下面整理了一些常见的 eBay 售前客服邮件回复模板。

(1)询问产品细节

询问产品细节模板如图 6-1 所示。

问：Is the bag waterproof? Can it carry 500ml water bottles in both pockets?

答：Hello, the material of this bag is Neoprene and 2000D polyester fabric. Because there is stitching and a earphone line hole, it is not waterproof, but it is water repellent on the fabric. The bottles in your picture are totally 500ml, 250ml per bottle.

图 6-1 询问产品细节模板

(2)应对讨价还价

应对讨价还价模板如图 6-2 所示。

问：Hello, I bought one waist pack from your store; I want to tie Energy Gel to the pack. Can you send a pair of this product＜the link＞to me for free?

答：Hello, Thank you for your order! We have already provided cheap price for this product, with very limited profit. If you need one pair of elastic buckles for free, do you mind buying another product in our store so that we can send them in one package to you and give you a pair for free?

图 6-2 应对讨价还价模板

(3)回复支付方式

回复支付方式模板如图 6-3 所示。

问：Do you accept check or bank transfer? I do not have a PayPal account.

答：Thank you for your inquiry. For simplifying the process sake, I suggest that you pay through PayPal. As you know, it always takes at least 2-3 months to clear international check so that the dealing and shipping time will cost too much time.

PayPal is a faster, easier and safer payment method. It is widely used in international online business. Even if you do not want to register a PayPal account, you can still use your credit card to go through PayPal checkout process without any extra steps.

图 6-3 回复支付方式模板

(4)回复询问物流、货运时间

回复询问物流、货运时间模板如图 6-4 所示。

> 问：I live in Italy. Can you send item to my country? How long does it take?
> 答：Thank you for your inquiry. We'll ship the item to Italy for you within 24 hours after receiving your payment. In general, it will take 2-3 weeks on the way to Italy by registered airmail while 4-7 days by EMS.
> As we all know, the international shipping time is always out of control, especially the Italy customs process is much more complex and unpredictable. Sometimes it takes a few more weeks to clear goods from Italy customs. Therefore, please prepare for all situations we might meet.
> If you are not in urgent need for this item, please bid it and we will ship it within 24 hours as promised.
> Thanks for your understanding.

图 6-4 回复询问物流、货运时间模板

(5)回复关税问题

回复关税问题模板如图 6-5 所示。

> 问：Are there any import taxes or customs charges that I need to be aware of if I purchase this and have it shipped here to Louisiana in the United States?
> 答：Thank you for your inquiry. I understand that you are worrying about any possible extra expense for this item. According to past experience, it did not involve any extra expense at buyer side for similar small or low cost items. Please do not worry so much.
> However, in some individual cases, buyers might need to take some import taxes or customs charges in import countries. As to specific rates, please consult your local custom office. Appreciate for your understanding.

图 6-5 回复关税问题模板

二、售前客户服务常用设置

（一）设置买家常见问答

对于正在出售的产品，感兴趣的买家会发来电子邮件询问具体事项。卖家要定时收集和汇总邮件中反映的常见问题，如果发现刊登内容有误，要及时修改，同时也要把多个买家都询问到的问题及时添加至“向卖家提问”界面。如退货之类的问题会经常被问到，卖家可创建常见问题。当买家进入“向卖家提问”界面后，就能看到已有的问题及回复。

（二）设置买家常见问答基本步骤

(1) 以 eBay 美国站点为例，在“My eBay”界面上方点击“Account”，进入“MyAccount”界面，如图 6-6 所示，点击左侧边栏里的“Manage communications with buyers”，进入管理与买家沟通界面。

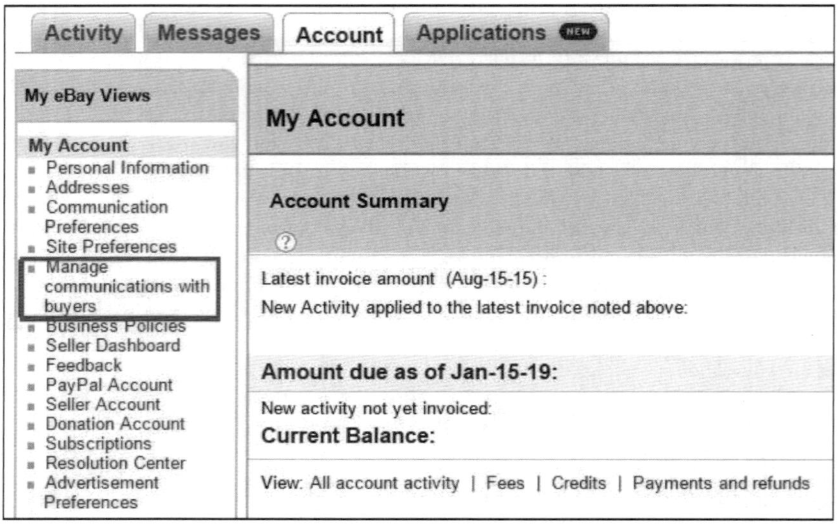

图 6-6 “My Account”界面

(2)在“Manage communications with buyers”界面,点击界面下方“What your buyers can do” 对应的“Edit”按钮,进入“管理卖家的买家 Q&A”界面,如图 6-7 所示。

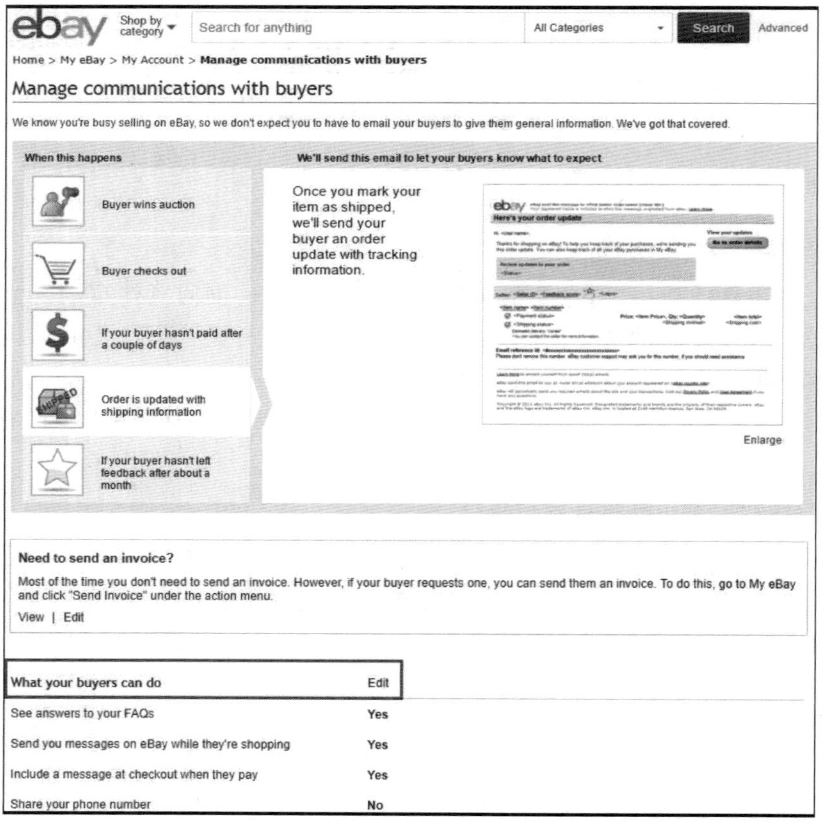

图 6-7 “Manage communications with buyers”设置界面

(3)如果希望买家在结账时看到说明，可勾选“Include a message at checkout when they pay”；如果卖家允许买家通过在线产品联系卖家，可勾选“Send you messages on eBay while they're shopping”；如果卖家希望买家在点击刊登中的“Ask a question”时显示“Q&A”界面，可勾选“See answers to your FAQs”，如图 6-8 所示。

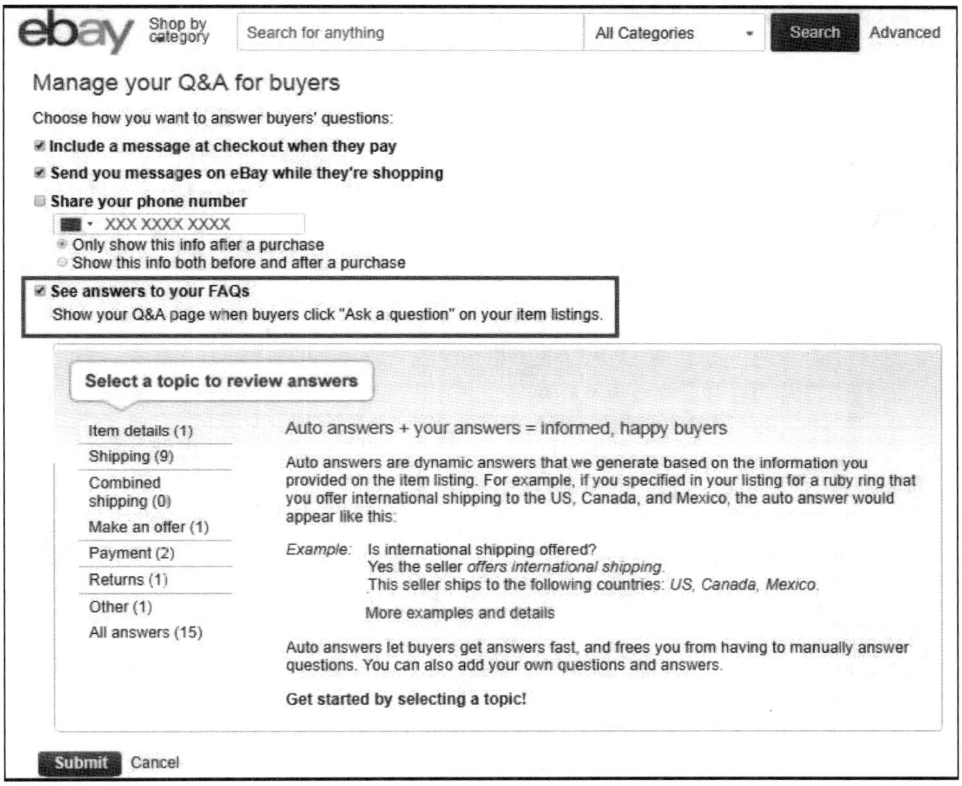

图 6-8 “See answers to your FAQs”界面

(4)在“Select a topic to review answers”区域，选择需回答的问题，并设置问题的答案。

①“Item details”：产品的详细资料，可在该主题下告诉买家产品的状况。

②“Shipping”：运费，可在该主题下告诉买家关于产品运费的信息。

③“Combined shipping”：合并结账运费，可在该主题下告诉买家如何合并结账及关于合并结账需要注意的运费问题。

④“Payment”：付款，可在该主题下告诉买家关于产品付款需要注意的问题。

⑤“Returns”：退货，可在该主题下告诉买家关于产品退货需要注意的问题。

⑥“Other”：其他，可在该主题下告诉买家关于产品其他需要注意的问题。

⑦“All answers”为全部问答，设置的所有问题都可在此查看。

(5)如果需要设置问题，例如要设置产品的支付问题，可以通过点击“Select a topic to review answers”区域左侧栏的“Payment”进行设置。点击“Your Q&A”下方的“Add a question”创建问答，如图 6-9、图 6-10 所示。

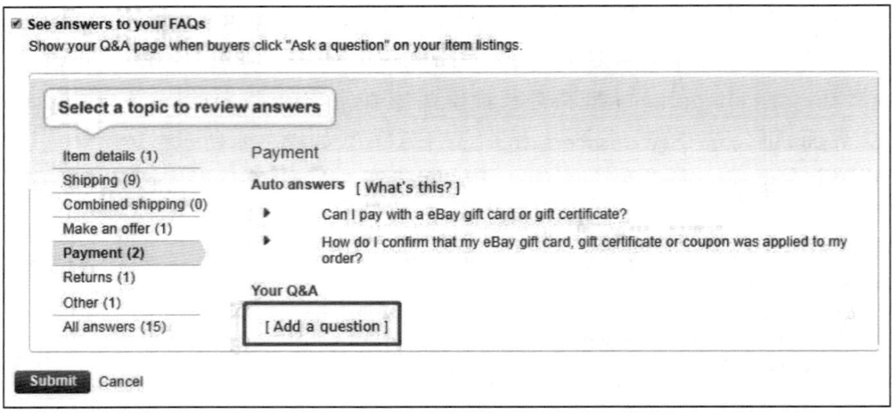

图 6-9 "Add a question"界面

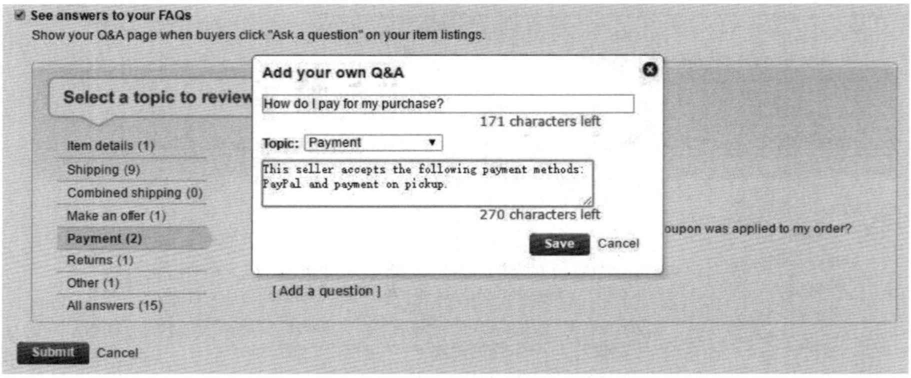

图 6-10 "Add your own Q&A"界面

(6)在"Auto answers"下方点击系统自动应答问题，会出现问题提示，根据需要点击"Don't show to buyers"，可不向买家显示此问题；如果点击"Don't show to buyers"，又想取消，也可在需取消的问题后点击"Show to buyers"，即可重新显示此问题，如图 6-11 所示。

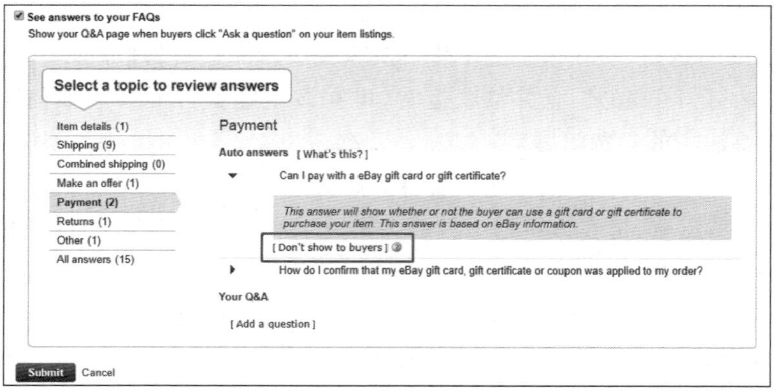

图 6-11 "Auto answers"设置界面

(7)当全部问题设置完成并复查后，可点击最下方的"Submit"保存此次操作。

对于 Q&A 的位置效果只能在买家端购买界面才能看到，如图 6-12 所示。

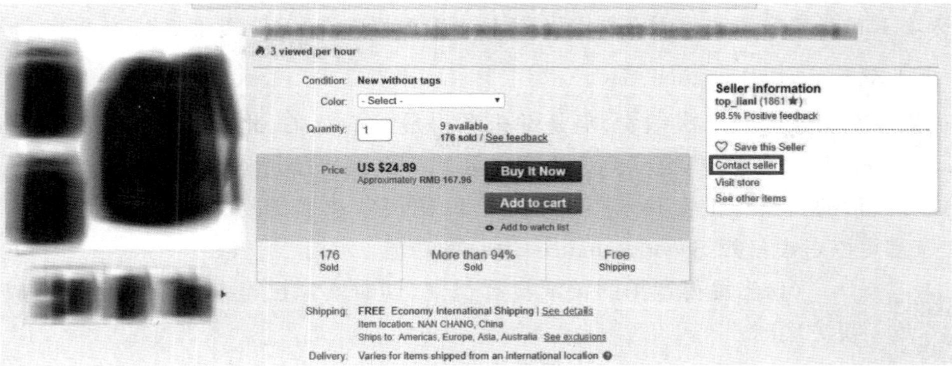

图 6-12　Q&A 前台显示案例

打开某个 Listing，点击"Contact seller"后，便可看到后台设置的这些问答，如图 6-13 所示。

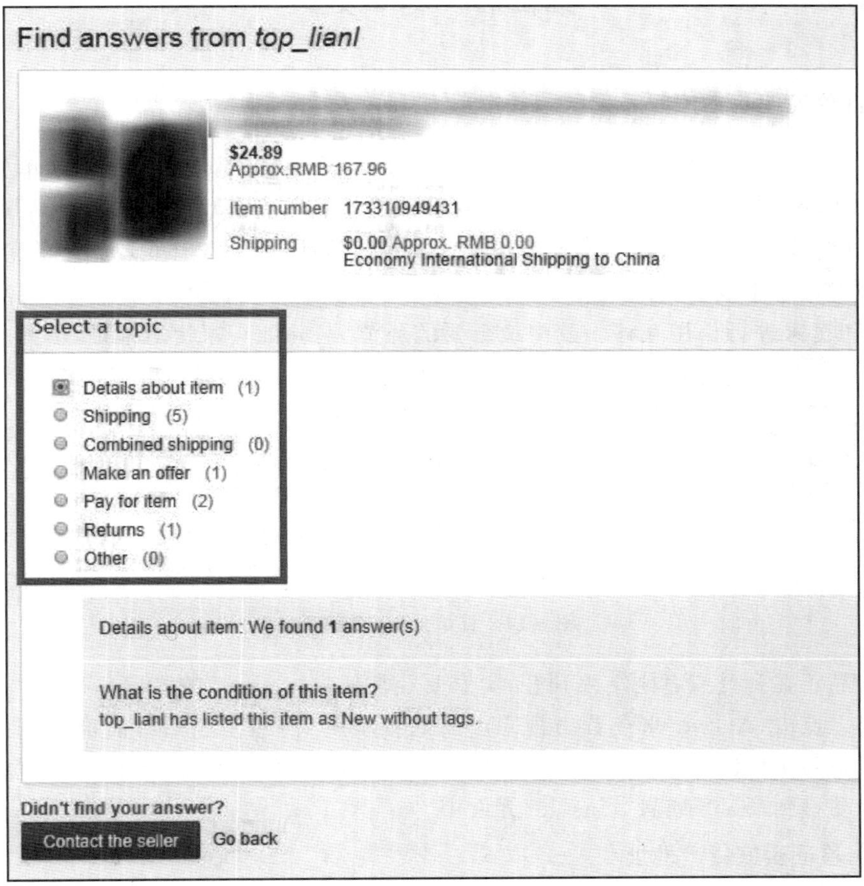

图 6-13　Q&A 效果展示

小提示

为了提高买家的满意度，卖家应该尽可能在 Listing 中详细地罗列可能的问题并给出解答方案。同时买家在交易前最好能直接和卖家取得联系，这也是非常有必要的。

（三）发送 Second chance offer

如果一个买家参与一次拍卖，但是并未赢得最后的竞拍，此时卖家可以提供 Second chance offer（第二次成交机会），允许买家以最后一次出价的价格买下这个产品。通过这种方式可以帮助卖家有机会和未拍得卖家产品的买家达成交易。出现以下任何一种情况，卖家都可以考虑使用 Second chance offer 的功能。

使用 Secord chance offer 功能的小提示

（1）当赢得竞拍的买家没有付款，同时卖家已经与他就此问题达成了解决方案时。

（2）最终竞拍价未达到卖家的保底价。

（3）除了参加竞拍的产品外，卖家还有一些相同的产品可供销售。

【思考题】 结合自己选择的行业类目，谈谈如何做好售前客户服务？

第二节　订单处理

一、订单处理基本流程

订单处理是跨境电商交易环节中的重要组成部分，一般情况下，eBay 订单处理流程如图 6-14 所示，当产品拍卖结束，出价者就会成功投得产品，卖家会收到 eBay 的电子邮件通知，同时收到买家的付款，卖家验证买家的货运地址，如果没有发现异常的情况，根据买家拍下的信息生成物流面单并据此打包发货，然后上传物流单号信息，等产品妥投之后，买家和卖家进行信用互评。其中最重要的环节为：验证买家货运地址、填写相关单证并打包产品、上传物流单号并跟踪物流信息、双方互评。

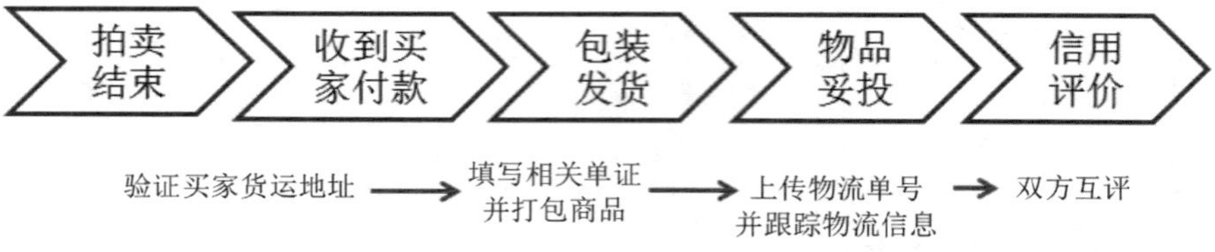

图 6-14　订单处理一般流程

当产品正在刊登或者刚结束刊登，卖家要经常到“My eBay”的“All Selling”界面管理销售情况。点击“Active”来查看出售中产品的各项重要资料，包括目前价格、追踪人数、出价数和最高出价值等。所有正在出售的产品都会显示在“Selling”界面中，刊登结束后，产品会自动移到“Sold”或者“Unsold”界面中。

（一）验证买家货运地址

物流作为跨境电商的最大瓶颈，eBay 卖家在发货前验证买家的货运地址是十分重要的，只有确认无误，才能有效避免不必要的麻烦。请按照下面步骤验证买家的货运地址。

（1）以 eBay 美国站点为例，完成登录，进入“Seller Hub”界面，点击“Orders”就可以查看订单信息，如图 6-15 所示。“Orders”可以帮助卖家查看已经售出情况，管理不同状态的订单，并轻松地批量管理订单，最长可保留过去 90 天内的售出情况。

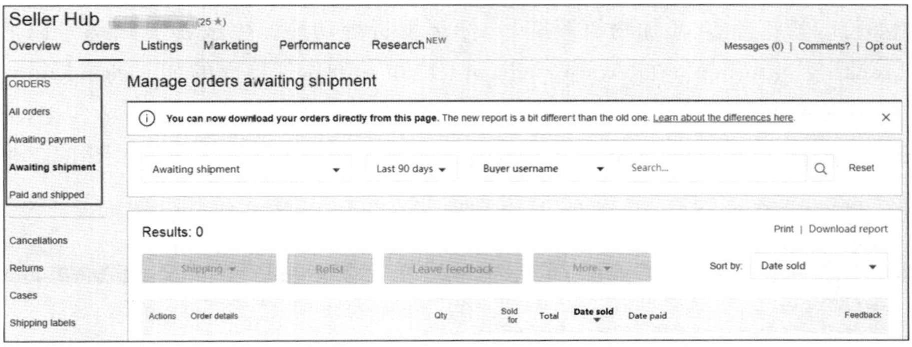

图 6-15 Seller Hub 订单管理界面

（2）点击“Purchase details”进入“交易细节”界面，可查看订单信息和买家收货信息，如图 6-16 所示。

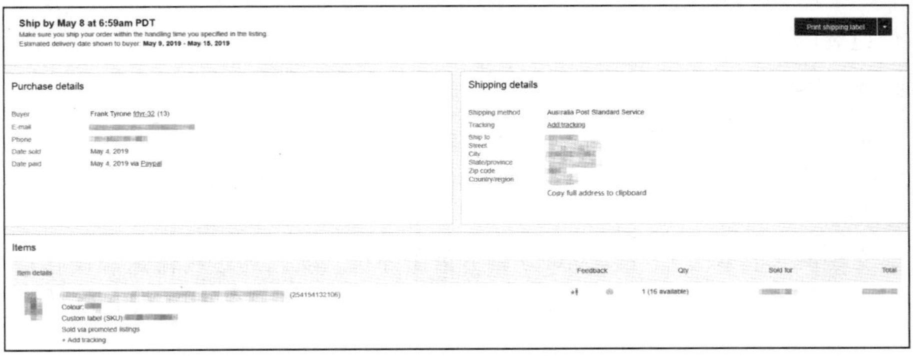

图 6-16 交易细节界面

小提示

请特别注意买家填写的姓名和地址信息是否完整，尤其要关注是否包含邮编和电话号码，如未包含，请与买家联系获取，这对于产品能否被顺利送达非常关键。

（二）填写相关单证并打包产品

确认买家收货地址没有问题后，准备填写物流单证和包装产品。在国际物流中单证非常重要，单证填写是否正确规范，对于货物的派送及分拣、清关入关等都有重大影响，卖家需谨慎对待，避免因为运输问题导致买家差评。

进入“Seller Hub”面板的“Orders”界面，点击“Awaiting shipment”就可以查看待发货订单，卖家一定要在承诺的 Handling time（处理时间）内及时安排发货，对于美国 5 美元以上的订单一定要用线上 ePacket＋服务。

国际快递单证要求整洁干净、字体清晰、内容完整。有破损或者字迹模糊的单证需要重新打印，粘贴时不能折叠，要选择显眼的位置粘贴。不同物流方式生成的单证会有所不同，卖家根据包裹的包装情况进行贴单。完成打包后，联系物流公司上门揽收即可。

（三）上传物流单号并跟踪物流信息

选择进入需要发货订单，在界面右上角点击“Print shipping label”，就可以对订单做一些操作，比如打印物流标签、添加物流跟踪号、标记发货等功能。生成物流跟踪号以后，点击“Add Tracking Number”，在“Add or edit tracking number”界面的“Tracking number”下的文本框中输入物流的跟踪单号，在“Carrier”下的文本框中输入物流公司名称，完成后，点击“Save”保存。如需添加多个物流跟踪单号，可点击“Add another”，如图 6-17 所示。

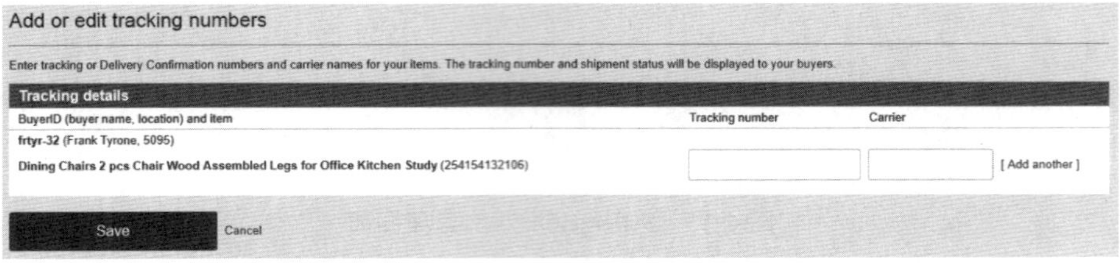

图 6-17　添加物流跟踪号

包装产品时，一方面要选择合适的包装，避免产品运送过程中受损，另一方面也要尽可能降低包装的重量。

（四）双方互评

eBay 信用评价体系主要由信用评价（Feedback）、卖家服务评级（DSR）及交易纠纷（Disputes）三部分组成。这些指标综合起来代表卖家在 eBay 的信誉，以及买方对卖方的满意程度。

每笔交易的买卖双方都可以为对方留下信用评价。卖家通过物流追踪确认产品已经安全到达买家手里后，可以联系买家进行信用评价（Feedback），对产品和服务留下正面（好评）或负面（中评、差评）的评价及一段简短的评语。

除了信用评价（Feedback），买家还可以就某笔交易做出卖家服务评级（DSR），主要根据以下四方面服务做出详细评级。

（1）产品描述的准确性（Item as described）。

（2）沟通质量及回应速度（Communication）。

（3）产品运送时间合理性（Shipping time）。

（4）运费及处理费合理性（Shipping and handling charges）。

卖家服务评级的分值通常在 1～5 分之间，5 为高分，1 为低分，其中四项 DSR 评级中的任意一项被评为 1～2 分都看作是买家做出了负面评价，代表买家对本次交易不满。

此外，买卖双方的纠纷也是衡量买家对交易是否满意的重要依据之一。由买家发起的纠纷包括“产品未收到”（INR）和“产品与描述严重不符”（SNAD）两大类型。遇到纠纷时，卖家万万不可置之不理，应积极回应买家并找出产生纠纷的原因，避免此类纠纷再次发生。

二、特殊订单处理

售后常见问题包括：买家下单后未付款；买家取消订单或者要更换地址；由于产品或者物流问题，要求退换货或者发起其他纠纷等；联系买家修改评价或者发送二次销售邮件等操作。此类订单通称为特殊订单，可以采用下列方法处理。

（一）发送 Invoice

1. 发送 Invoice 的原因

发送 Invoice（电子账单）可以为卖家的业务提供帮助，主要适用下列两种情景。

（1）当一位买家购买了多件产品，卖家希望将这些产品合并在一张订单中时。

（2）当卖家希望对交易的某一些细节进行修改调整时，如修改物流费用等。

（3）遇到买家拍下产品 1～2 天后，一直没有结账付款时。

小提示

如果买家拍下一个产品后还未付款，卖家需要发送一个付款提醒给买家。但是，如果买家拍下产品后超过 30 天未付款，那时卖家就无法向其发送 Invoice 了。

2. 如何向买家发送 Invoice

在“Seller Hub”中，卖家可以向买家发送 Invoice，步骤如下。

（1）在“Seller Hub”中选择“Orders”选项卡，找到相关的产品。

（2）在“Action”栏中，选择“Send invoice”。

（3）如果有需要的话，可以修改相关细节，如修改物流费用等。

（4）点击“Send invoice”。

（二）未付款订单处理

一般来说，在 eBay 平台上买卖双方的交易流程非常简明方便，但是也会遇到买家拍下产品后迟迟未付款的情况。

1. 买家 1～2 天内未付款

（1）发送了解未付款原因邮件

如果买家 1～2 天内未付款，卖家就可以考虑给买家发送邮件，积极联系买家，了解未付款的原因。邮件模板如图 6-18 所示。

> Dear XXX,
>
> Thank you for your order! We noticed that you have not made a payment for your bid in our store, do you still need it? If so, please make the payment as soon as possible due to the item is in short supply. Even more, our eBay store will open an UPI case automatically just 4 days after the bid without payment.
>
> If you made a mistake and actually do not need the item, please tell us, and we will send you a transaction cancellation request.
>
> Thanks in advance and have a great day!

图 6-18 了解买家未付款原因模板

（2）处理买家未付款的基本流程

①进入 eBay 后台，卖家可以在“Seller Hub”的“Orders”选项卡下，找到“Awaiting payment”栏中相应的产品，点击“Action”中的“Contact buyer”来联系买家。

②通过向买家发送 Invoice 来提醒买家支付。

2. 发送 Invoice 后买家仍无回应的情况

如果联系了买家、发送了 Invoice 后，买家仍然没有回应，卖家可以做如下处理。

(1)如果产品售出后超过了 2 天(未满 32 天)，卖家可以开始开启一个 Unpaid item case(UPI case)，即未付款纠纷，让 eBay 知道卖家遇到了问题，并希望开始正式处理解决纠纷，开设方法有以下几种。

①方法一：在 Seller Hub 中选择“Orders”，在左侧菜单栏“All orders”中找到“Awaiting Payment”，选择“Open unpaid item case”进行设置，如图 6-19 所示。

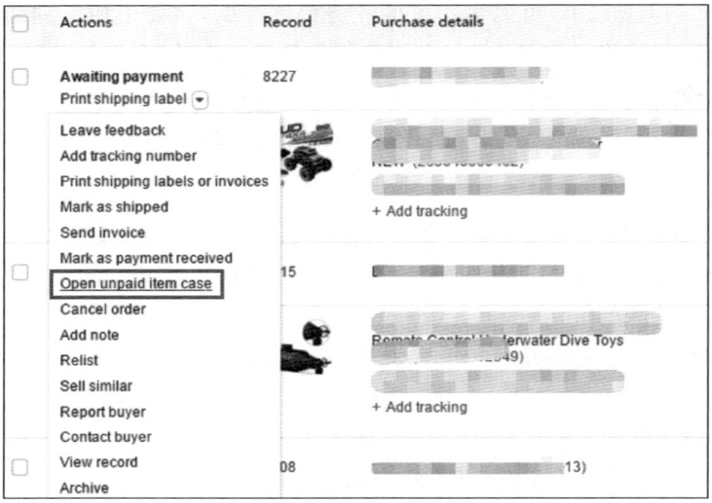

图 6-19 “Open unpaid item case”设置界面

②方法二：进入“My eBay”界面，在“My eBay”界面中点击“Account”，进入账户界面，如图 6-20 所示，选择“Resolution Center”(纠纷调解中心)，在“Resolution Center”界面找到“Resolve a problem”，如图 6-21 所示，选择“I haven't received my payment yet”。

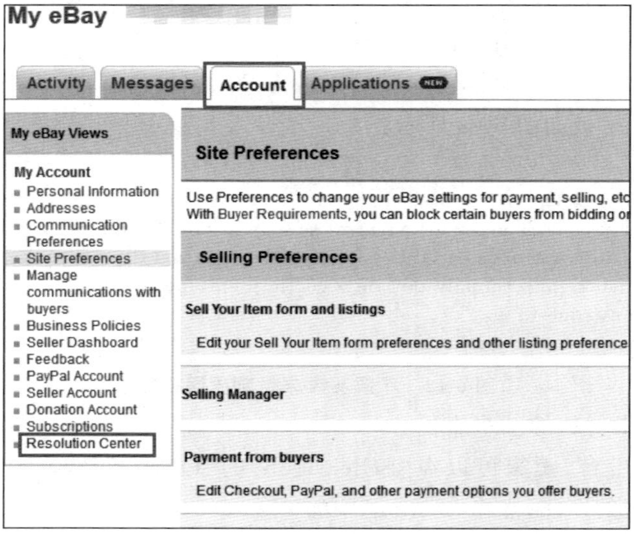

图 6-20 “Account”界面

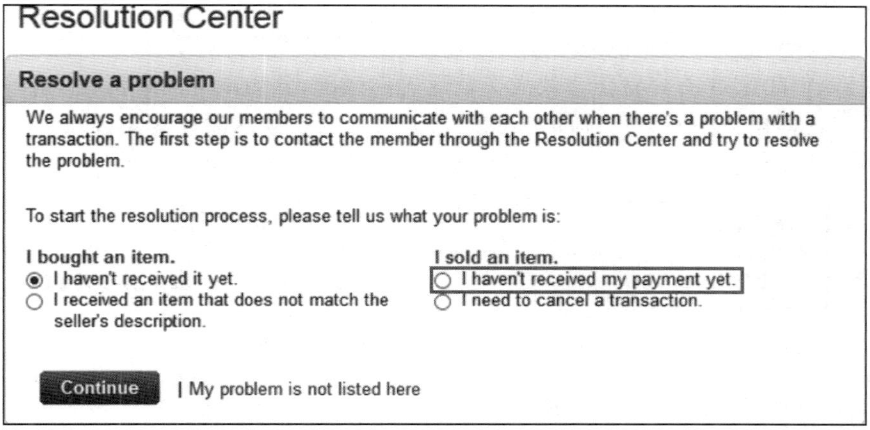

图 6-21 "Resolution Center"界面

(2)卖家开启了未付款纠纷后,买家有 4 天时间来回应支付。如果到第 5 天仍然未收到买家的付款,卖家可以去"Resolution Center"手动关闭 case,并且在"是否收到买家付款"栏,选择"NO"。这样,这笔未付款的纠纷就会被关闭,同时成交费会被返还给卖家,卖家可以重新刊登该产品,而且这次未付款会被记录到买家账户中。

小提示

手动关闭未付款纠纷非常重要。如果卖家在第 36 天还未手动关闭 case,eBay 将会自动关闭这个纠纷,但是不会返还成交费给卖家,同样这笔未付款记录也不被记入到买家账户中。

eBay 平台建议卖家,务必要等到产品款项到账之后再发货。

3. 使用"Unpaid Item Assistant"

(1)概述

如果是专业卖家,可以使用"Unpaid Item Assistant"(UPI 小助手)来自动管理未付款订单。当买家没有付款时,UPI 小助手可以自动帮助卖家开启、关闭未付款纠纷,这样一方面可以节省卖家的时间,另一方面也不会因为卖家忘记关闭纠纷而导致成交费不能返还。

(2)开启 UPI 小助手的方法

进入"My eBay"界面点击"Account"的选项卡下的"Site preferences",点击"Unpaid Item Assistant"项下的"Edit"按钮,进入"Unpaid Item Assistant Preferences"界面,卖家根据实际情况进行设置后点击"Save"按钮保存。

(三)其他特殊订单处理

1. 取消订单

在 eBay 平台取消交易,一般有以下两种情况:一种是买家与卖家沟通后,要求取消交易;另一种是由于物品本身的原因,如卖家暂时缺货或者找不到货源确实无法完成交易等情况。

(1)卖家原因取消交易

需要卖家取消交易的情况比较少见,从交易之日起的 30 天内,卖家取消交易无须通过买家同意,但卖家取消交易会涉及成交费返还的问题,分为以下两种情况。

①在买家使用 PayPal 交易后的 30 天内,卖家取消交易不需要买家确认,卖家可以在操作流程中直接退款,取消交易成功后,成交费会被退还,如图 6-22 所示。

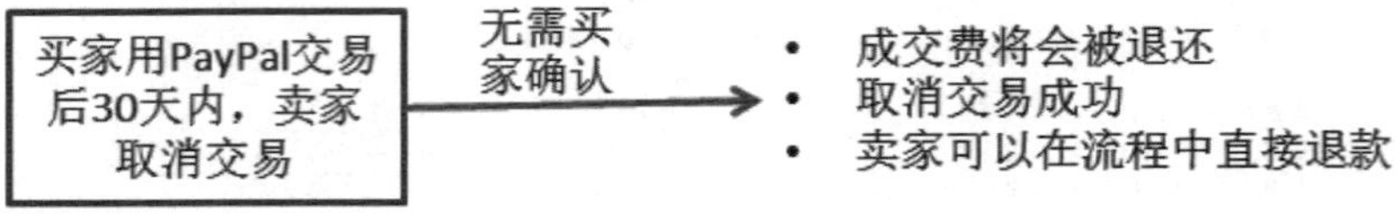

图 6-22　取消用 PayPal 支付的交易

在 eBay 平台上进行取消交易流程如下。

第一步:进入“My eBay”界面,进入“Account”选项卡,选择“Resolution Center”。

第二步:在“Resolve a problem”右下方选择“I need to cancel a transaction”,点击“Continue”按钮,如图 6-23 所示。

第三步:找到需要取消的交易,并选择取消原因。如果选择原因为“缺货”,这属于卖家原因取消交易,这个订单会被计为一笔不良交易;如果是由于买家原因取消,选择原因为“买家提出取消交易”,则不被计为会不良交易。

第四步:成功取消交易后,买家将会获得退款,卖家会获得成交费返还。

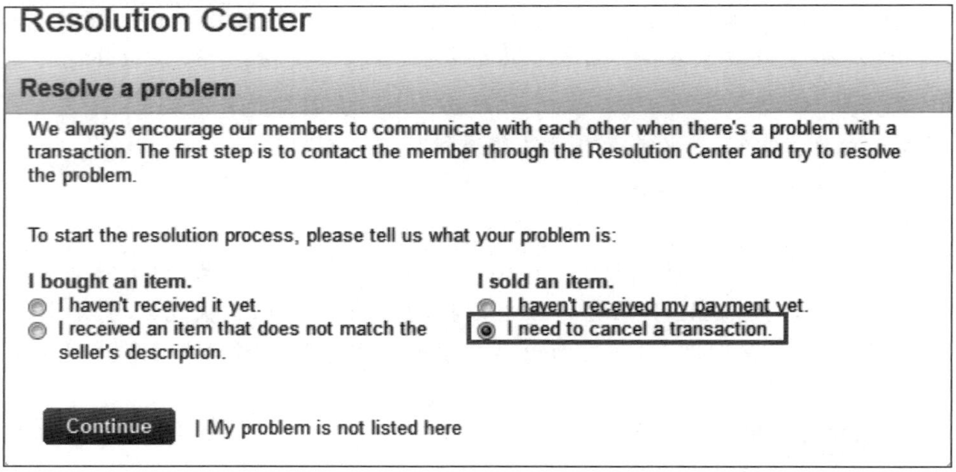

图 6-23　“Resolution Center”取消交易界面

小提示

如果卖家的确由于物品已经损坏或者物品缺货而无法完成交易,卖家还是需要及时和买家沟通实际情况,并尽早取消交易。

②如果买家用其他付款方式交易后 30 天内卖家要取消交易,则又分两种情况:如果买家确认收到退款了,成交费将会被退还,取消交易成功;如果买家没有确认收到退款,则成交费将不会被退还,取消交易的 10 个工作日后取消交易成功,如图 6-24 所示。

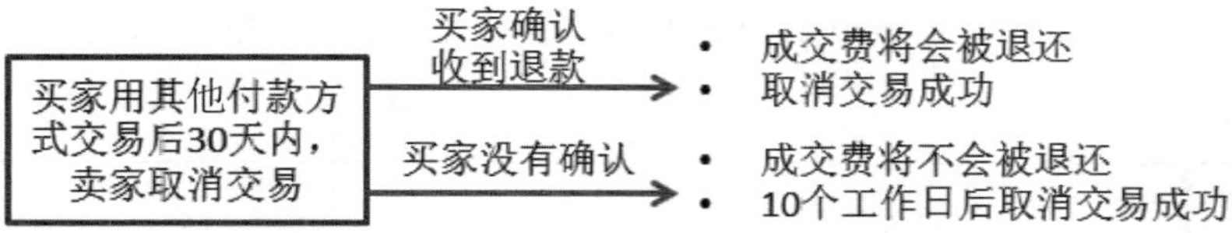

图 6-24　取消其他付款方式的交易

如果卖家申请了取消交易，但没有在 10 个工作日内完成退款，买家可以为此开启一个“eBay Money Back Guarantee Request”（eBay 退款保证请求）。

(2)买家提出取消交易

如果买家在成交后取消交易，那买家可以提出一个取消交易申请，卖家收到取消请求后，有 3 天时间来决定是否接受取消交易。一旦卖家接受买家的取消交易申请，需要在 10 天之内退款给买家。

(3)取消交易的成交费返还

只有取消交易的流程全部完成后，卖家才会获得成交费返还。如果买家原来是使用 PayPal 支付的，则一旦他们的账户收到退款，取消交易流程即完成。如果买家原来是使用其他的方式支付的，则需要等到买家确认其收到退款后，取消交易流程才算完成。当取消交易流程完成后，eBay 将会在 7～10 天内将成交费退回。

2. 取消拍卖

(1)取消拍卖基本情况

为了保证潜在买家的购物体验，我们不建议卖家随意取消拍卖，特别是成交不卖，这将严重影响买家的购物体验，除非有以下必要或者特殊原因。

①买家出价后，联系卖家需要取消，同时获得了卖家的同意。

②当产品无法继续销售时。

③卖家在 Listing 刊登中有信息错误。卖家如果取消拍卖，拍卖将无法恢复。

(2)取消拍卖的步骤

① 卖家可以直接访问网址：http://offer. ebay. com/ws/eBayISAPI. dll?CancelBidShow，或者也可以进入 Seller Hub 的“Overview”选项卡下，在“Shortcuts”模块下选择“Cancel bids”，如图 6-25 所示。

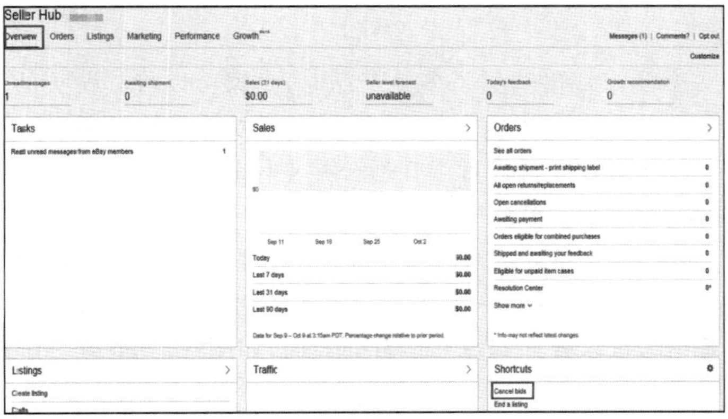

图 6-25　Seller Hub 的“Overview”选项卡

②输入 Item number，需要取消拍卖的对应用户名，以及需要取消的原因等信息，如图 6-26 所示。

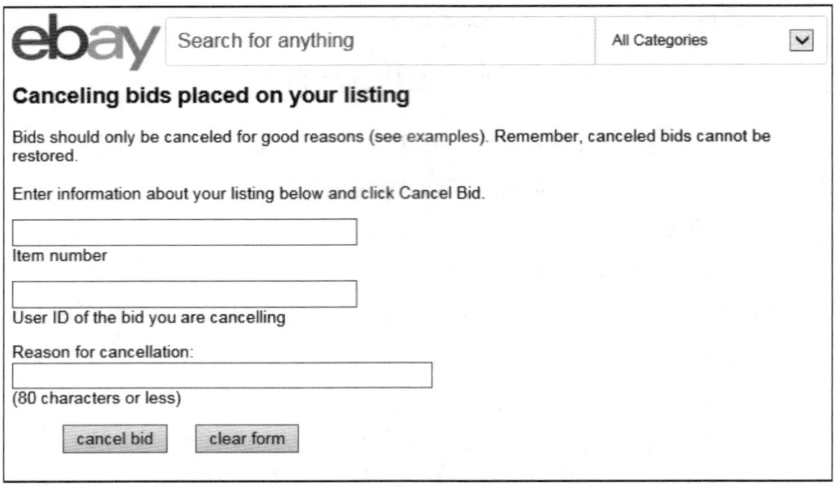
ebay | Search for anything | All Categories

Canceling bids placed on your listing

Bids should only be canceled for good reasons (see examples). Remember, canceled bids cannot be restored.

Enter information about your listing below and click Cancel Bid.

Item number

User ID of the bid you are cancelling

Reason for cancellation:

(80 characters or less)

cancel bid | clear form

图 6-26 取消拍卖的设置界面

③点击“cancel bid”按钮。

小提示

从卖家端删除一个拍卖，我们称其为取消拍卖(Cancelling a bid)；从买家端删除一个拍卖，我们称其为收回拍卖(Retracting a bid)。

3. 更换配送地址

在交易过程中，由于各种原因买家要求更换配送地址，是经常会发生的事情。一般情况下，更换配送地址只适用于包裹寄出前，且一定要在买家用 eBay 平台内的通信工具去通知卖家修改的情况下，才能更换配送地址。如果买家使用外部邮箱发出此类要求，卖家绝对不能受理。因为到时候万一发生纠纷，比如说丢货等情况，卖家要自行承担可能的风险，eBay 官方只承认平台内部的数据。

如果确定要更换地址，卖家也要及时和买家进行沟通，确保更换后收件人电话、邮编、门牌号等信息的准确性。

4. 合并支付

当买家在同一个卖家那里购买了多件产品时，卖家可以将其购买的产品合并到一张 invoice 中。这样不但可以节省卖家的时间，同时也可以选择给予买家一定的物流费用折扣。完成此操作需要卖家在账户设置中开通合并支付和运费功能。

(1)开启合并支付和运费功能

①进入“My eBay”界面，点击“Account”选项卡，在左边菜单栏中选择“Site Preferences”，在“Shipping preferences”中选择“Offer combined payments and shipping”，选择“Edit”，进入合并支付和运费的界面，如图 6-27 所示。

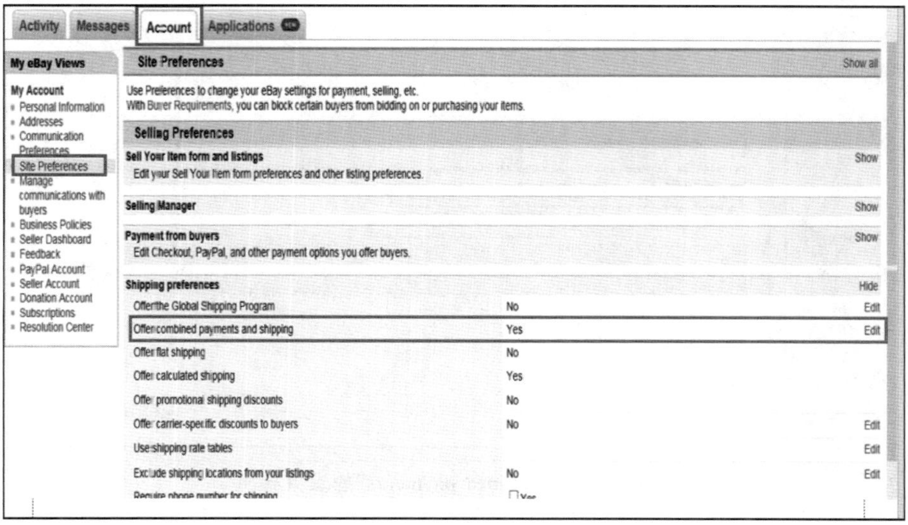

图 6-27 "Offer combined payments and shipping"的设置界面

②在"Combined payments"选项下选择"Create"或者"Edit",如图 6-28 所示。

图 6-28 "Combined Payments and Shipping Discounts"的设置界面

③首先在"Combined payments"界面中选中"Allow buyers to send one combined payment for all items purchased",然后选择愿意接受的合并运费的时间段,最后点击"Save"保存,如图 6-29 所示。这里可以看到时间的选择,也就是说在多少天内买家提出合并付款的请求是可以接受的,最长时间可选 30 天。需要提醒卖家注意的是,这里一旦有了具体时间的选择,便会影响到卖家对 UPI 小助手的时间设置。

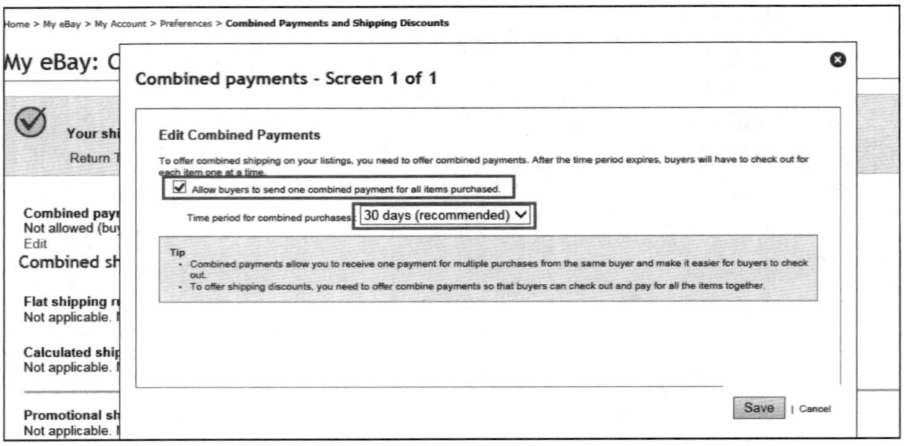

图 6-29 “Combined payments”的设置界面

小提示

卖家可以在“Combined payments and shipping discounts”界面设置相应的物流费用折扣给买家。

(2)通过发送 Invoice 合并 Payment

①在 Seller Hub 中的“Orders”选项卡下,找到需要合并的产品,如图 6-30 所示。

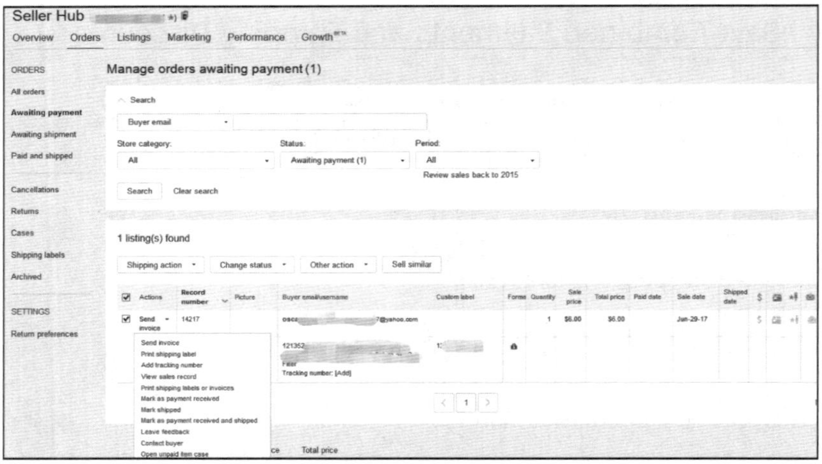

图 6-30 在“Manage orders awaiting payment”界面选择需要合并的产品

②在希望发送 invoice 的产品旁边的“Actions”栏中,选择“Send invoice”。

③根据系统罗列出来的某个买家购买的所有产品列表,卖家从中选择是否包含至当前的 Invoice 中。

④编辑物流费用。

⑤卖家也可以编辑一条消息给买家(可选)。

⑥卖家可以点击“Preview invoice before sending”进行预览,也可以点击“Send invoice”发送 Invoice 给买家。

第三节　售后纠纷处理

售后纠纷处理

一、“产品与描述不符”纠纷

由于产品质量问题或者发错货等原因，买家会发起“产品与描述不符”纠纷。碰到这种情况，首先应该和买家进行积极的沟通，承诺会给客户一个良好的问题解决方案，并一次性索取问题照片，尤其是产品外包装照片和产品破损照片，然后根据实际情况和买家协商进行部分退款，如果买家不接受部分退款，可以协商补发配件或者补发全新产品，最后再考虑全额退款，邮件模板如图 6-31 所示。

> Dear customer,
>
> Thanks for your message and we're so sorry to hear the item you received was damaged.
>
> In order to identify the problem clearly, could you please send us some pictures to show the problem you have mentioned and the package condition? Since we need to make a inspection to offer you a good solution and figure out the item was damaged in transit or when the supplier puts the faulty item in the package.
>
> Once we got pictures, we would like to provide you a satisfying solution. Is that acceptable to you?
>
> Looking forward to your pictures.
>
> Desperately sorry for the inconvenience caused to you and please accept our sincere apology.

图 6-31　回复“产品与描述不符”的邮件模板

二、“产品未收到”纠纷

eBay 交易中，大多数产品能顺利送达，但物流是跨境电商销售过程中的最大痛点，当产品预计送达时间已经超过，而买家未能及时收到产品时，买家可向卖家开启“产品未收到”纠纷。一旦买家开启了一个“产品未收到纠纷”，eBay 将会把这次纠纷的相关信息整合在一份 message 中发送给卖家。此时卖家会有 3 个工作日的时间来相应解决这个问题，超过 3 天后，无论买家还是卖家都可以要求 eBay 介入帮助解决纠纷。

买家开启的“产品未收到纠纷”的处理方法

当买家开启一个产品未收到的纠纷时，卖家 PayPal 账户中的这笔交易金额将被冻结，直至纠纷被解决，或者 eBay 认为卖家无责才能解冻。

买家开启产品未收到纠纷后，卖家可以在邮件中查看买家是要求退款还是接受继续等到产品送达。买家同时可以看到卖家回应的选项。

（一）提供跟踪信息

卖家可以通过提供有效的产品包裹跟踪信息来解决纠纷，信息包含包裹的发货日期、送达日期、送达的地址等。

（二）给买家退款

如果卖家不能提供有效的跟踪信息证明产品已经妥投，或者包裹的跟踪信息长时间没有更新（超过 10 天），买家可以申请退款。卖家将有 6 个工作日来处理退款，如果选择给买家退款，则需要将买家支付的全部金额（包括物流费用）退还给买家。一旦卖家确认退款，买家将会通过他们原来的付款方式获得该笔交易退款。如果买家原来是使用

PayPal 支付，一般需要 3～5 个工作日完成退款；如果买家原来是使用信用卡支付，可能需要不超过 30 天的退款时间(具体取决于信用卡的提供方)。同时卖家的成交费也会在下期 invoice 中被返还。

(三)给买家发送信息

如果卖家希望尝试与买家沟通，一起解决这次纠纷，卖家可以选择“Send a message to the buyer”给买家发送信息。以下根据不同“未收到货”的情况，提供邮件参考模板。

1. 特殊情况(节假日/旺季)致物流延误的沟通邮件模板

特殊情况(节假日/旺季)致物流延误的沟通邮件模板如图 6-32 所示。

Dear friend,

Thank you for purchasing and prompting payment. However, we'll have the National Holiday from Oct lst to Oct 7th. During that time, all the shipping service will not be available and may cause the shipping delay for several days. Thanks for your understanding and your patience is much Appreciated. If you have any other concerns, please just let us know.

图 6-32　特殊情况(节假日/旺季)致物流延误的沟通邮件模板

2. 过了收货期限没有收到货的沟通邮件模板

过了收货期限没有收到货的沟通邮件模板如图 6-33 所示。

Dear customer,

We are sorry for the long-time waiting and we quite understand that waiting is always something hard to endure.Your item had been shipped on 15/05/2018,it got delayed in the Customs House. So the shipment usually takes 35 to 50 business days.

Could you please wait for another two weeks? If the package still doesn't arrive in due, please contact us and we will do our best to solve it and offer you a satisfactory service.

Or if you do not want to wait any longer, we are willing to offer a refund to you as our sincere apology, and it's really kind of you to return the payment when you get the item.Please feel free to tell us which way you would prefer? We just want you to know that your satisfaction is always our top priority.

Looking forward to your reply.

图 6-33　过了收货期限没有收到货的沟通邮件模板

3. 已显示妥投，但未收到货的沟通邮件模板

已显示妥投，但未收到货的沟通邮件模板如图 6-34 所示。

Dear customer,

I have checked it and it shows that the post have delivered to you. So I can provide the tracking number * * * * to you and suggest you to ask the clerk in your local post with the number.

Please feel free to contact us if you have any further questions.

Have a nice day.

图 6-34　已显示妥投，但未收到货的沟通邮件模板

三、退货退款处理

(一)退款退货流程

eBay 退款政策

由于各种原因买家会发起退款或者退货的纠纷，如果买家发起的纠纷属实，就要考虑进行退货或退款处理。

1. 退款流程

由于跨境销售涉及海关清关等问题，一般情况下不太可能要求买家退

货，而是会选择部分或者全额退款。退款流程如下。

(1)先进入 eBay 平台，找到在“Seller Hub” 中点击“Orders” 选项卡，选择“Actions” 中的“Cancel Order”。

(2)去 PayPal 进行退款操作，点击“交易记录”，通过订单查看发放退款情况。

(3)收取成交费退款。如果卖家和买家均同意取消交易，或者买家未支付产品款项，卖家可以申请成交费退款。

要以卖家账户收取成交费退款，则卖家必须到“调解中心”提出纠纷个案并顺利结案后，才可进行退款申请(请注意，退款给买家不会自动获得成交费退款)。

如果卖家符合收取成交费退款的资格，退款将会在个案结束后的 7～10 日内存入卖家账户。

2. 运费承担情况

对于买家选择退货时由哪一方来承担运费，需要分不同的情况分析。

(1)需卖家承担运费的情况

需卖家承担运费的情况有：产品本身有缺陷，或者不能正常使用；产品与描述或图片不符合；发错货；缺少零配件；收到时已损坏；假货或是仿货。出现上述情况，则需要 eBay 卖家承担运费，若该 case 被 eBay 判为卖家有错，则会被记录为一笔不良交易。

(2)由买家承担运费的情况

由于买家主观原因而造成的退货，如买家选错了尺寸，或觉得产品不合适自己；买家不需要这款产品了；买家在其他地方发现一个更合适的价格而选择了退货。对于上述这些情况，可以选择由买家承担运费，也可以从提升买家的购物体验的角度，由卖家来承担退货运费。

(二)自动退换货

从 2018 年 7 月份开始，eBay 平台对部分站点新增了自动化退货的操作，目前自动化退货仅适用于使用海外仓的卖家，对于直发卖家还未开放此通道。

新的自动化退货流程比原退货流程要节省 7 个工作日，这对于买家和卖家来讲退货退款都更加方便迅速了。

四、评价管理

在完成产品交易后请积极为对方留下信用评价，因为卖家可以通过这个机会，将自己与买家交易的经验，与其他 eBay 会员分享。设置信用评价系统的目的，是鼓励各会员以诚实、积极与公正的态度完成交易。此外，买卖双方也可以通过这个系统，评估交易对象的诚信度。

评价管理方法

(一)好评率的计算

eBay 卖家好评率指的是买家给卖家留好评的比例，是将过去 12 个月的好评除以好评和差评的总数。其中，同样一个 ID 在一周内购买的重复评价不会计算在内，好评率计算方法如图 6-35 所示。

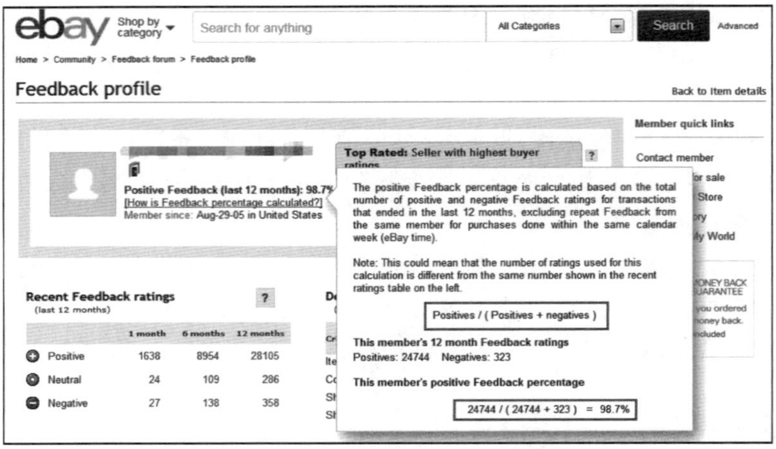

图 6-35　好评率计算方法

（二）给买家手动留评

卖家可以通过“Seller Hub”或 eBay 的“信用评价论坛”，为买家留下信用评价。请按照下面步骤手动评价买家。

（1）以 eBay 美国站点为例，进入“Seller Hub”界面的“Orders”选项卡，找到卖家需要评价的那个订单。

（2）在“Action”栏中选择“Leave feedback”选项。

（3）留下评价后点击“Leave feedback”按钮，如图 6-36 所示。

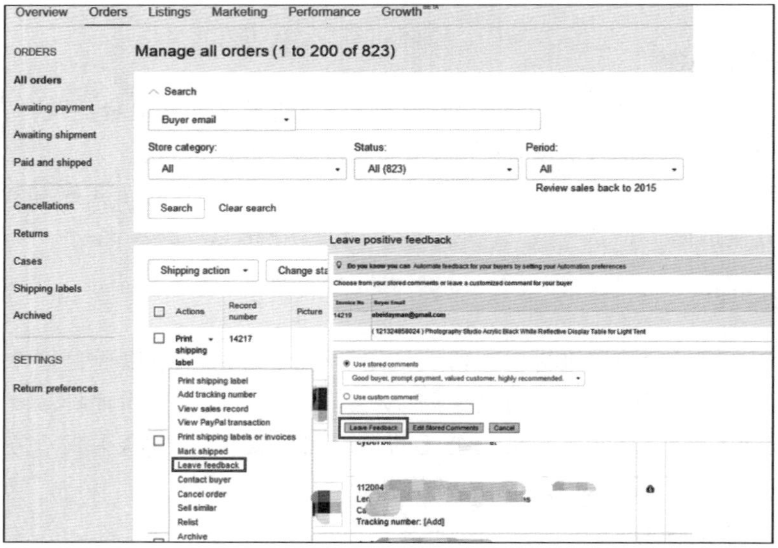

图 6-36　手动留评

（三）自动留评

自动留评的功能只有高级别的店铺（Featured store）才有，这里只做简单介绍。自动留评的设置可以通过在“Seller Hub”的“Listings” 选项中点击“Automation Preferences”进入。

进入到"Automation Preferences"界面后,点击"Edit stored comments",卖家就可以编辑写给买家的评价词。在"Automatically leave the following positive feedback"下方的"in the following situations"有两个单选选项:第一种是只要买家付款产品,会自动留下预留好的评价;第二个是当买家给你留下评价的时候,自动给买家留好评。卖家根据实际情况选择其中一个选项后点击"Apply"按钮确认即可。

(四)回复买家评价

多数买家购买后会给卖家留下中肯的评价。如果买家留下的是好评,卖家可通过回复评价对买家表示感谢;如果买家留下的是中差评,卖家可通过回复评价解释,并提供给买家相应的解决方案,问题解决后提出修改评价的请求。请按照下面步骤回复买家评价。

(1)在"My eBay"界面,点击"Account"进入"账户"界面。

(2)在"账户"界面,点击左侧边栏中的"Feedback",如图 6-37 所示,进入"评价管理"界面。

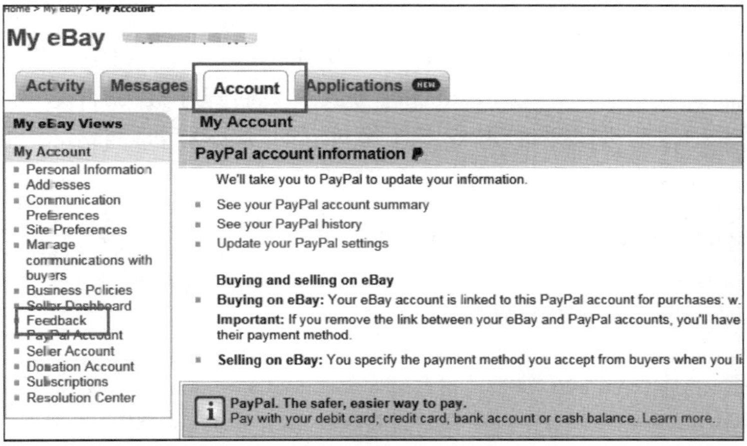

图 6-37 "Account"界面

(3)在"评价管理"界面,点击"Go to Feedback Forum",如图 6-38 所示,进入"评价反馈论坛"界面。

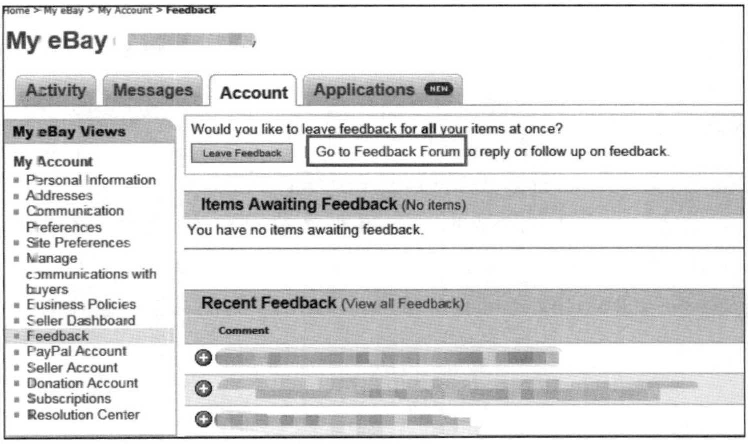

图 6-38 评价管理界面

(4)在“评价反馈论坛”界面，在“Feedback tools”模块中点击“Reply to Feedback received”，如图 6-39 所示，进入“回复买家评价”界面。

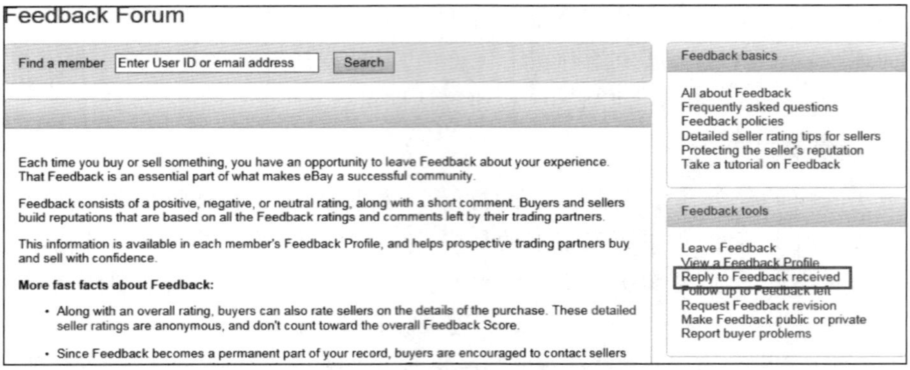

图 6-39　评价反馈论坛界面

(5)在“回复买家评价”界面，在“Find Feedback”旁的文本框中填入需要回复评价的买家账户或产品编号，点击“Find Feedback”查找需要回复评价的订单，或者在下方评价列表中找出需要回复的买家评价，并点击评价对应的“Reply”，即可进入“回复指定评价”界面，如图 6-40 所示。

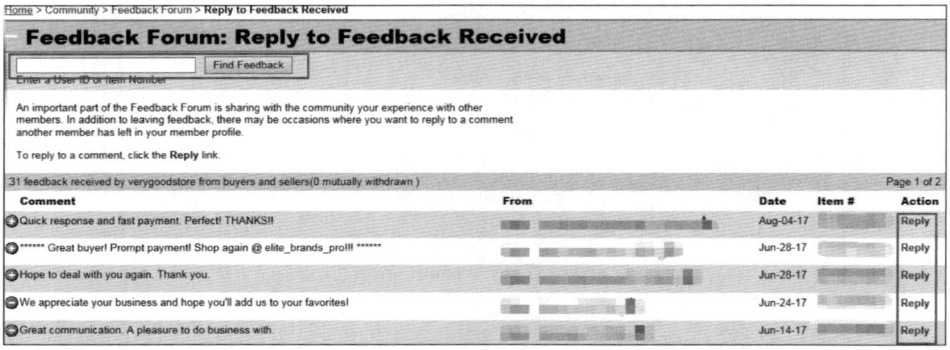

图 6-40　回复指定评价界面

(5)在“回复指定评价”界面，输入卖家的回复，点击“Leave Reply”，即可成功回复。

(五)补充已留评价

在某些情况下，卖家可能需要为已留过的信用评价做补充说明。评价补充说明会直接出现在信用评价之后，它的用途是为原本的评价做进一步的说明或解释。补充已留下的信用评价的方法为：在“评价反馈论坛”界面，在“Feedback tools”模块中点击“Follow up to Feedback left”，进入“补充已留下的信用评价”界面，之后进行补充说明即可，如图 6-41所示。

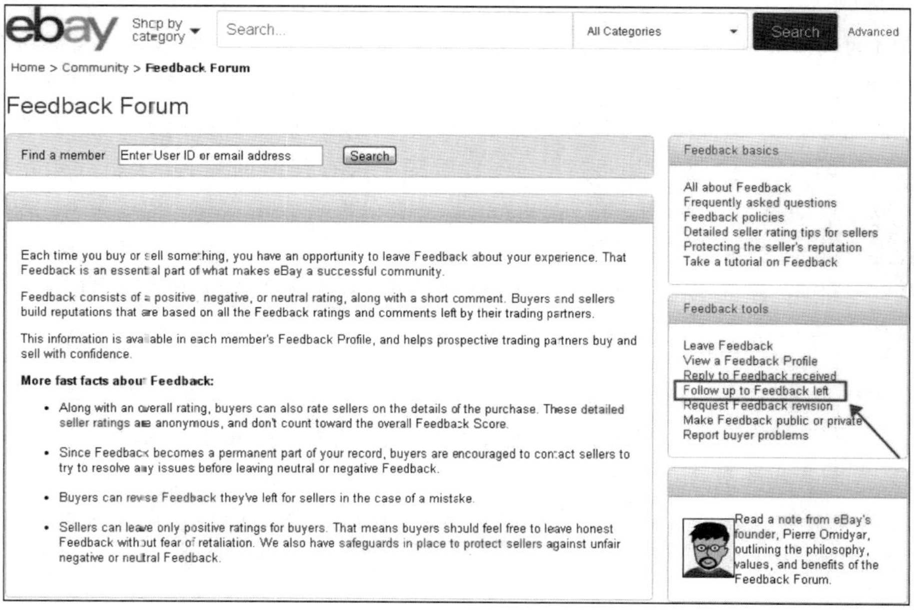

图 6-41　补充已留下的信用评价界面

（六）修改评价

负面信用评价会对卖家店铺的声誉及刊登产品的销售带来不良影响，在 eBay 平台，若卖家已解决交易问题，或是买家意外留下错误的信用评价，卖家可以要求买家修改信用评价。

卖家在过去连续 12 个月每获得 1000 个信用评价，就可以提出 5 次信用评价修改要求。交易量高的卖家（每年获得超过 1000 个信用评价）可提出要求的次数也会相应增加，例如，如果收到 3000 个信用指数，可提出 15 次修改信用评价的要求。解决买家的问题后，或者认为买家不小心留下错误的信用评价，只要卖家尚未达到评价修改限额，且信用评价期限未满 30 天，卖家就可以提出信用评价修改要求。每个交易仅能提出一次修改信用评价要求，超过 30 日后收到的信用评价，不能提出修改要求。

遇到中差评，建议卖家先联系买家了解问题并和对方解释当下的情况。联系渠道可以直接回复买家的 Feedback。首先查看账户是否有修改差评的机会，如果有就可以积极和买家沟通。建议货值高的产品可以提供部分退款的方案引导买家移除差评；售价很低（例如 10 美元以下）的订单可以提供全额退款的方案引导买家移除差评。修改评价步骤如下。

（1）进入“评价反馈论坛”界面，在“Feedback tools”模块中点击“Follow up to Feedback left”，进入“修改中差评”界面。

（2）在“修改中差评”界面，点选需要修改评价的订单，在“Give the buyer a reason”下方点选对买家提出要求的原因。然后点击“Send”按钮，这样就可以将修改中差评的请求发送给买家，同时系统也会寄一封请求修改中差评的电子邮件给买家。

卖家操作后，系统会发送电子邮件给买家，通知他们收到了更改评价的要求。买家有10日的时间决定是否同意并更改评价，或者拒绝。如果买家同意修改，eBay平台会指导买家相关的修改流程，一旦修改成功，原来的评价就不会显示在eBay上。如果买家拒绝修改，他们可以选择是否愿意告诉你拒绝的原因。如果买家在7日内未回复，系统会自动再次提醒买家。如果过了10日后买家未有任何回复，此次修改信用评价要求即过期。

自动退换货具体操作

(3)如果买家是恶意评价或者买家要提供刊登产品以外的产品或服务，可在“评价反馈论坛”界面的“Feedback tools”模块中点击“Report buyer problems”，进入“报告买家”界面来举报该买家。

小结

1.为了减少售前客服工作量，建议刊登产品信息时要尽可能详细描述产品基本信息、产品包装信息及物流服务等信息。

2.卖家要定时收集和汇总邮件中反映的常见问题，如果发现刊登内容有误，要及时修改关于产品描述的错误内容，同时也要把多个买家都询问到的问题及时添加至“向卖家提问”界面。

3.如果一个买家参与一次拍卖，但是并未赢得最后的竞拍，卖家可以提供Second chance offer，让买家以最后一次出价的价格买下这个产品。

4.一般情况下，eBay订单处理流程为：当产品拍卖结束，出价者就会成功投得产品，卖家会收到eBay的电子邮件通知，同时收到买家的付款，卖家验证买家的货运地址，如果没有发现异常的情况，根据买家拍下的信息生成物流面单并据此打包发货，然后上传物流单号信息，等产品妥投之后，买家和卖家进行信用互评。

5.售后常见问题包括：买家下单后未付款、买家取消订单或者要更换地址、买家要求退换货或者其他纠纷等问题。

6.由于产品质量问题或者发错货等原因，买家会发起“产品与描述不符”纠纷，碰到这种情况，首先应该和买家进行积极的沟通，承诺会给客户一个良好的解决问题方案，并一次性索取问题照片，尤其是产品外包装照片和产品破损照片，然后根据实际情况和买家协商进行部分退款，如果买家不接受部分退款，可以协商补发配件或者补发全新产品，最后再考虑全额退款。

7.当买家开启一个产品未收到的纠纷时，卖家PayPal账户中的这笔交易金额将被冻结，直至纠纷被解决，或者eBay认为卖家无责。买家开启产品未收到纠纷后，卖家可以在邮件中查看买家是要求退款还是接受继续等到产品送达。

8.eBay卖家好评率指的是买家给卖家留好评的比例，是将过去12个月的好评除以所有评价的总数。其中同样一个ID在一周内购买的重复评价不会计算在内。

思考题

1.eBay平台交易的基本流程是什么？

2.哪些情况下，卖家需要向买家发送Invoice？

3.哪些情况下eBay平台不会收取成交费？

4.请简要说明处理好售后服务的重要性。

操作题

1.当碰到下列问题时,客服人员应该如何处理?请用英文写一条回复客户的消息。

(1)如果有一位客户提供其他商家同一款产品的链接,告诉你别的卖家卖得比你便宜,但是销量和评价没你店铺高。这位客户要求你按照同样的价格卖给他,你会如何应对?

(2)有一位来自英国的客户 Tony 来信抱怨过了 35 天还未收到包裹,而且跟踪信息长时间没有更新。你会如何回复?

(3)如果有一个客户给你发消息,说他收到的产品破损了,要求退款或者重发,作为售后客服,你会如何回复该消息?

2.买家拍下产品后迟迟未付款,请给买家发送一个 Invoice。

3.交易成功后给买家手动留评。

提升篇

第七章

站内营销管理

学习要求

通过本章学习，了解开通 eBay 店铺的好处与 eBay 店铺的各种功能；掌握 eBay 店铺分类设置、店铺装修、店铺休假设置等步骤；熟练掌握 eBay 店铺的订阅步骤、店铺促销类型和订单折扣、批量购买折扣、无码优惠券、降价活动设置步骤；熟练掌握 eBay 广告的设置和运用，为站内营销管理奠定基础。

卖家在 eBay 平台上进行产品售卖，为了增加交易机会，应该如何在站内开展营销推广工作呢？站内营销的方法有哪些呢？本章将回答以下问题。

- 为什么要开通 eBay 店铺？
- 如何订阅 eBay 店铺？
- 如何进行店铺分类设置和店铺装修？
- 店铺促销类型有哪些？如何进行店铺促销活动设置？
- eBay 广告有哪些？如何进行设置？

第一节　eBay 店铺订阅

一、为什么要开通 eBay 店铺

eBay 店铺是卖家在 eBay 平台上开设的属于自己的店铺。eBay 店铺可以为买家创建一个有关卖家产品的统一的购物中心。

为什么要开通 eBay 店铺呢？eBay 店铺可帮助卖家在 eBay 在线市场上收获如下好处。

（一）增加产品销售

通过在集中的位置展示卖家售卖的产品，方便买家选择，并提高利润率。

（二）有利于卖家品牌推广

卖家可以通过 eBay 店铺以视觉化、生动且真实的方式展示自己的业务，从而塑造出强大的品牌形象，让买家成为店铺的回头客。

（三）具有产品刊登优势

如果 eBay 卖家没有开通店铺，每月一口价和拍卖可免费刊登各 50 条。如果开通了店铺，则可获取更多免费刊登额度，并降低成交费。

（四）便于产品检索

卖家可以获得方便且有用的工具，帮助管理产品，可以创建不同于 eBay 主要分类结构的独特新分类，便于买家快速找到自己想要的产品。

（五）有利于卖家进行市场推广

卖家可以通过 eBay 店铺提供的订单折扣、优惠券、运费折扣等营销工具进行市场推广，从而增加销售。

二、eBay 店铺等级分类

eBay 平台目前提供五种店铺订阅套餐，即入门店铺、基础店铺、高级店铺、超级店铺和企业店铺，不同等级的店铺会收取不同的费用。费用的收取有月度和年度两种方式，而不同等级的店铺，每月的免费刊登数量、刊登费及成交费收取的比例均不相同。但店铺等级越高，免费刊登数量越多，且其他费用的费率越低。店铺等级分类如表 7-1 所示。

表 7-1　eBay 店铺等级分类

每月额度	无店铺	入门店铺	基础店铺	高级店铺	超级店铺	企业店铺
按月订阅	N/A	$7.95/月	$27.95/月	$74.95/月	$349.95/月	N/A
按年订阅	N/A	$4.95/月	$21.95/月	$59.95/月	$299.95/月	$2999.95/月
每月一口价免费刊登数	50	100	250	1000	10000	100000
每月拍卖免费刊登数	50	100（收藏品和时尚类物品）	250（收藏品和时尚类物品）	500（收藏品和时尚类物品）	1000（收藏品和时尚类物品）	2500（收藏品和时尚类物品）
一口价刊登费	$0.35	$0.30	$0.25	$0.10	$0.05	$0.05
拍卖刊登费	$0.35	$0.30	$0.25	$0.15	$0.10	$0.10
成交费比率	3.5%～12.0%	3.5%～12.0%	3.5%～12.0%	3.5%～12.0%	3.5%～12.0%	3.5%～12.0%
成交费上限	无	$750.00	$350.00	$350.00	$250.00	$250.00

资料来源：根据 eBay 后台资料整理（https://www.ebay.com/help/selling/fees-credits-invoices/store-selling-fees? id=4122）。

三、eBay 店铺订阅步骤

开通 eBay 店铺有很多好处，比如卖家可以拥有独特的店面设计，可以获得一定的免费刊登数量，在其他费率上也会有优惠。eBay 店铺可以按照月度和年度订阅。那么，如何订阅 eBay 店铺呢？

eBay 店铺订阅

店铺订阅步骤如下。

（1）登录 http://www.ebay.com/sellerhub，在“My eBay”下拉菜单中点击“Summary”，进

入到下一个界面。

(2)在“My eBay:Summary”界面中,如图 7-1 所示,点击“Account”,进入到下一个界面。

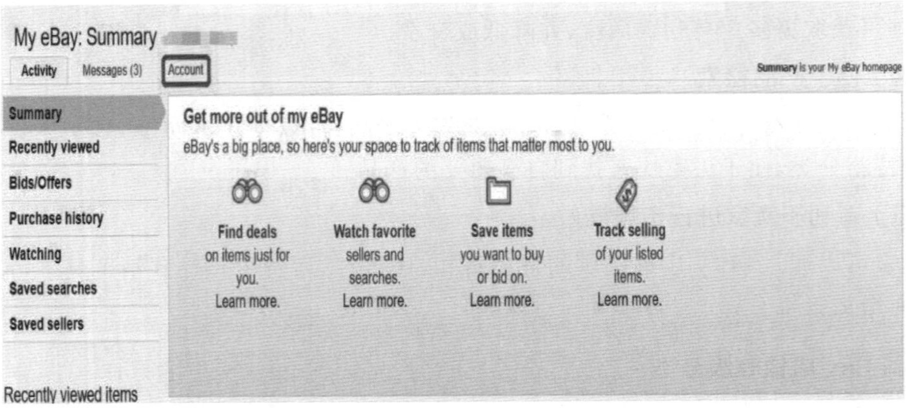

图 7-1 “My eBay:Summary”界面

(3)在“Account”界面中,如图 7-2 所示,点击“Subscriptions”,进入到下一个界面。

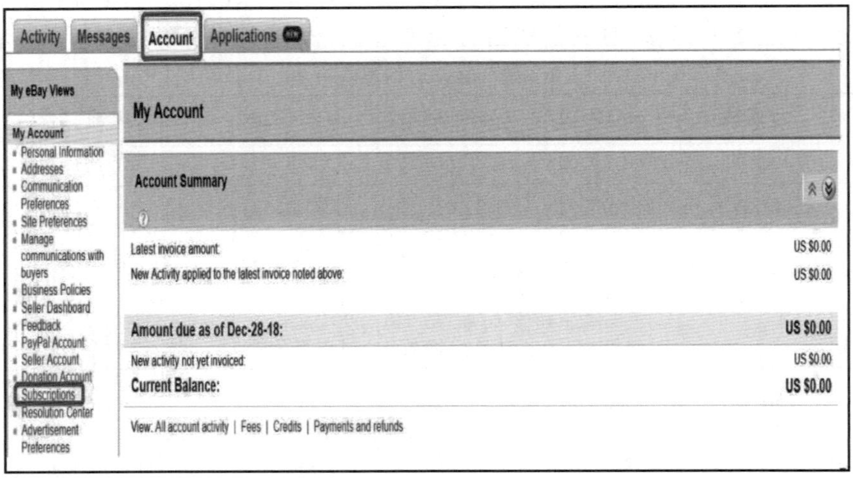

图 7-2 “Account”界面

(4)在“My Subscriptions”界面中,如图 7-3 所示,点击“Choose a Store”, 进入下一个界面。

图 7-3 “My Subscriptions”界面

（5）在选择店铺等级界面中，卖家根据自身需求选择相应等级的店铺，点击“Select and review”进入到下一个界面，如图 7-4 所示。

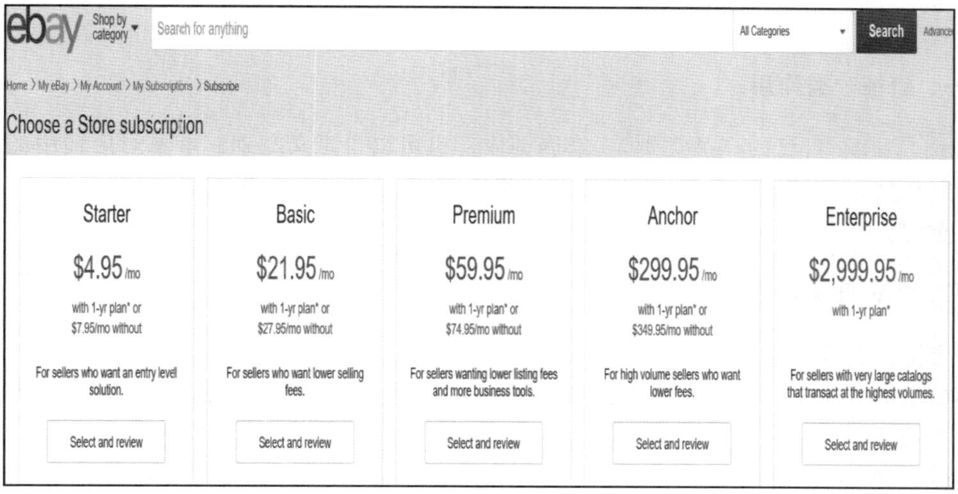

图 7-4 选择店铺等级界面

店铺订阅常见问题

（6）选择店铺订阅方式，并输入店铺名字，如图 7-5 所示。填好后确认，点击“Submit order”提交。此时，就会出现店铺订阅成功界面。

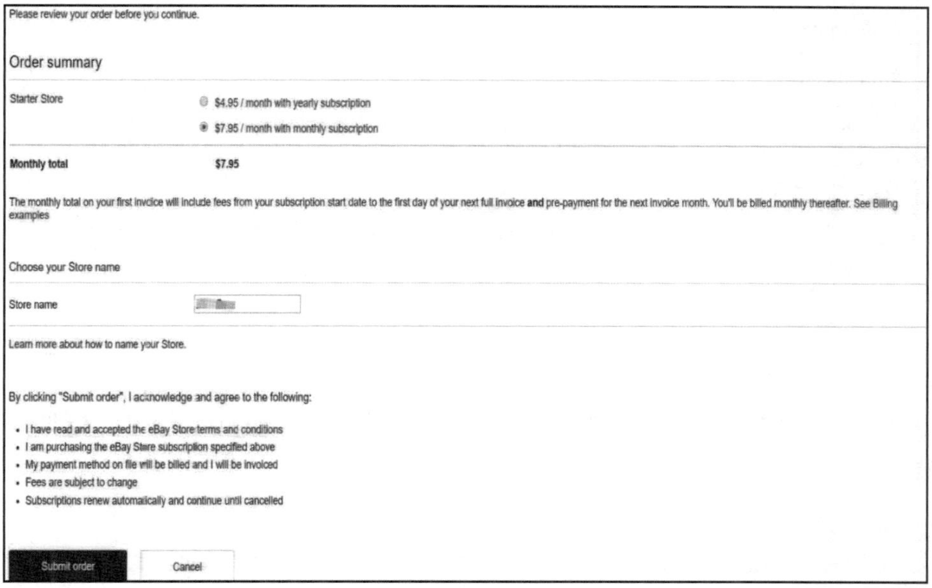

图 7-5 选择店铺订阅方式和输入店铺名字界面

同时，“eBay message”中也会立刻收到确认店铺订阅成功的邮件。

【思考题】 卖家如何选择适合自己的店铺类型？

如何命名您的店铺

第二节　店铺分类设置

一、店铺分类作用

除了 eBay 自己的产品类别，卖家店铺内部也可以自定义类别。卖家对店铺中的产品进行分类后，可以引导买家最快找到自己想要的产品并进行选购，节省买家的时间，提升其满意度。

二、店铺分类设置步骤

店铺分类设置具体步骤如下。

（1）进入“Seller Hub”界面，在“Marketing”下拉菜单中点击“Store”，进入到下一个界面。

（2）在“Store”管理店铺分类界面中，点击“Manage My Store”，进入到下一个界面。

（3）在“Manage My Store”界面中，点击“Store Categories”进入界面，即可开始设置店铺分类，如图 7-6 所示。

图 7-6　“Manage My Store”界面

（4）在“Manage My Store”界面中，点击右上方的“Add Category”，新增店铺刊登物品主分类，如图 7-7 所示。

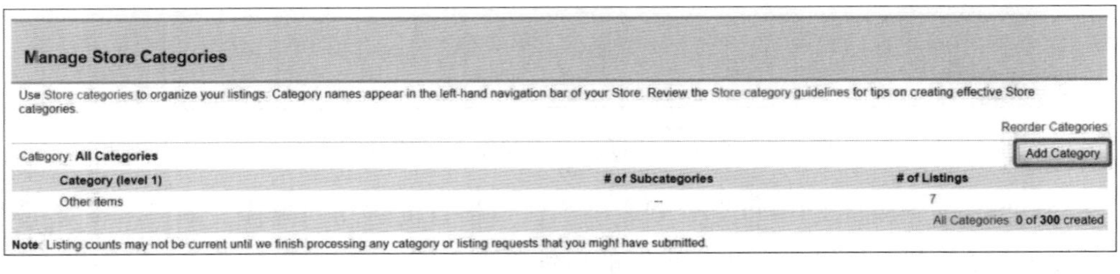

图 7-7　“Add Category”界面

(5)在“Add Store Category”界面中,在“Category Name”文本框中输入主分类名称,如需添加更多主分类可点击下方的“Add more categories”,主分类名称不能超过 30 个字符,点击“Save”按钮,如图 7-8 所示。

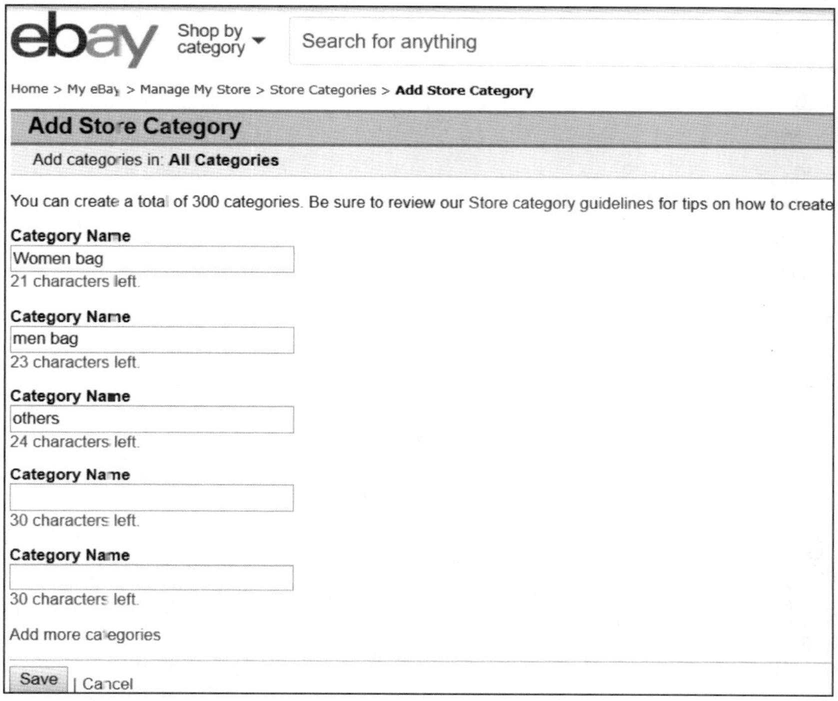

图 7-8 “Add Store Category”设置界面

(6)在“Manage Store Categories”界面中,点击主分类名称,如“Women bag”,并点击右上方的“Add Category”,进入“创建子分类”界面,如图 7-9 所示。

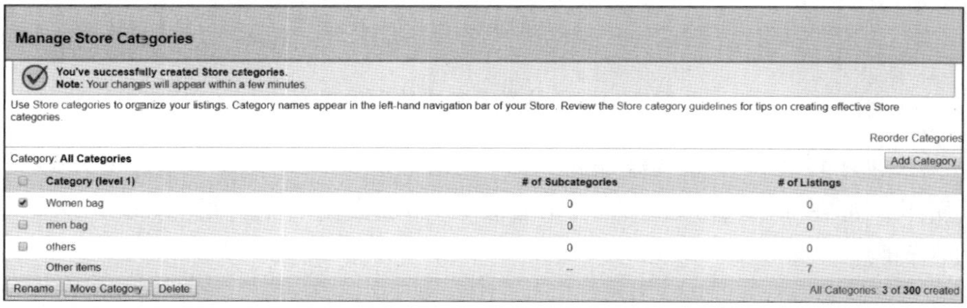

图 7-9 “Manage Store Categories”界面

(7)在“创建子分类”的界面,卖家根据需要填写子分类名称,如图 7-10 所示。如果子分类下还需添加三级分类,可参照添加子分类的步骤,点击需要添加三级分类的子分类,在需要编辑的子分类界面进行即可。店铺分类最多可设置到三级类目,上限 300 个类目。点击“Save”,进入到下一个界面。

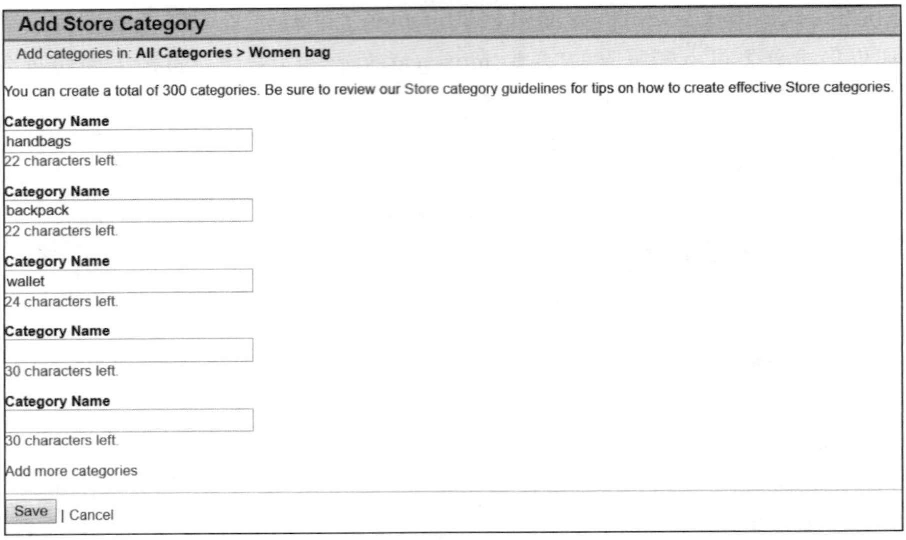

图 7-10　创建子分类界面

(8)子分类添加成功后的界面,如图 7-11 所示。

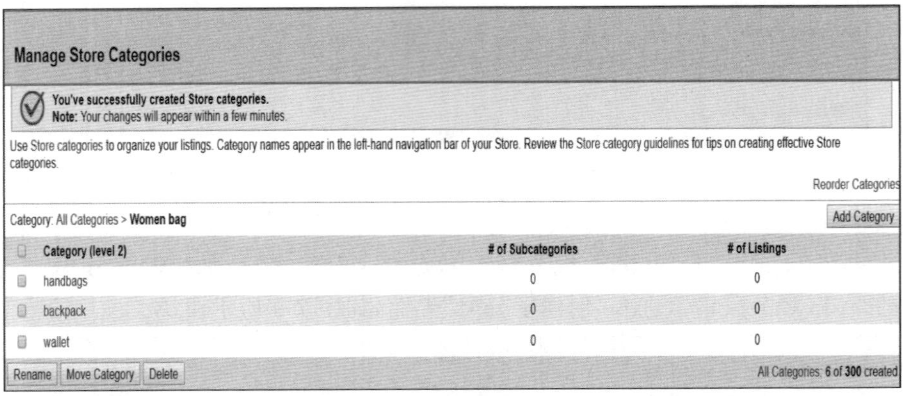

图 7-11　子分类添加成功后的界面

(9)类目排序设置。子分类添加完成后,点击"All Categories"回到"主分类"界面,如图 7-12 所示。可在"Categories: All Categories"界面点击右上方的"Reorder Categories"对分类进行排序。

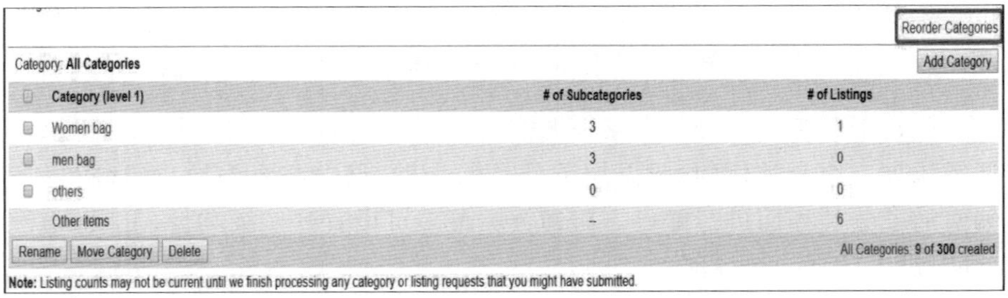

图 7-12　主分类界面

可以选择“Alphabetical order”(按字母顺序)或“By number of listings”(按刊登产品数量顺序),也可选“Manual order”(手动排序),如图 7-13 所示。这里以手动排序为例,移动“Move”下的箭头,排序好后点击“Save”按钮。

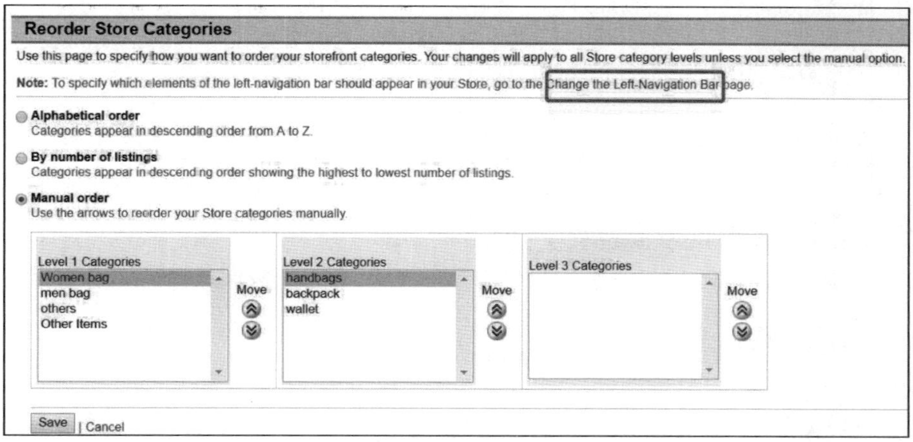

图 7-13　类目排序界面

(10)类目展示设置。点击“Reorder Store Categories”界面右上方的“Change Left Navigation Bar”对店铺分类展示进行设置,可以选择只展示一级分类,或者多级分类一起展示,如图 7-14 所示。点击“Save Settings”保存设置。

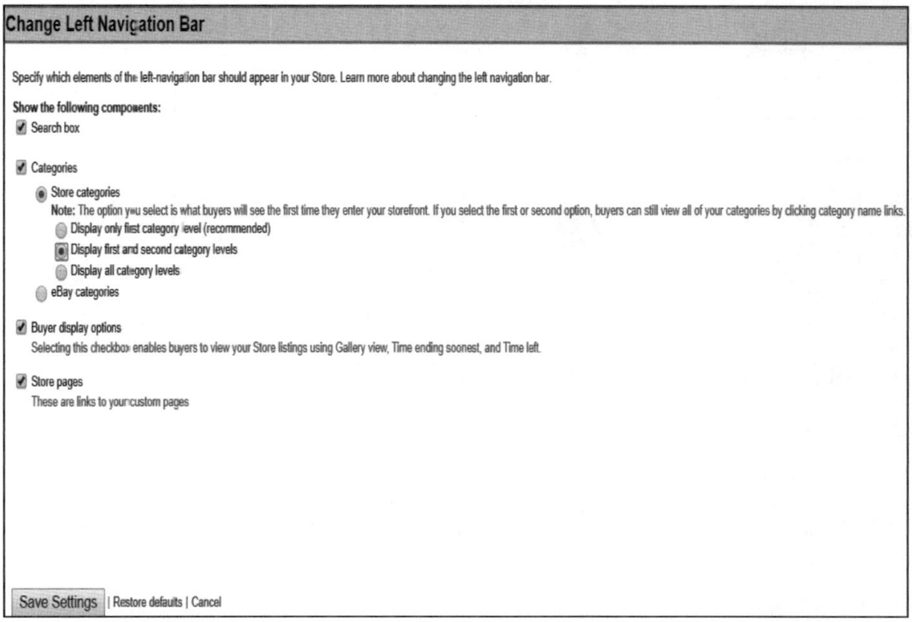

图 7-14　类目展示设置界面

(11)店铺的分类设置好后,可以把已经上架的 Listing 移到相应分类。主要分为以下几个步骤。

①进入“Seller Hub”界面，在“Listings”下拉菜单中点击“Active”，如图 7-15 所示，进入下一个界面。

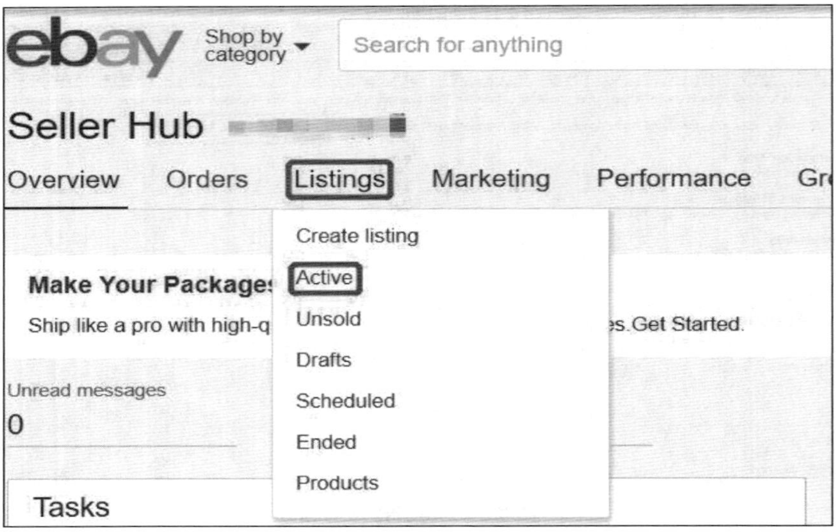

图 7-15　“Listings”子菜单界面

②在“Edit”下拉菜单中点击“Edit all 3 listings”按钮，如图 7-16 所示，进入下一个界面。

图 7-16　“Edit all 3 listings”选项

③在“Edit fields”下拉菜单中点击“Categories”，如图 7-17 所示，进入下一个界面。

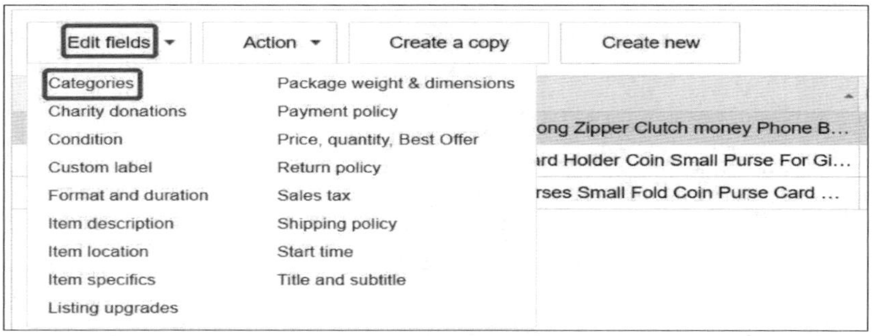

图 7-17　点击进入“Edit fields”下拉菜单中的“Categories”选项

④在"Store category"选项中选择"Change to",如图 7-18 所示。选择想加入的分类,点击"Save and close"。

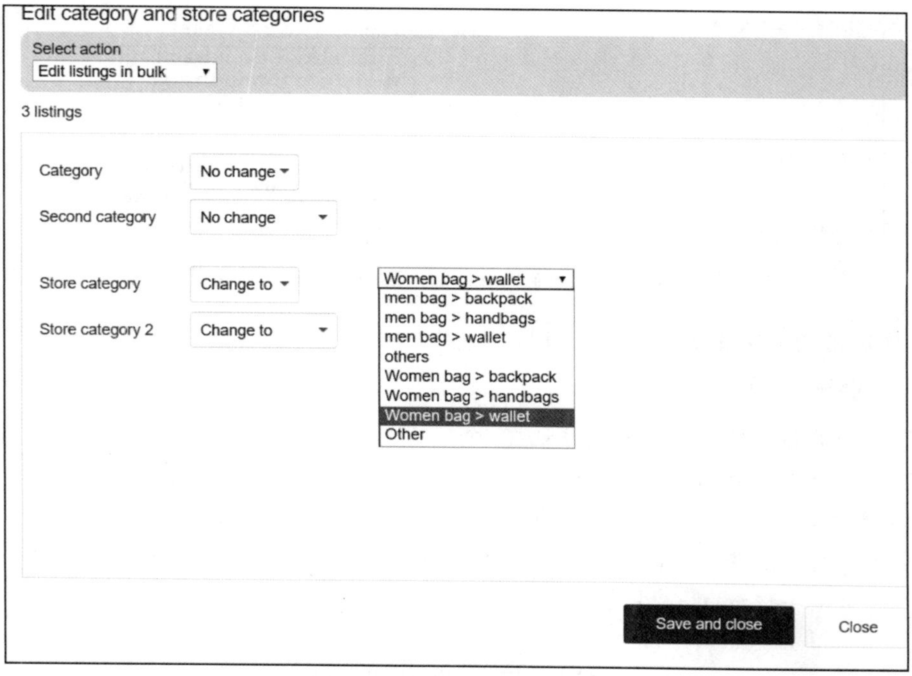

图 7-18 "Store category"中的"Change to"选项

⑤点击左下角的"Submit all",如图 7-19 所示,再点击"Confirm and Submit",这样已经上架的 Listing 就加入到相应的分类了。

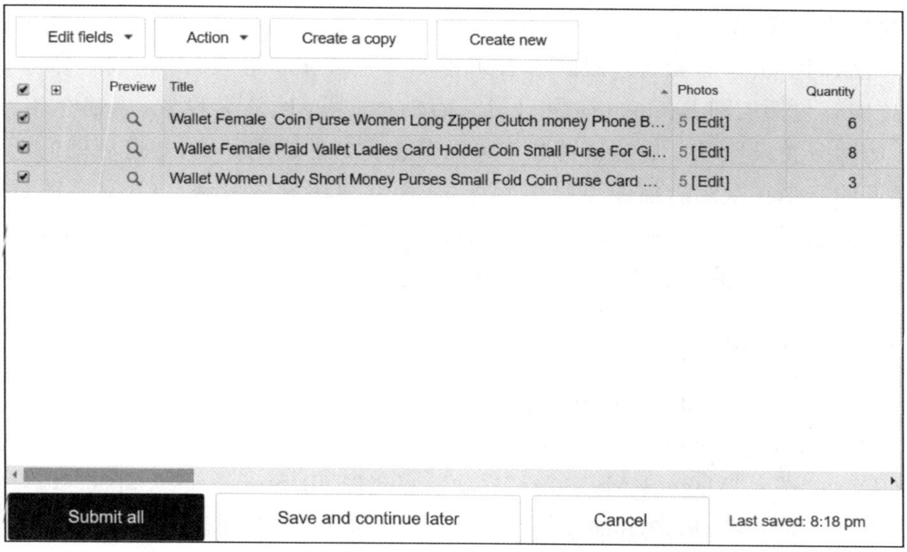

图 7-19 "Submit all"界面

(12)将新刊登的 Listing 加入店铺分类的方法是，在刊登 Listing 的时候，卖家根据产品情况选择“Store categories”的分类，如图 7-20 所示。

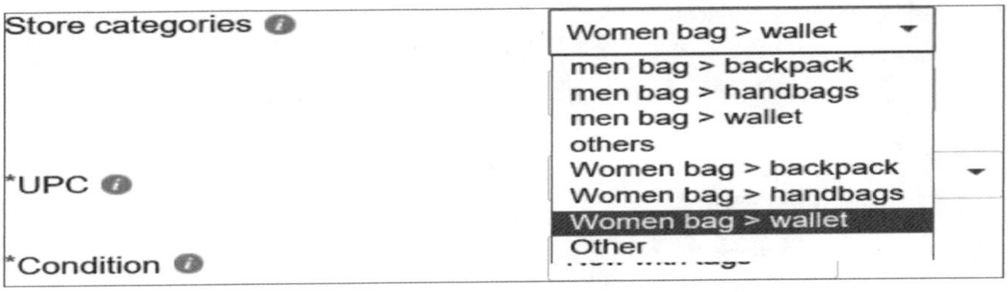

图 7-20　新刊登的 Listing 加入店铺分类的设置界面

这样店铺的分类完成后，将会出现在店铺的左侧导航栏中。

小提示

(1)主分类和子分类名称不能超过 30 个字符。

(2)店铺分类分为三级：主分类 > 子分类 > 三级分类。主分类包括 7～10 个类别，每个主分类下包括 5～10 个子分类，每个子分类类别下包括 5～10 个三级类别。

(3)根据店铺运营产品的特点进行分类。避免类别名称重复或创建类似的类别名称，如牛仔裤、男士牛仔裤、Gap 牛仔裤等。

第三节　店铺装修

一、店铺装修作用

与实体店一样，网络平台的店铺也需要装修，实体店的买家通过观看、品尝、试用等体验感知产品，网上买家需要通过眼睛去看店铺的图片或文字等设计来了解产品。店铺装修的主要内容包括店铺 Banner(横幅)设计、店铺标志设计、店名设置、店铺介绍、主打产品设置、店铺分类设置等。通过店铺装修可以营造良好的视觉环境，塑造店铺的形象和品牌，让卖家的店铺在众多店铺中更吸引眼球，从而获得买家的青睐。eBay 店铺装修可以做到个性化，创建一个适合业务背景的店铺可以让卖家树立专业、高档的店铺形象，进而使其受到更多买家的关注和喜爱，大幅提高其市场核心竞争力。

二、店铺装修步骤

店铺装修具体步骤如下(以美国站为例)。

(1)登录 http://www.ebay.com，按照“My eBay”—“Account”—“Manage My Store”的路径，进入“Manage My Store”界面。点击“Edit Store”，进入到店铺装修界面。

(2)“Store Name”(店铺名称)设置，如图 7-21 所示，在下面的文本框中输入店铺名称，可以和账户名称保持一致，但不得超过 35 个字符。

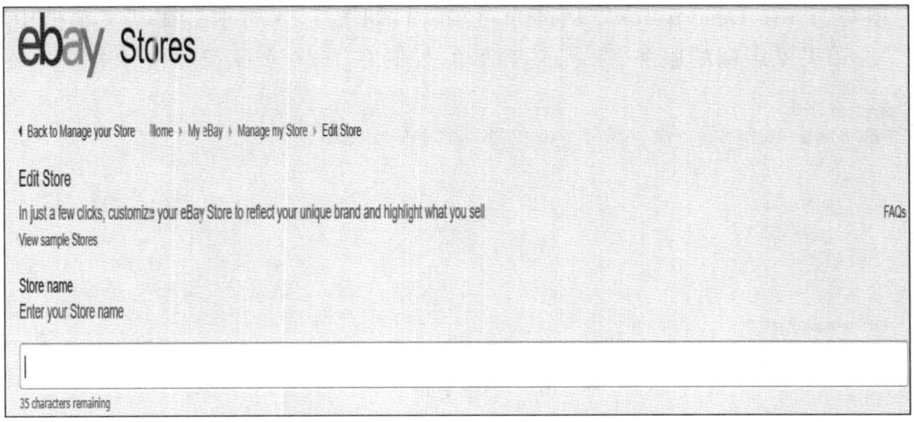

图 7-21　店铺名称设置界面

(3)“Billboard”(店铺 Banner)设置。店铺 Banner 是店铺的门面，尽量突出卖家店铺的主打概念、产品或针对性的促销优惠活动。如图 7-22 所示，点击“Add Image”即可上传图片，图片大小不能超过 12MB，像素为 1200 像素×270 像素。

图 7-22　店铺 Banner 设置界面

(4)“店铺 Logo”设置。如果有品牌商标，尽量用商标作为店铺标志(Logo)。进入 Logo 设置界面，如图 7-23 所示，鼠标放在图片上，右侧会出现“Add Image”，点击即可上传 Logo。图片大小不能超过 12MB，像素为 300 像素×300 像素。

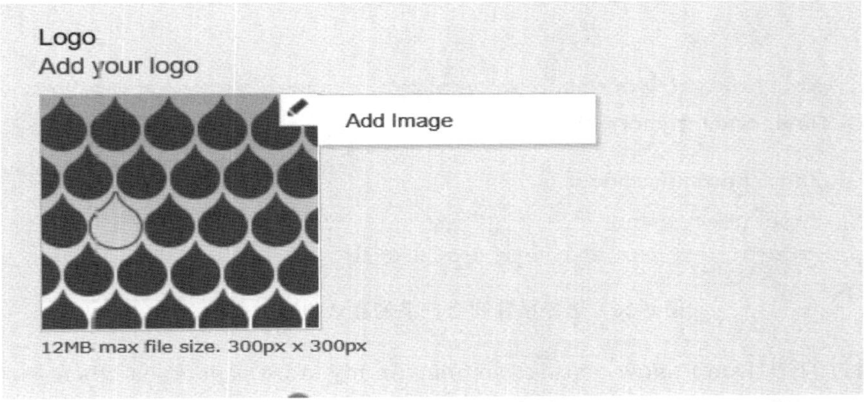

图 7-23　店铺 Logo 设置界面

(5)填写“Store Description”(店铺介绍)界面,如图 7-24 所示。在其文本框中输入店铺介绍,告知买家店铺的服务、产品或者活动,控制在 1000 个字符以内。

图 7-24 填写店铺介绍界面

(6)“Featured listings ”(主打产品)设置,分为以下三步。

①进入“Featured listings”设置界面,如图 7-25 所示。点击“Select listing”,可自动选择需要推荐的产品,一般放置账户中的明星热卖产品。最多可同时选择店铺中的四个产品作为主打产品进行展示,且如果卖家的在线产品小于 30 个,该功能不会展现。

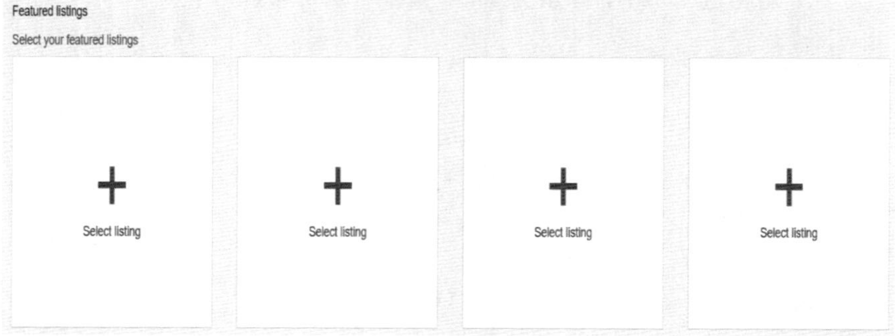

图 7-25 主打产品设置界面

②在“Select how you want us to automatically display your featured listings”下的复选框中选择推荐刊登产品的默认显示方式。点选“Time:ending soonest”可默认显示刊登时间快结束的推荐产品,点选“Time:newly listed”可以默认显示新刊登的推荐产品,如图 7-26所示。

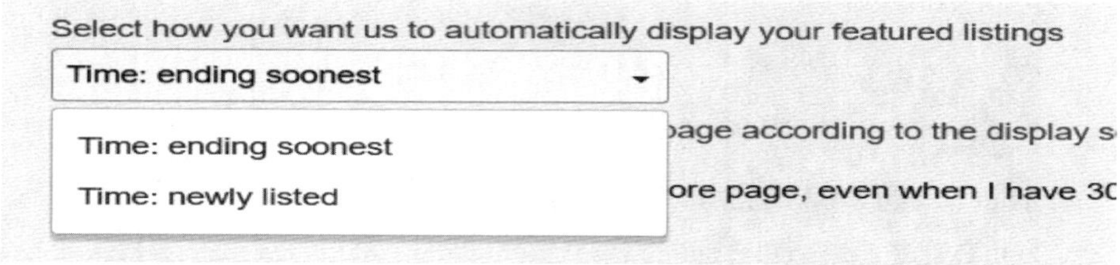

图 7-26 选择推荐刊登产品的默认显示方式界面

③通过勾选“Don't show featured listings on my store page,even when I have 30 or more listings”这个选项,也可以选择不在店铺界面展示卖家的“Featured listings”,如图 7-27所示。

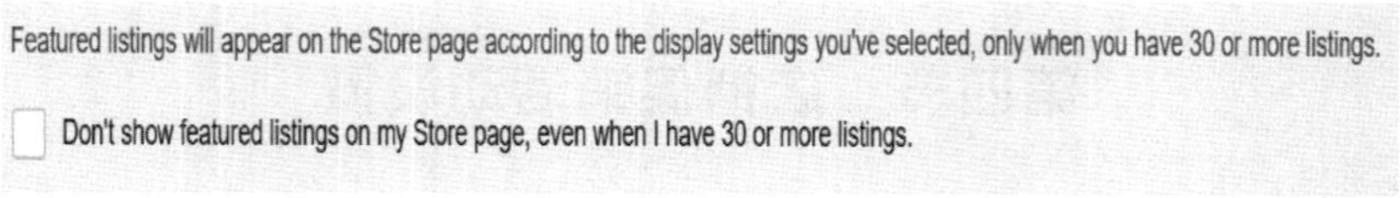

图 7-27 不在店铺界面展示"Featured listings"的设置界面

(7)Listing 展示顺序和方式设置,具体步骤如下。

①在"Select the order in which items are displayed in your Store"下的复选框中选择 Listing 显示的顺序,可以按照时间、价格、价格加运费、最佳匹配等来选择,如图 7-28所示。

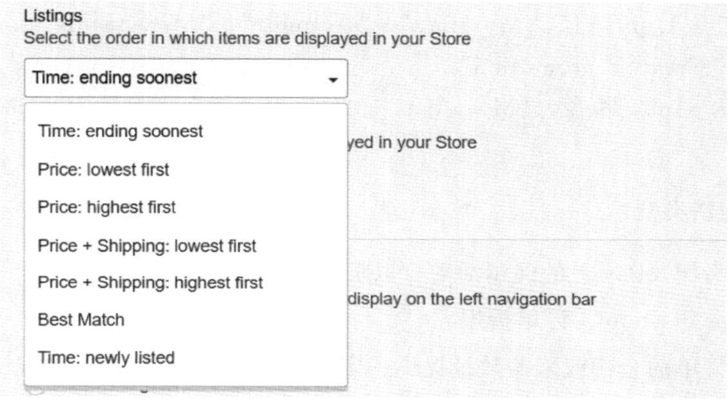

图 7-28 选择 Listing 显示的顺序的界面

②在"Select the layout in which items are displayed in your Store"(选择展示所有在线产品的方式)界面中,可以通过"List"(列表式)和"Gallery"(平铺式)两种方式来展示店铺中的在线产品,如图 7-29所示。建议卖家尽量用"Gallery"(平铺式)来展示所有在线产品,境外买家更喜欢这种方式。

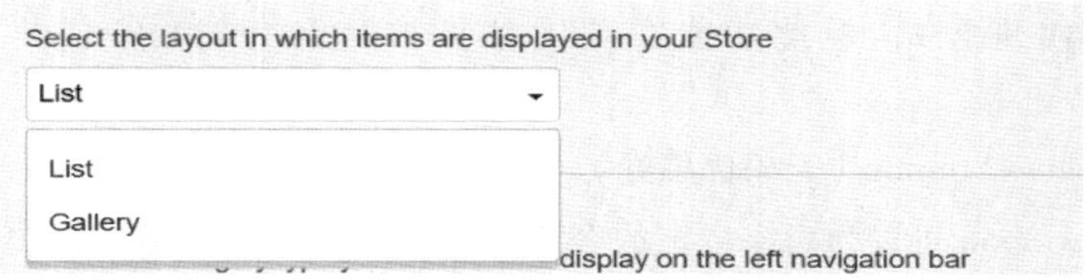

图 7-29 选择展示所有在线产品的方式界面

(8)在"Category type"(分类类别设置)界面中,显示在左侧导航栏的分类可以选择 eBay 分类和店铺分类两种方式,如图 7-30 所示。全部填好后,点击右下角的"Publish"按钮即可。这样店铺装修就完成了。

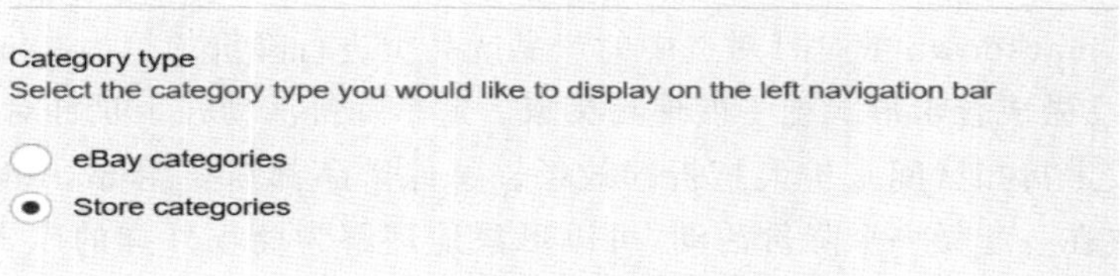

图 7-30 分类类别设置界面

第四节　店铺促销活动设置

卖家在店铺中刊登了产品之后，还需要设置各种促销活动来提升销售额。

一、店铺促销设置路径

按照是否通过 Seller Hub，到达店铺促销“Create a promotion”（创建促销活动）界面的路径分为以下两种。

（1）无 Seller Hub 路径：“My eBay”—“Account”—“Manage my store”—“Manage promotions”—“Create a promotion”。

（2）Seller Hub 路径：“My eBay”—“Marketing”—“Promotions”—“Create a promotion”。

二、店铺促销类型

以美国站为例，eBay 上的促销活动有以下五种类型。

（一）Order discount（订单折扣）

基于买家订单的金额或采购数量提供一定的折扣，这种促销方式卖家认可度最高，使用比较广泛。

（二）Volume pricing（批量购买折扣）

批量购买折扣可为购买多件产品的买家提供分层折扣，改进后的产品处理界面会使买家能更方便地批量购买产品，卖家也因此能够节省运费，从而可同时改善卖家和买家体验。批量购买折扣使买家在购买同一产品的时候，选择不同数量时会享受不一样的价格折扣。目前批量购买折扣功能支持美国站、英国站、德国站、澳大利亚站、意大利站、法国站和西班牙站，但此功能在英国站点被命名为“Multi-buy”而非“Volume pricing”。

（三）Codeless coupon（无码优惠券）

Codeless coupon 可以为卖家特定的客户群设置一个专属的虚拟折扣券。这是一种卖家通过发券鼓励买家购买更多产品，同时给予买家折扣的促销方式。设置 Codeless coupon 重要的一点是只有收到 Coupon URL（优惠券链接）的买家才能享受折扣，其他的买家通过常规搜索浏览是无法看到这个折扣设置的。因此，这种促销方式常被用于给一些复购率高的买家或者店铺 VIP 定期发送专属的优惠及邮件营销。

（四）Sale event ＋ markdown（降价活动）

简单说来，markdown 就是针对选中的产品或品类进行降价的行为。Sale event，就是把所有打折产品做成合辑形式统一展现给买家。这个降价活动并不是针对产品具体的折扣设置，而是设定折扣区间来扩大打折的效果。每件产品都需要用 markdown 先单独做好打折，然后放在一起做一个降价活动，可以形象地理解为商场外挂的广告，如最低 3 折起，而商场内的产品折扣可以是 4 折或者 5 折。

（五）Shipping discount（运费折扣）

当买家购买达到一定金额或者数量时，可获得运费折扣或者物流服务的升级。当买家对于得到产品有迫切需求，而卖家又提供了更快速的物流选项时，可以让买家增加单次购买量来获得更快速的物流服务。

三、店铺促销活动设置

（一）订单折扣设置

订单折扣设置具体步骤如下。

(1)在“Create a promotion”下拉菜单中点击“Order discount”，可以看到完整的设置界面，如图 7-31 所示。

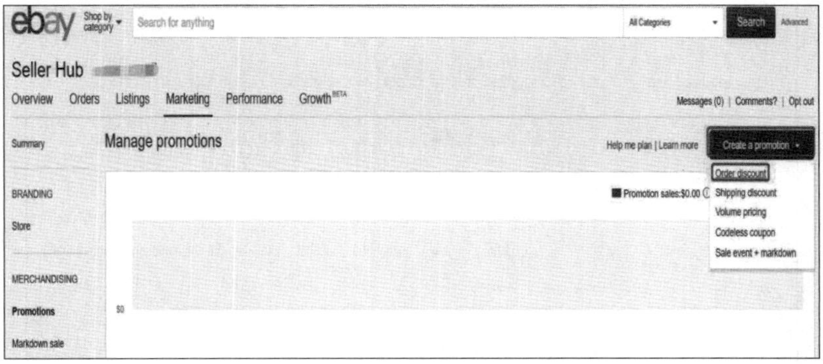

图 7-31 订单折扣设置界面

(2)在“Select offer type”中根据自己的需要选择想要进行促销的产品分类，在“What do you want to do”中选择此次促销的目的，比如新品推广、吸引买家眼球、处理库存等，如图 7-32 所示。eBay 后台会根据卖家设置的活动目的推荐使用相应的促销工具，假设卖家选择的活动目的是“新品介绍”，则在“Promotions Manager”中会提供类似“Quantity”的促销工具。设置完成后，eBay 会根据卖家选择的产品分类及活动目的推荐具体的活动方案。当然，若推荐的方案不符合卖家的需求，则可以点击“Reset to see all offer types”进行手动重置。

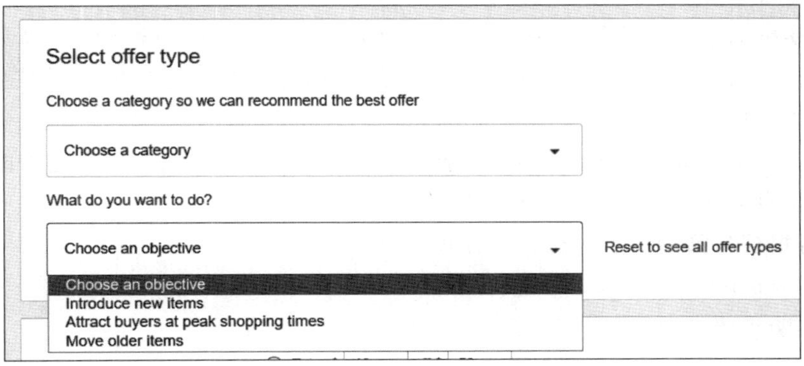

图 7-32 选择想要进行促销的产品分类和此次促销目的的界面

(3)当卖家进行手动设置时,要了解活动共有“Spend”“Quantity”“Buy one,get one”“No minimum purchase”四种选择,如图 7-33 所示。

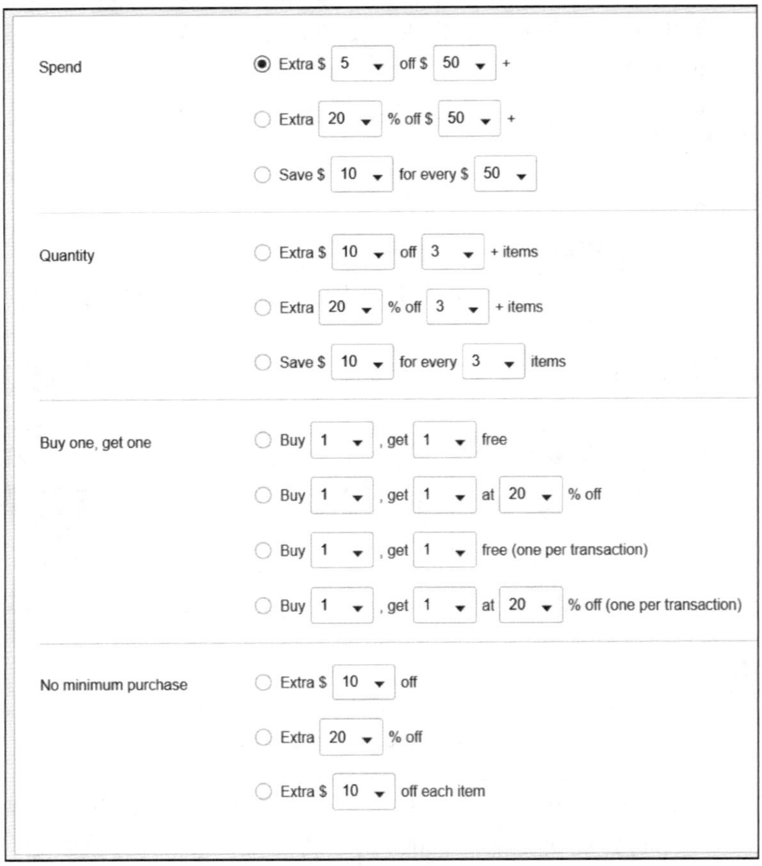

图 7-33 活动方式及金额的选择界面

①“Spend”是一种“满立减”类型的促销活动,包括三种形式:满多少金额减多少金额,满多少金额后享受多少百分比的折扣,每满多少金额减多少金额。

②“Quantity”是另一种形式的“满立减”活动,包括三种形式:买满多少件减多少金额;买满多少件享受多少百分比的折扣;每买满多少件减多少金额。

③“Buy one, get one”是一种“买就送”形式的折扣,包括四种形式(以买一送一举例):买一送一;买一件,另外一件享受多少百分比的折扣;买一送一(每一单仅使用一次);买一件,另外一件享受多少百分比的折扣(每一单仅使用一次)。

④“No minimum purchase”的促销活动,包括三种形式:买 1 个或更多时省多少金额,享受多少百分比的折扣,单件产品减多少金额的折扣。

卖家可根据自己的需求进行活动方式及金额的选择。

下面用“Spend”来举例,如果选择“Extra $5 off when you spend $50”,这就意味着当买家一次购买此类产品达到 50 美元时,就会立减 5 美元。

(4)当所有规则都设定好了之后,点击"Select items"按钮进入下一步,选择参加促销的 Listing。有两种方式来选择 Listing,第一种"Select items"是手动选择,直接进入 Listing 界面或者通过输入产品 ID、SKU 进行选品,最多可选 500 件产品。第二种"Create rules"是通过 eBay 类目或者店铺分类及库存状态等创建活动规则来选取 Listing,只要是满足规则的某个分类的 Listing 都将被允许参加活动,即使这条 Listing 是在创建订单折扣活动成功之后才新刊登的。

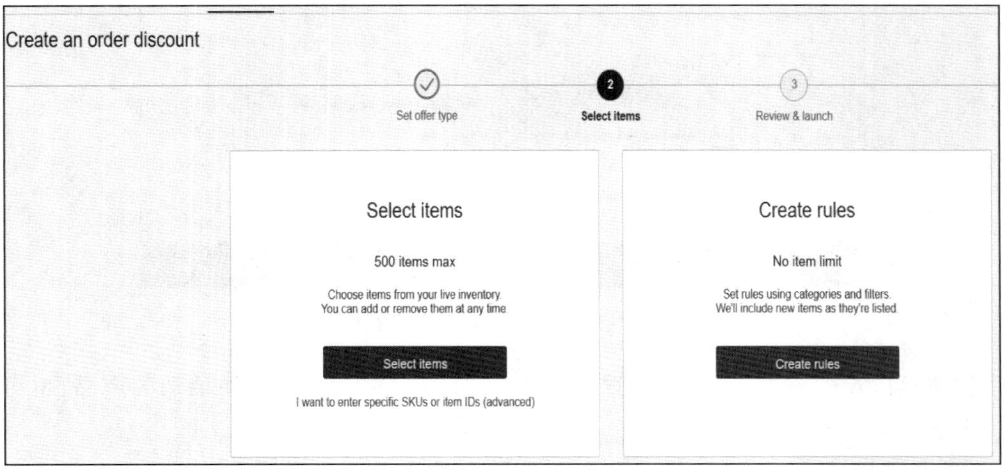

图 7-34　选择参加活动 Listing 的方式

下面以手动选择来举例,手动选择上限为 500 条 Listing。点击"Select items"进入到编辑界面后,在界面上方选择产品分类或者输入价格范围来选择 Listing,或者直接输入产品标题进行搜索选择,如图 7-35 所示。

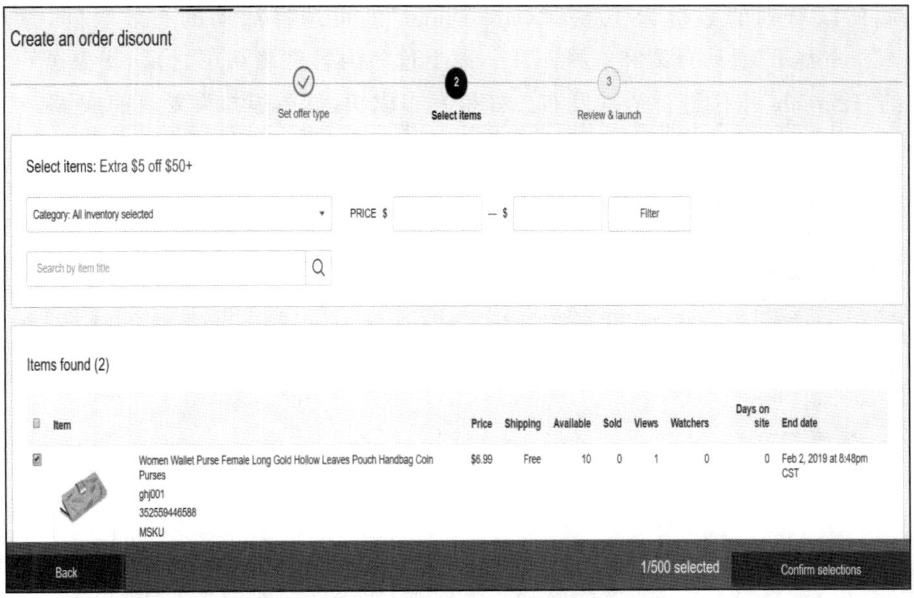

图 7-35　"Select items"界面

当然，也可以通过在下方 Listing 列表中手动勾选想要参加活动的 Listing 加入该活动。以其中某个 Listing 为例，勾选后，点击“Confirm selections”，进入“Confirm items”界面，如图 7-36 所示。

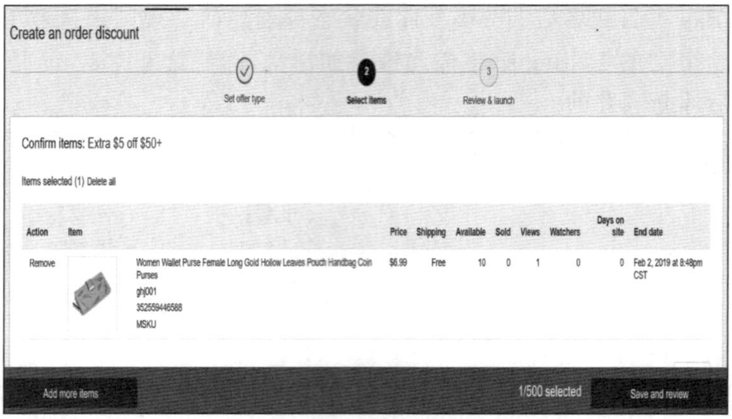

图 7-36 “Confirm items”界面

卖家可以点击该界面左下角的“Add more items”继续选择参加活动的产品，也可以点击右下角的“Save and review”进入到下一个检查步骤。

(5)点击“Save and review”后，进入到“Review and Launch”界面，如图 7-37 所示。在此界面中，卖家可以对活动的名称、类型、活动时间进行检查及修改。同时，卖家可在“Offer name”处给本次活动取一个名字，主要是为了方便卖家编辑和修改，这个活动名称仅对卖家展示，不会对买家展示。然后，在“Offer type”处确认活动类型，也可以进行修改。在“Items”处，可以看到参加该活动的 Listing 条数。在此案例中，由于卖家只选择了1 个产品，所以看到的数量为 1。在“Date range”处可选择活动的有效时间，然后确认“Offer description”活动介绍和选择图片。以上这些内容都确认了之后，卖家就可以点击右下角的“Launch”按钮进行活动发布。如果发布成功，订单折扣设置就完成了。

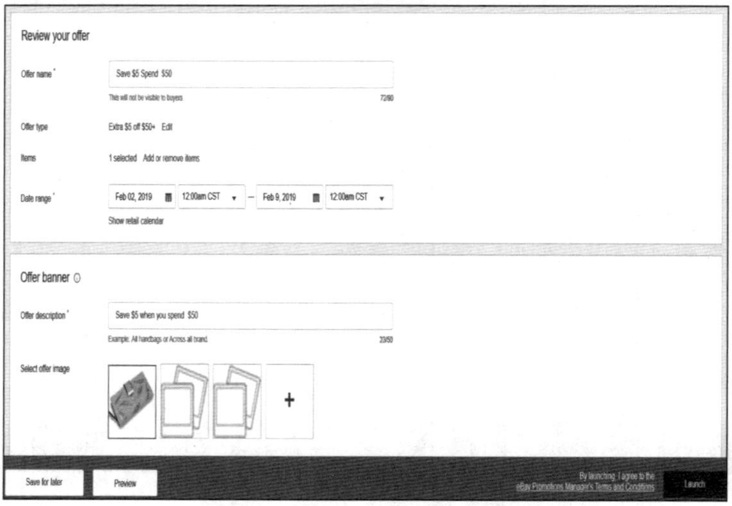

图 7-37 “Review and Launch”界面

（二）批量购买折扣设置

批量购买折扣设置具体步骤如下。

（1）在“Create a promotion”下拉菜单中点击“Volume pricing”后，可以看到完整的设置界面。

（2）卖家按照自己的意愿进行折扣设置，依次填写优惠名称、批量购买折扣、活动起止时间，如图 7-38 所示。

订单折扣设置注意事项

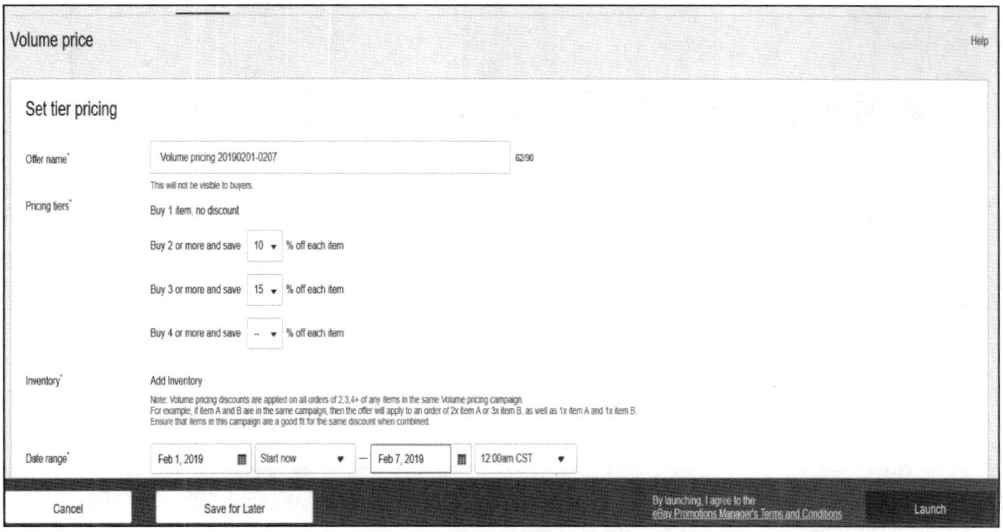

图 7-38　批量折扣设置设置界面

（3）点击“Add Inventory”，进入“Create volume pricing”界面，可以进行手动选择和创建规则选择，如图 7-39 所示。下面以手动选择为例。

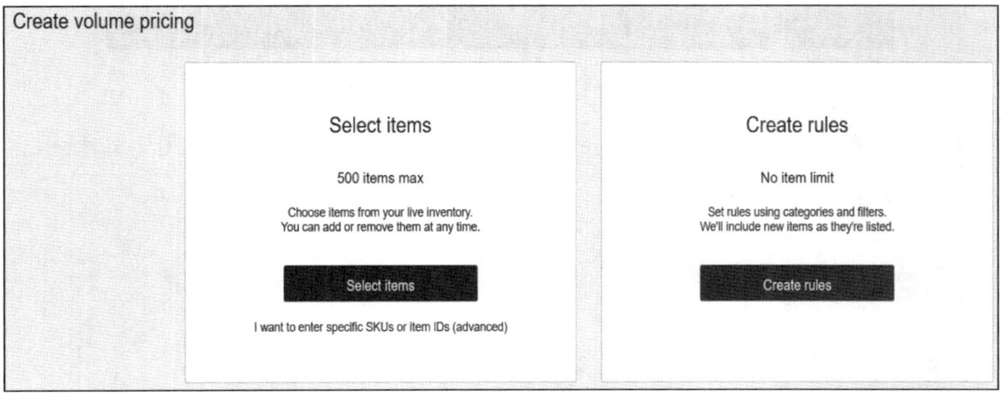

图 7-39　“Create volume pricing”界面

（4）点击“Select items”手动选择 Listing，在准备参与活动的 Listing 前打勾，如图 7-40 所示。

图 7-40 “手动选择 Listing”界面

(5)点击右下角的“Confirm selections”按钮进行确认，进入“Confirm items”界面，如图 7-41 所示。可以点击左下角的“Add more items”添加更多的 Listing 参加活动，上限为 500 条。

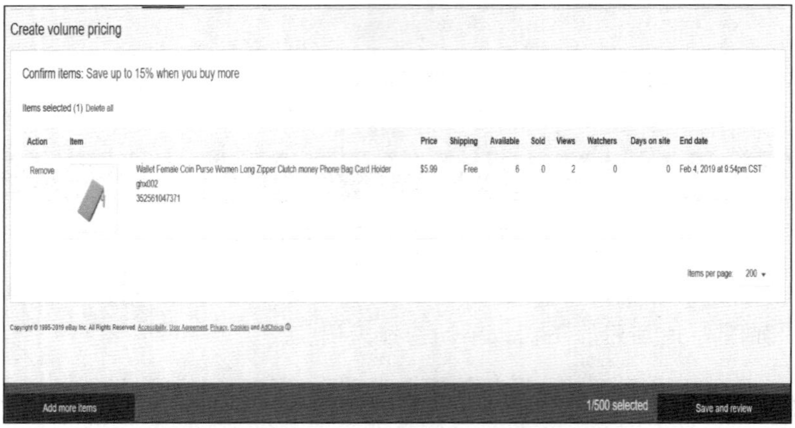

图 7-41 “Confirm items”界面

(6)点击右下角的“Save and review”按钮，进入下一步检查步骤，如图 7-42 所示。

图 7-42 “检查”界面

(7)核对无误后,点击右下角的"Launch"发布按钮,发布成功后,批量购买折扣设置就完成了。

小提示

(1)批量购买折扣可用于任一固价的 Listing,适合重复使用的高频性产品,但对于数量为 1 的固价 Listing 不会有此功能。

(2)批量购买折扣是以百分比的形式设置的。在设置时至少需要设置一个层级的折扣,也可以设置三个层级,但不可以跳跃式地设置层级折扣。比如设置完买 2 个的折扣后只能继续设置买 3 个的折扣,而不能跳跃至买 4 个及以上的折扣。

(三)无码优惠券设置

无码优惠券设置的具体步骤如下。

(1)在"Create a promotion"下拉菜单中点击"Codeless coupon"后,可以看到完整的设置界面。首先设置优惠条件和折扣,如图 7-43 所示,具体形式有以下 5 种:①订单金额满减,比如满 \$ 50 减 \$ 5;②订单金额满折,比如满 \$ 50 减 10%;③数量促销的满减,比如满 3 件减 \$ 5;④数量促销的满折,比如满 3 件减 10%;⑤数量促销的满送,比如买 3 件送一件。下面以订单金额满 \$ 50 减 \$ 5 为例来进行讲解。在"Select minimum purchase amount"最低消费金额中选择 \$ 50,"Purchase discount"优惠金额选择 \$ 5。

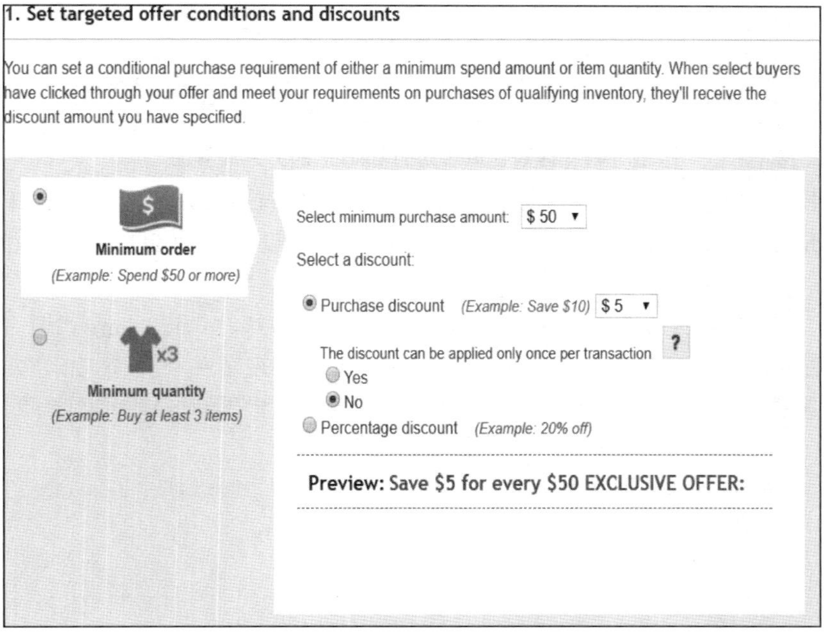

图 7-43 设置优惠条件和折扣界面

(2)选取参加活动的 Listing 的方式,如图 7-44 所示,设定参加活动的方式一共有以下三种。

①自定义规则方式。可以选择创建包含规则和排除规则,尽量用包含规则来选 Listing。包含规则有 3 种情况:第一,店铺所有 Listing 均打折,选取"Whole store(All inventory)"即可;第二,按照 eBay 分类选取产品进行折扣,则选取"eBay category"即可;第三,按照店铺分类选取 Listing,则选择"My store category"即可。

②根据 SKU 来选取 Listing。用卖家自己设置的 SKU 来选目标产品,选取的数量不能超过 500 个 Listing。

③根据 Item ID 选取 Listing。每刊登一个产品,eBay 会分一个对应的产品编号。直接输入需做活动产品的编号即可。

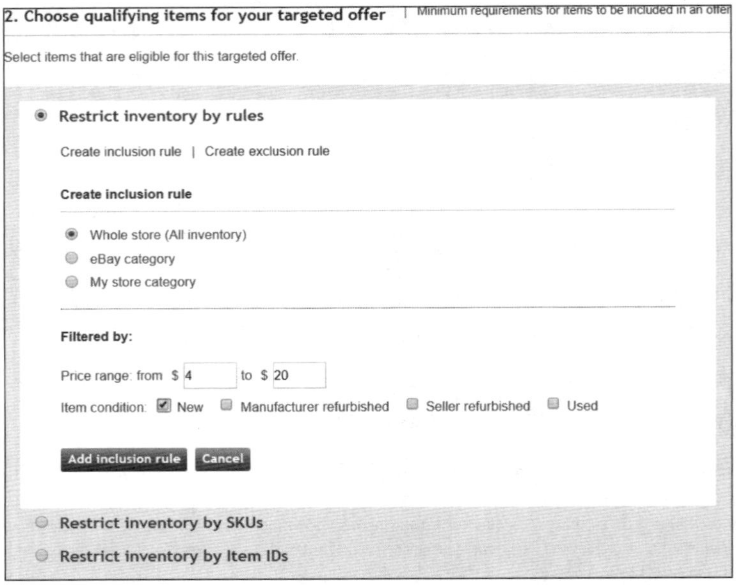

图 7-44 选取参加活动的 Listing 的方式的界面

这三种方式均可在此基础上增加其他的条件,如"Price range"(价格范围)的设定、"Item condition"(产品状态)的选择等。通过这种规则设定参加活动的产品相对逻辑简单清晰。

例如,自定义规则选取"Whole store(All inventory)","Price range"填 \$4~\$20,"Item condition"选"New",点击"Add inclusion rule",出现下一个界面,如图 7-45 所示。

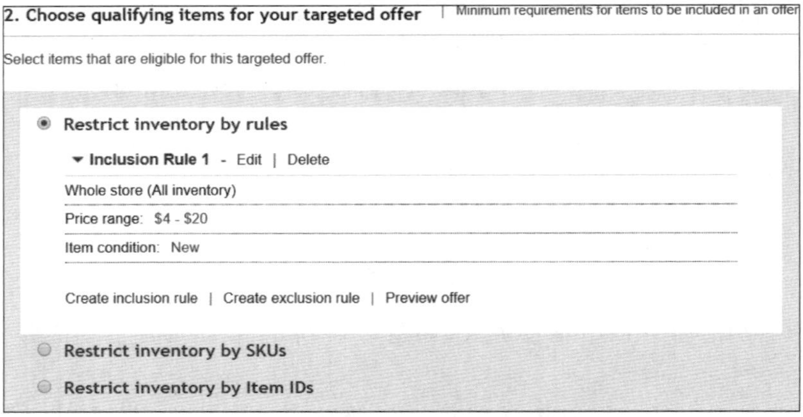

图 7-45 "自定义规则选取"界面

(3)设置活动描述,如图 7-46 所示。

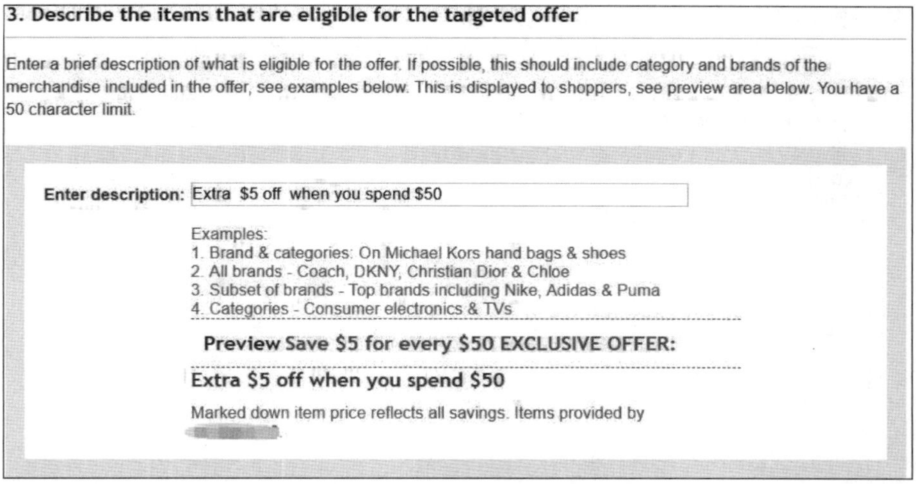

图 7-46　设置活动描述界面

(4)设置活动的标题和开始结束时间,如图 7-47 所示,点击左下角的“Submit”提交。

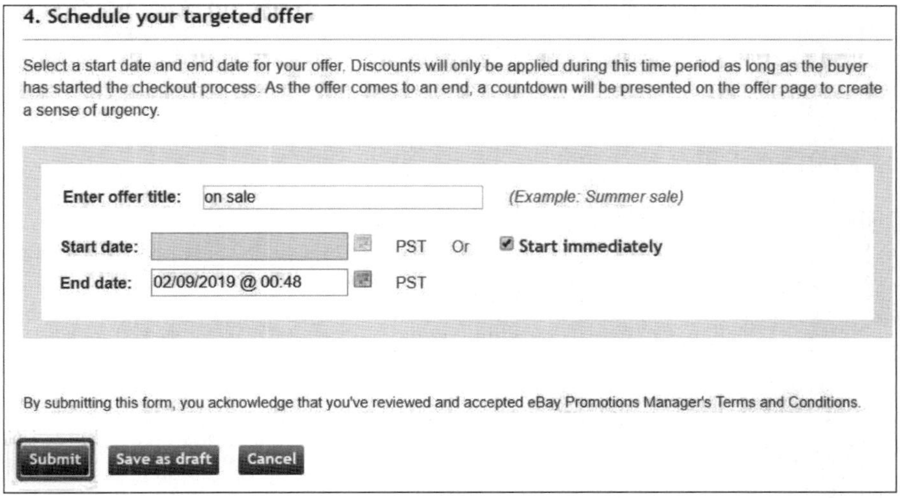

图 7-47　设置活动的标题和开始结束时间的界面

(5)找到刚才做活动的 Listing,在“Action”下拉菜单中点击“View”,如图 7-48 所示,进入下一个界面。

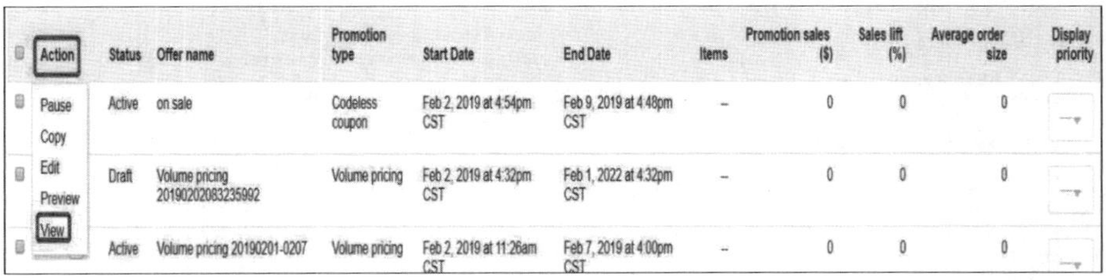

图 7-48　“Action”下拉菜单中的“View”选项

(6)生成优惠券的“Offer link”并发送 URL 给特定的买家，如图 7-49 所示。拿到该优惠链接的买家，通过该链接进入，即可享受到优惠。

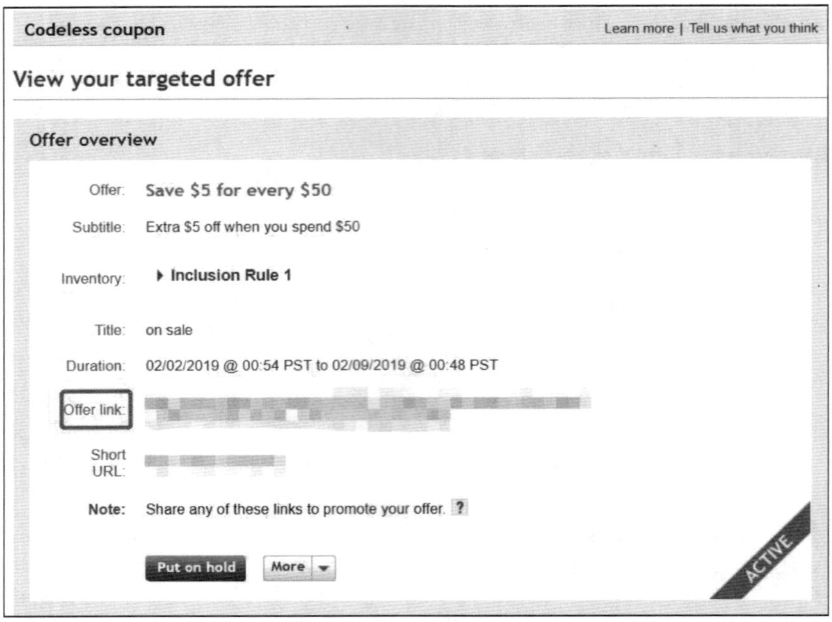

图 7-49 生成优惠券的“Offer link”的界面

(四)降价活动设置

无码优惠券注意事项

降价活动设置具体步骤如下。

(1)在“Create a promotion”下拉菜单中点击“Sale event + markdown”按钮后，可以看到完整的设置界面。

(2)进入到“Create a sale event”(创建一个销售活动)界面，如图 7-50 所示。

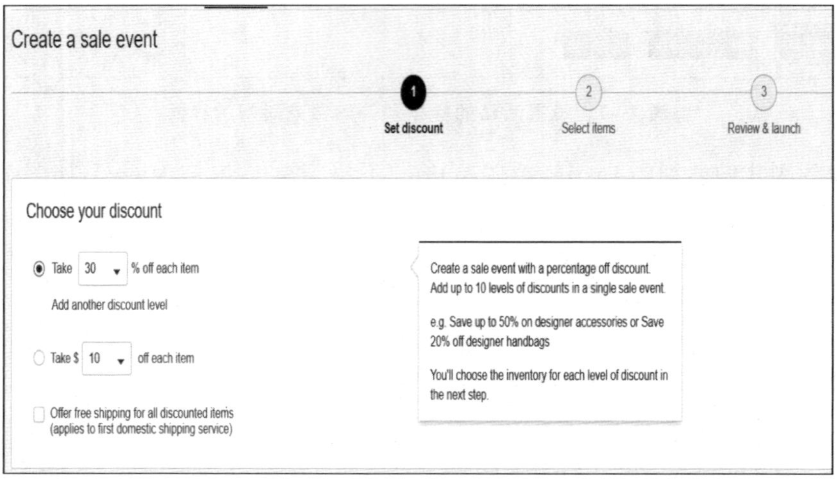

图 7-50 “Create a sale event”界面

在这个界面中卖家可以选择折扣的形式为折扣的百分比或者金额。折扣形式有两种，第一种是每个产品以折扣百分比的形式促销，对于一个单一的"Sale event"（销售活动）可同时设置10个等级的折扣，折扣的范围为5%～80%，但是一旦选择5%～9%的折扣，就无法再增加其他级别的折扣。第二种折扣形式指的是每个产品减金额的促销。

以设置打折折扣为例，点击"Add another discount level"设置3个层次的折扣，这里分别以10% off、20% off、30% off为例，如图7-51所示。

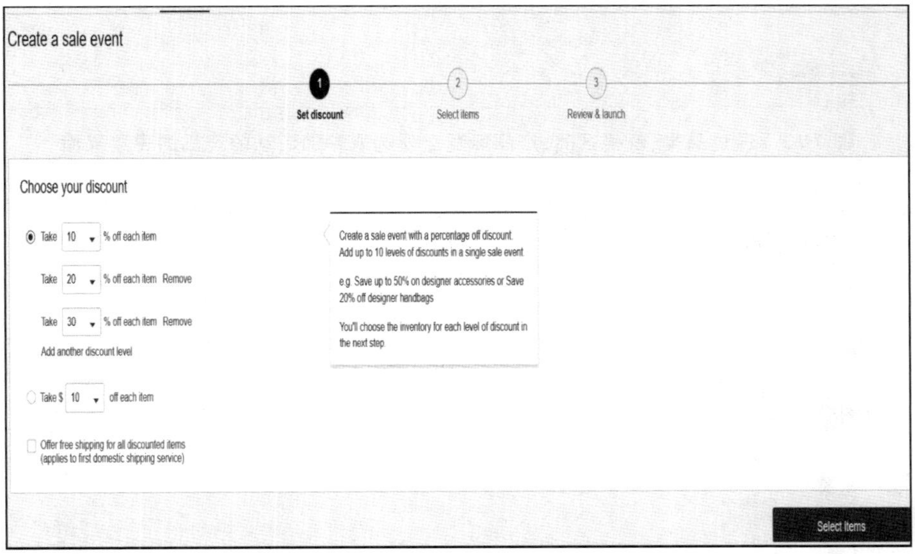

图7-51 选择折扣的形式界面

（3）设置完成后点击右下角的"Select items"（选择产品），进入到下一个界面，如图7-52所示。产品选择有两种方式：手动选择（每次促销上限500个）和创建规则（每次促销上限10000个）。这里以手动选择进行讲解。

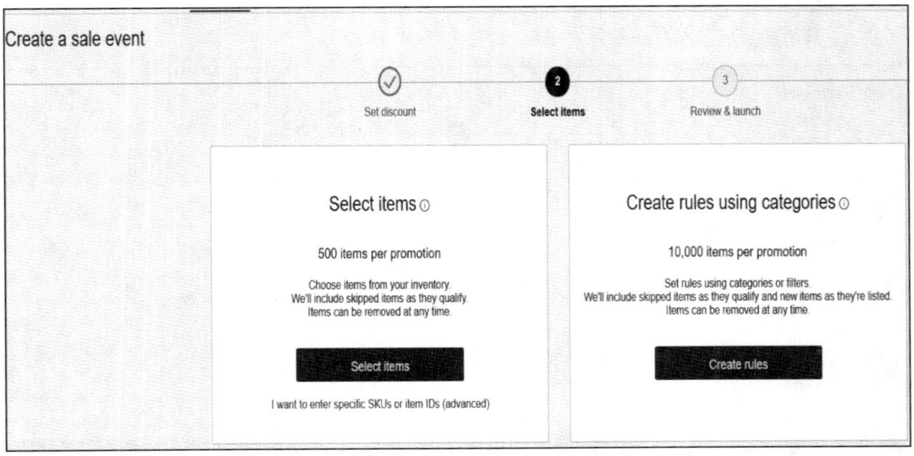

图7-52 Items选择方式界面

(4)点击“Select Items”进入下一个界面。首先可以通过品类、价格区间、产品标题这些选项选取参加活动的 item,如图 7-53 所示。

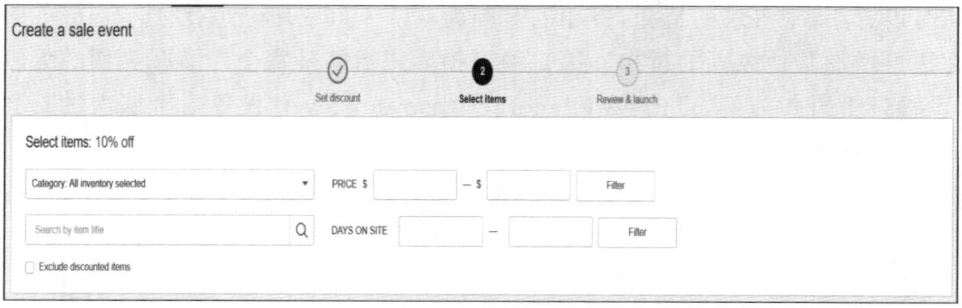

图 7-53　通过品类、价格区间、产品标题选项选取参加活动的产品的设置界面

也可以在“Items found”(产品选择)界面中手动选取参加活动的 Listing,如图 7-54 所示。选择完成后点击右下角“Confirm selections”(确认选项),进入下一个界面。

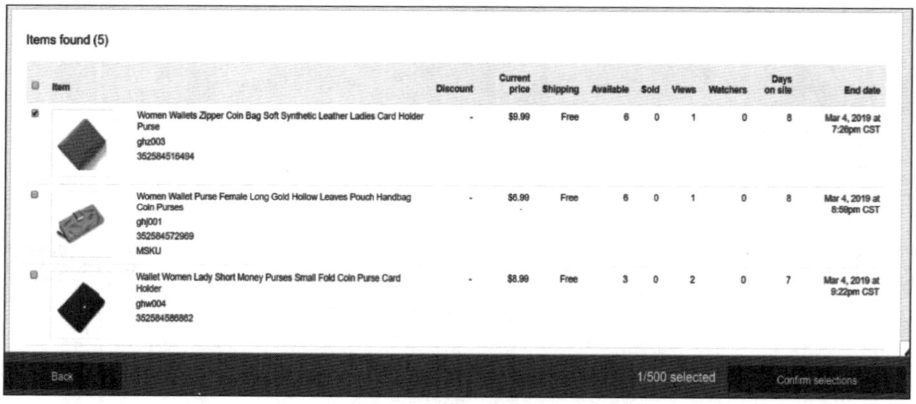

图 7-54　“手动选取参加活动的 Listing”界面

进入到“Confirm your selections”界面,如图 7-55 所示。确认后点击“Save and review”(保存并检查)进入下一个界面。

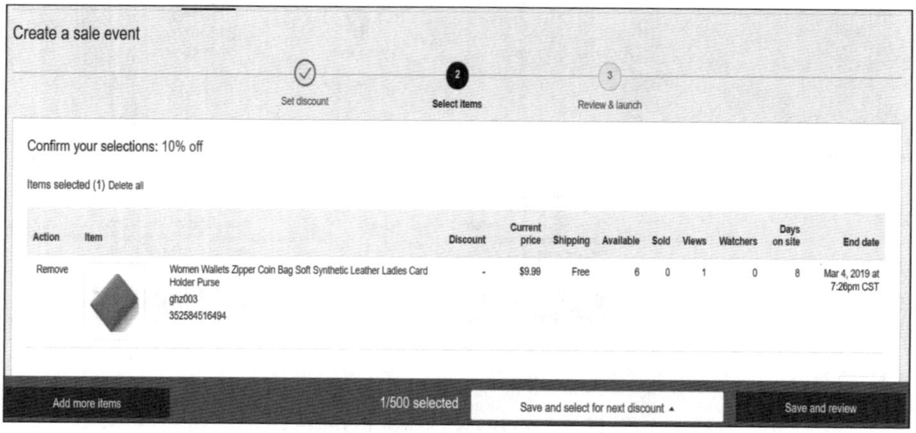

图 7-55　“Confirm your selections”界面

(5)进入到“Review your sale event”(检查你的销售活动)界面,填写事件名称和选择活动时间,如图 7-56 所示。若设置了几个等级的折扣,则需要分别选取参加这些活动的 Listing,点击“Add items”添加 Listing。

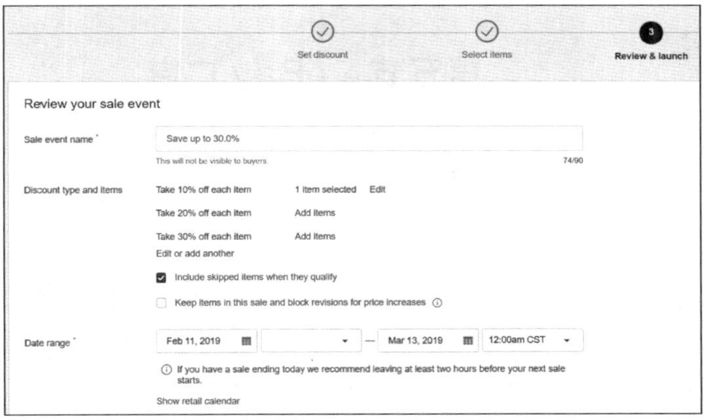

图 7-56 “Review your sale event”界面

(6)填好后的界面如图 7-57 所示,再填写活动描述,选择图片及活动展示首图并预览活动标题。然后检查活动的折扣及对应的产品数量、活动的有效时间、活动描述、图片等,最后点击右下角的“Launch”,Sale event 就创建完成了,如图 7-58 所示。

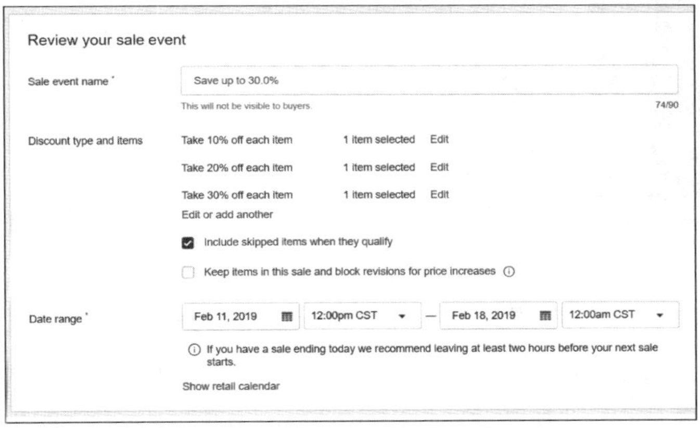

图 7-57 “Review your sale event”填写完成界面

图 7-58 降价活动创建完成的界面

Sale event+markdown
设置注意事项

（五）运费折扣设置

运费折扣设置可扫描相关二维码了解详细信息。

Shipping discount
运费折扣设置

【思考题】 店铺促销活动有哪些？

第五节 eBay 广告

一、Promoted Listings（促销刊登）

（一）Promoted Listings 概述

eBay 推出的 Promoted Listings 工具作为平台的营销推广利器，可让卖家所售卖的产品获得更大的曝光。它能让卖家的 Listing 有更多机会展现在更多的买家面前，使更多买家更快地找到需要的 Listing。同时，只有对使用了 Promoted Listings 版位而售卖出的产品才会收取相应的广告费。目前，Promoted Listings 功能将向所有账户状态合格的卖家开放，包括尚未开设 eBay 店铺的卖家。

那么，如何识别出设置了 Promoted Listings 的产品呢？如图 7-59 所示，带有"SPONSORED"字样的产品即为参加 Promoted Listings 活动的 Listing。

图 7-59 参加 Promoted Listings 活动的 Listing 示例

一旦参加了 Promoted Listing 活动，当买家在电脑端或手机端进行搜索时，Listing 会被推广出现在特定的一些版位，比如 Home page（主页）、Search result page（搜索结果页）、View item page（产品页面）。

（二） Promoted Listings 设置

创建 Promoted Listings 活动的具体步骤如下。

（1）进入"Seller Hub"界面，在"Marketing"下拉菜单中点击"Promoted Listings"，如图 7-60所示。

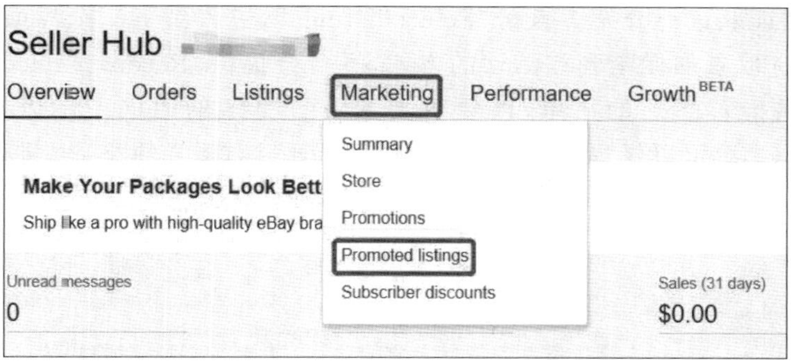

图 7-60 "Marketing"子菜单界面

(2)进入到"Promoted listings"界面,如图 7-61 所示。点击"Create your first campaign"(创建第一次活动),进入下一界面。

(3)进入选择创建活动的两种方式的界面。卖家可以看到创建 campaign 的两种方式:"Select listings individually"(手动选取)和"Select listings in bulk"(批量设置),如图 7-62所示。

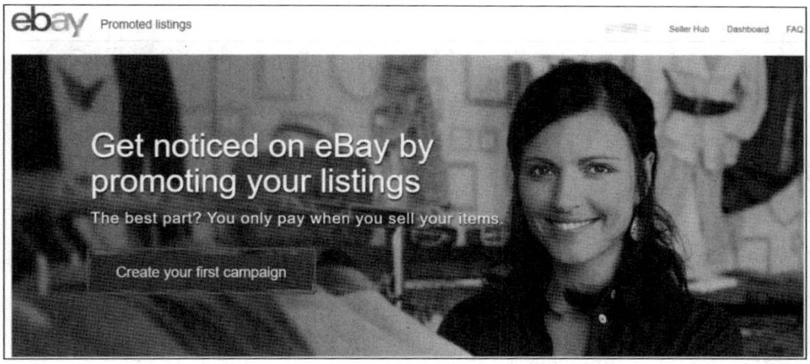

图 7-61 "Promoted listings"界面

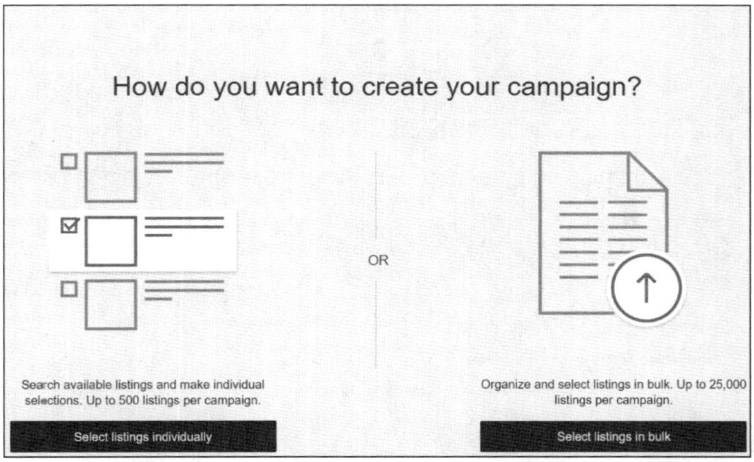

图 7-62 选择创建活动的两种方式的界面

(4)以手动选取进行介绍。点击“Select listings”，进入到下一个界面，如图 7-63 所示。对于单独选取参加促销刊登活动的方式，平台会提供“Recommended listings”的选项，为卖家提供推荐参加的清单，以便于卖家节省更多的时间。左边导航栏为选取 Listing 的方式，卖家可以任意选择。选择完成后可通过右上方的“Sort”进行排序。

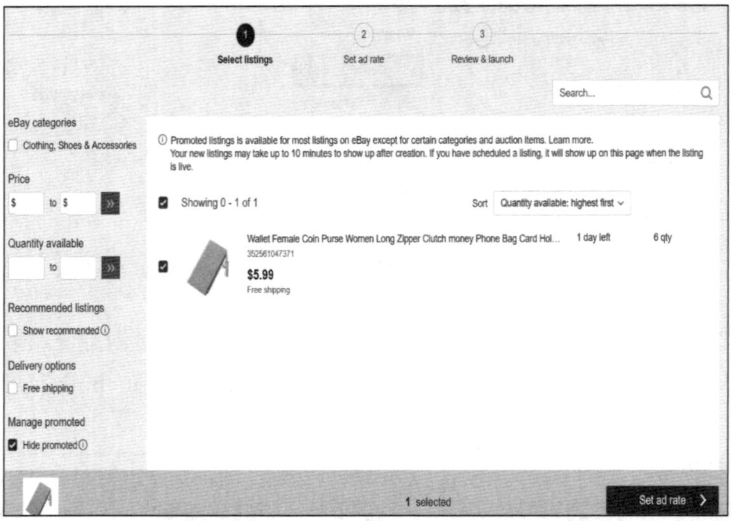

图 7-63 手动选取参加活动的 Listing 的界面

(5)选择 Listing 完成后，点击“Set ad rate”进入到广告费用设置界面，如图 7-64 所示。卖家可以统一对整个付费广告活动或选取任一 Listing 进行广告费率的设置，费率范围从产品售价的 1%起，此处产品售价不含税费和物流费用。在界面右上角有个“Apply trending rates”的按钮，这个比率是平台对于所选取的 Listing 给予的一个推荐的广告费百分比，这也是同类目下目前市场上卖家设置的平均推广费率。一旦使用了这个按钮，单个 Listing 的广告费就会自动出现一个百分比，当然卖家也可以拖动蓝色小圆圈在此基础上进行调整。

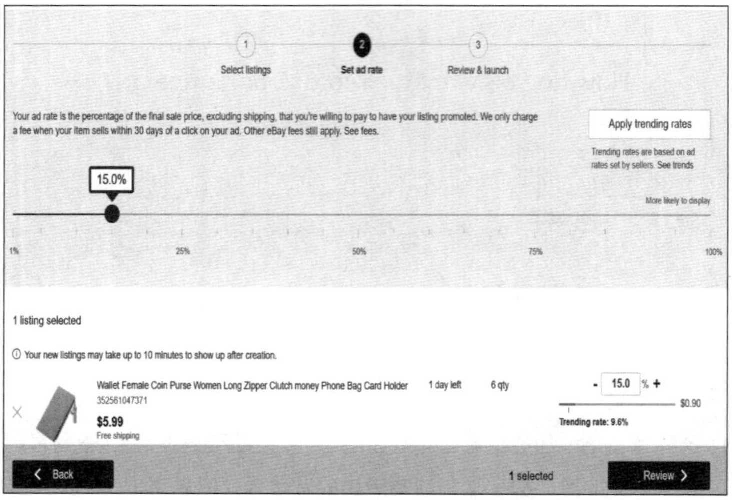

图 7-64 广告费用设置界面

(6)点击"Review"进入下一界面，设置活动名称和时间，如图 7-65 所示。此处的"Campaign name"(活动名称)不会展示给买家。

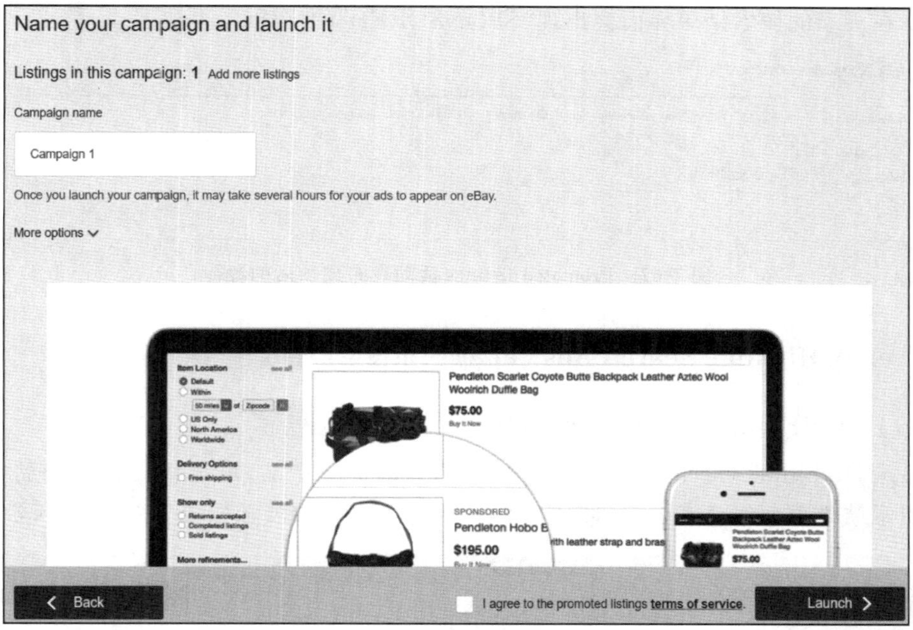

图 7-65 设置活动名称界面

可以看到命名下方有个"More option"(更多选项)的标识，点击后会出现活动的开始和结束时间，卖家可以根据需要进行时间设置，如图 7-66 所示。

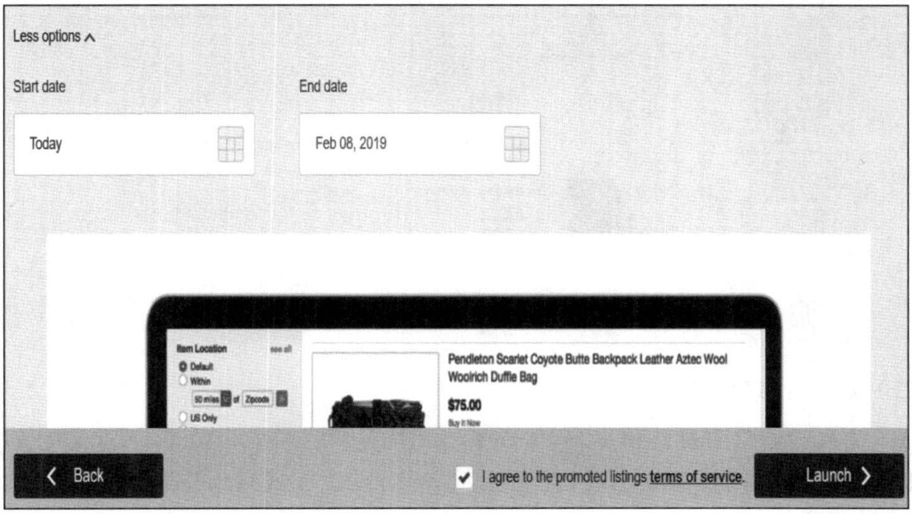

图 7-66 设置活动时间界面

Promoted listings
常见问题

(7)在“I agree to the promoted listings terms of service”(我同意促销产品服务条款)前面的方框内打钩,并点击右下角的“launch”发布,发布成功后如图 7-67 所示。同时,Listing 在买家的搜索结果界面会出现“SPONSORED”的字样。

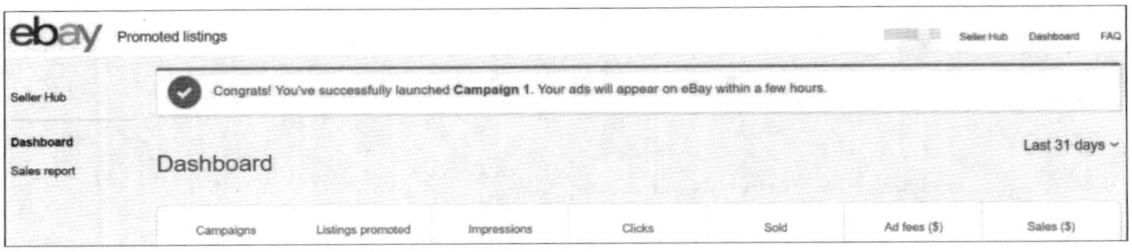

图 7-67　Promoted listings 活动发布成功后的界面

二、eBay Highline Search Ads(eBay 头条搜索广告)

(一) eBay Highline Search Ads 定义

eBay Highline Search Ads 是具有高影响力的广告产品,可以将卖家的产品展示在 eBay 搜索结果界面的显著位置,即搜索结果上方,在 PC 端展示位置如图 7-68 所示 。

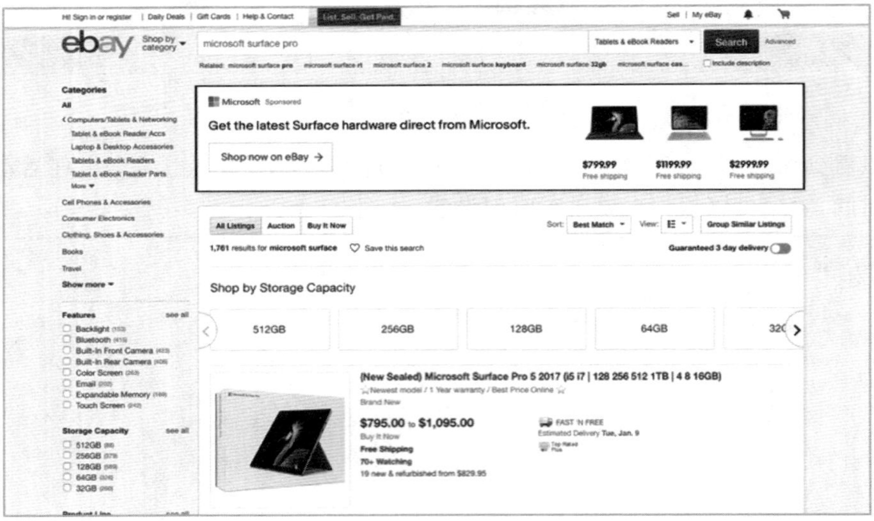

图 7-68　eBay 头条搜索广告 PC 端展示位置

(二) eBay 头条搜索广告优势

eBay 头条搜索广告优势很多,具体如下。

(1)广告上线时间仅需 6 小时,无须人工审核,设置完成后,广告可在 6 小时内自动上线。

(2)只需为广告获得点击而支付费用,广告的单次点击竞价是卖家愿意为该广告单次点击所支付的最高出价。

(3)14 天广告销售额评估,广告产生的销售额将根据 14 天内产生的有效购买进行计算。

(4)系统智能投放关键词,eBay 为卖家自动投放并优化关键词,省心省力。

(5)实时报告,提供实时广告数据,供卖家分析参考,使卖家可以及时调整广告策略。

(三)创建 eBay 头条搜索广告活动路径

创建 eBay 头条搜索广告活动有以下两种路径可供选择。

(1)路径一

登录"Seller Hub",点击"Marketing"选项卡,从左侧导航栏选择"Highline Search Ads",点击"Create Campaign"。

(2)路径二

直接进入点击网址 https://www.ebay.com/sh/hsa/。

(四)创建 eBay 头条搜索广告活动步骤

创建 eBay 头条搜索广告活动的具体步骤如下。

(1)卖家选择 3~10 款产品设置。卖家选择产品分类,然后选择参加活动的产品,如图 7-69所示。

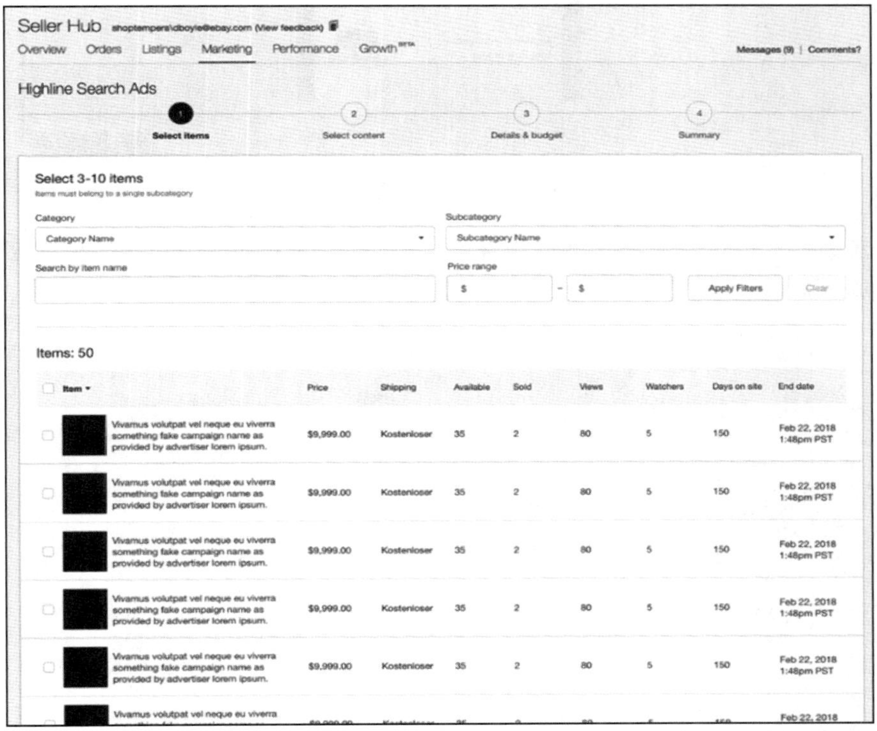

图 7-69 选择参加活动的产品界面

(2)根据模板设置文案。卖家从模板中选择文案内容并设置自己的文案(注意字数限制),如图 7-70 所示。点击"Next Details & budget"(下一步细节与预算)进入下一界面。

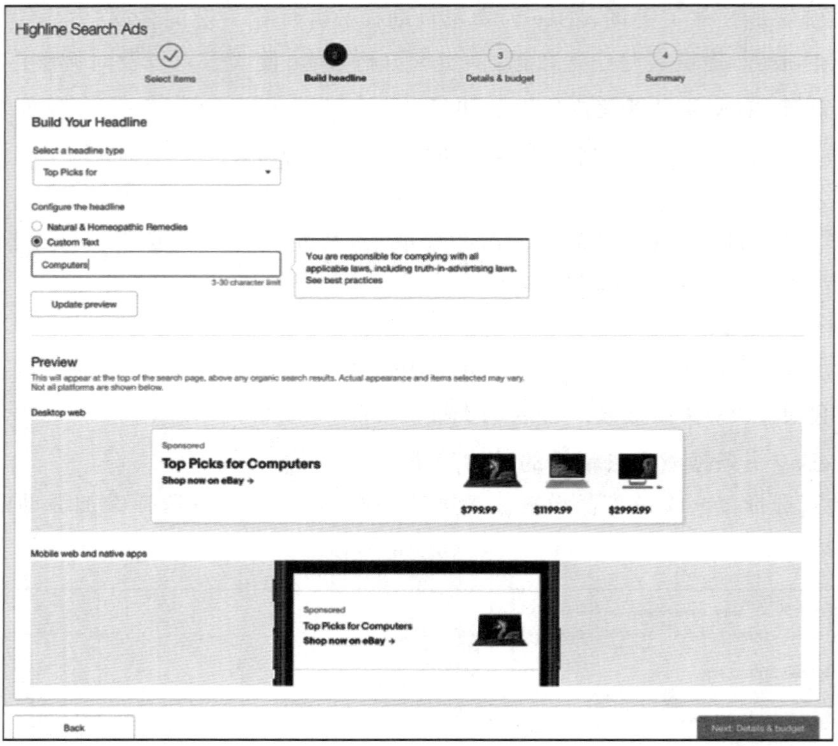

图 7-70 “根据模板设置文案”界面

(3)活动基本设置。选择活动开始及结束时间、卖家设置预算、CPC 及花费频率,如图 7-71 所示。

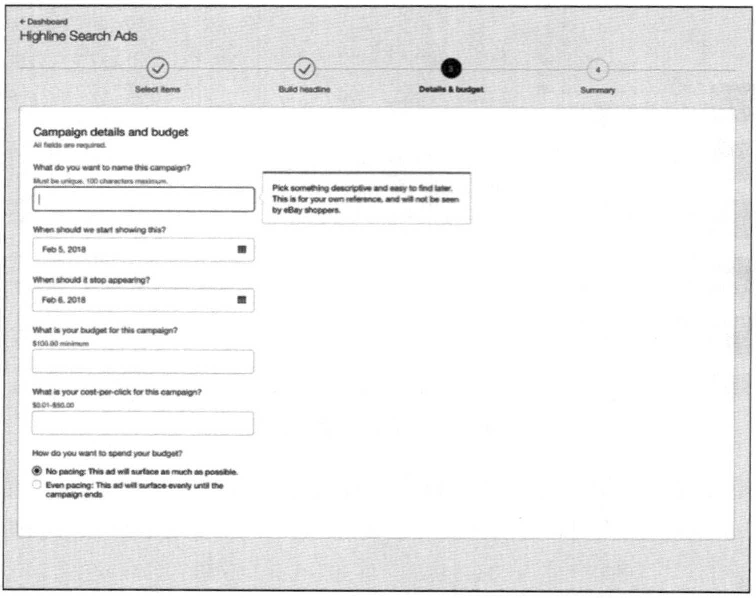

图 7-71 活动基本设置界面

(4)卖家确认活动设置细节，确认活动条款，点击“Save and Launch”上线活动，如图 7-72所示。此广告将于 24 小时之内上线。

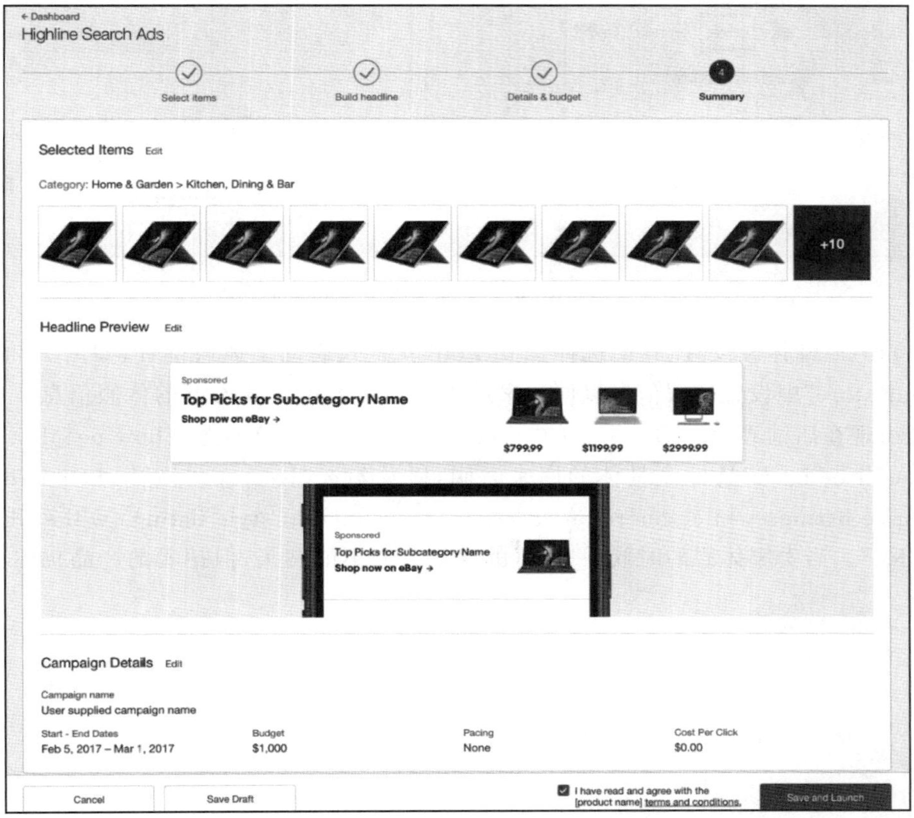

图 7-72 卖家确认活动设置细节界面

【思考题】 Promoted Listings 广告如何收费？

第六节 店铺休假设置

店铺休假设置注意事项

一、店铺休假设置的目的

如果卖家需要有一段休假的时间，但又不希望把店铺 Listing 全部下架，在这种情况下建议卖家可以进行店铺休假的设置。若卖家不进行这个设置，就可能会出现因买家购买产品后长时间等待收货而带来的差评风险。

二、店铺休假设置的步骤

店铺休假设置的具体步骤如下。

(1)进入“Seller Hub”界面，在“Marketing”下拉菜单中点击“Summary”，如图 7-73 所示。在这个界面下点击右侧“Vacation settings”选项，进入到店铺休假设置界面。

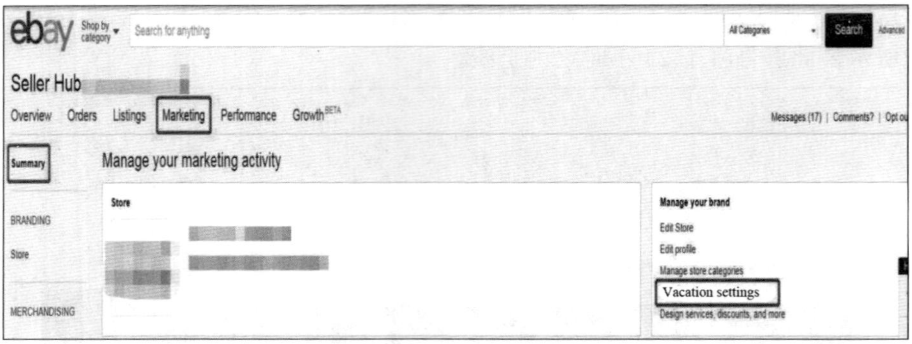

图 7-73 “Marketing”下拉菜单中的“Summary”选项

(2)在“店铺休假设置”界面选择“Turn on”就正式启动了休假设置,如图 7-74 所示。在“Your store”中设置休假信息以便买家进入店铺时便可获知卖家的休假信息。这些信息是会出现在店铺界面上的。下方的“Your Listings”中,建议勾选“Show people the date that you'll be back”且标注具体的回来时间,以及勾选“Keep people from buying your fixed price listings while you're on vacation. Your auction style listings will still run as scheduled”。当卖家休假的时候,一口价的产品买家不能购买,但拍卖的产品仍然按照计划进行。

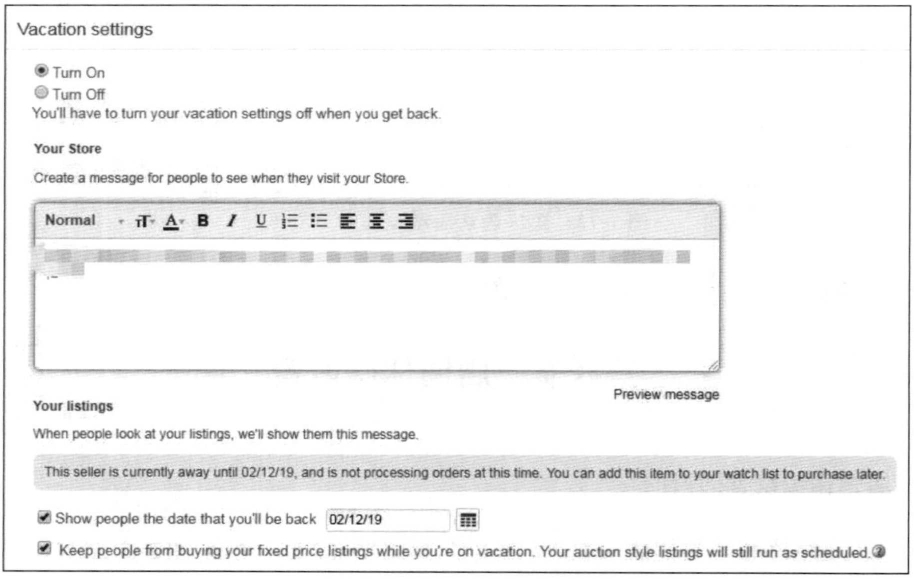

图 7-74 店铺休假设置界面

(3)为了配合店铺休假设置可以设置自动回复邮件功能。点击“Out of office email response”,选择“Turn on”便开启此功能,可设置开始和结束时间,并设定回复内容,如图 7-75所示。这样,卖家于度假期间也能让买家知道这个信息。

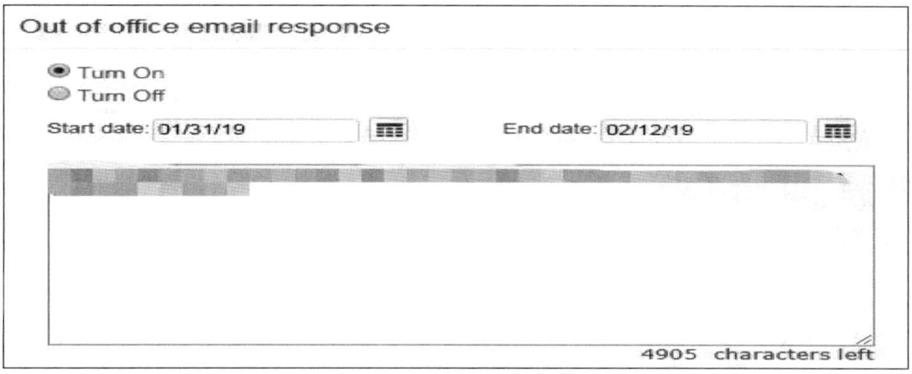

图 7-75　自动回复邮件功能设置界面

(4)点击店铺休假设置界面左下角的“Apply”按钮，即可保存卖家的休假设置，休假设置完成。

小结

1.eBay 店铺是卖家在 eBay 平台上开设的属于自己的店铺，开通 eBay 店铺好处很多。

2.eBay 平台目前提供 5 种店铺订阅套餐，即入门店铺、基础店铺、高级店铺、超级店铺和企业店铺，不同等级的店铺会收取不同的费用。卖家可以根据自己的实际情况，订阅适合自己的店铺。

3.Order discount 是基于买家订单的金额或采购数量提供一定的折扣，这种促销方式卖家认可度最高，使用比较广泛。

4.批量购买折扣是买家在购买同一 Listing 的时候，选择不同数量时会享受不一样的价格折扣。目前批量购买折扣功能支持美国站、英国站、德国站、澳大利亚站、意大利站、法国站和西班牙站，但此功能在英国站点被命名为 Multi-buy 而非 Volume pricing。

5.eBay 推出的 Promoted Listings 工具可让卖家所售卖的产品获得更大的曝光度。只有对通过使用了 Promoted Listings 版位而售卖出的产品才会收取相应的广告费。

思考题

1.为什么要开通 eBay 店铺？

2.eBay 店铺等级有哪些？

3.eBay 店铺促销类型有哪些？

4.如何识别设置了 Promoted Listings 的产品？

5.什么是 eBay 头条搜索广告？eBay 头条搜索广告有哪些优势？

操作题

1.卖家根据自己的情况，订阅适合自己等级的店铺。

2.选取合适的 Listing，进行订单折扣设置。

3.选取合适的 Listing，进行批量购买折扣设置。

4.选取合适的 Listing，进行降价活动设置。

5.选取合适的 Listing，进行促销刊登活动设置。

第八章

账户表现管理

学习要求

通过本章学习，可以掌握如何查看和提升自己的账户表现。应了解 eBay 卖家账户等级、评定周期和评定标准；熟练掌握账户自查路径和看懂卖家成绩表；熟练掌握 eBay 销售额度查看方法和销售额度提升技巧，保持良好的账户表现，为账户安全打下基础。

卖家只有了解账户目前的健康状况，才能更好地调整运营方案和销售量。那么应该如何查看和提升自己的账户表现呢？在这一章中将主要回答以下问题。

- eBay 卖家账户等级有哪些类型？卖家账户评定周期是多久？卖家账户评定标准是什么？
- 作为卖家应该如何查看和提升自己的账户表现？
- 企业账户和个人账户如何进行销售额度提升？

第一节　账户评级

eBay 平台对卖家表现有一定的标准与要求，主要通过买家的交易体验来衡量卖家的表现。了解 eBay 卖家标准和账户评级非常重要，可以帮卖家随时了解账户状态。

一、卖家账户评价

（一）卖家账户等级

目前 eBay 按照考评的结果把卖家账户分成三个级别，从高到低分别是：Top Rated Seller（优秀评级卖家）、Above Standard（合格卖家）及 Below Standard（不合格卖家）。

卖家账户等级越高，将享受产品排名提高、曝光度增加、eBay 费用优惠等多方面优势，当卖家达到 Top Rated Seller 级别时，eBay 平台将给予提升产品搜索排名和曝光、返还 10%的成交费、获得 eTRS（eBay Top Rated Seller）标志等好处。相反，一旦账户等级降至 Below Standard，卖家则会面临产品排名下降，成交费增加 5%，销售额度提升受限等情况。所以卖家要随时关注自己的账户表现，根据账户表现适当调整。

（二）卖家中心介绍

卖家中心是针对中国卖家查看账户表现和销售数据分析的网站。登录 http://www.ebay.cn，点击“卖家中心”，进入“卖家中心”首页，如图 8-1 所示。

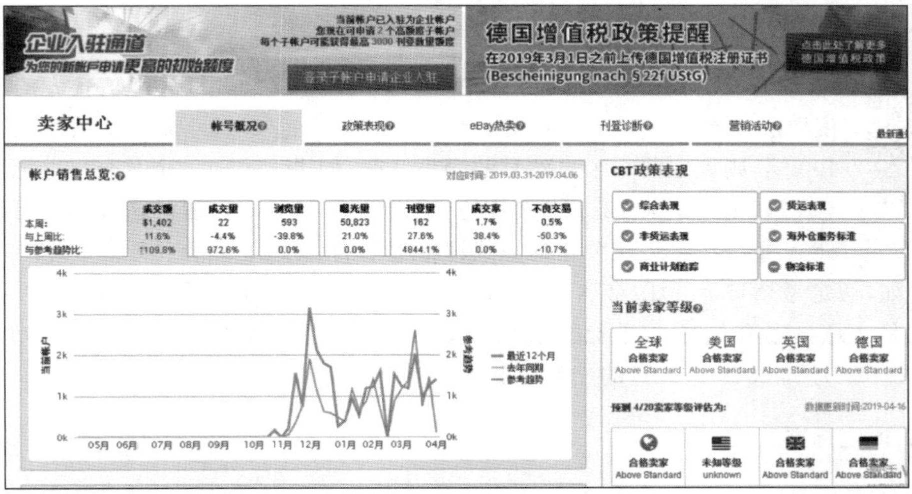

图 8-1 卖家中心首页

卖家中心包括账户概况、政策表现、eBay 热卖、刊登诊断、营销活动等，其中政策表现对卖家非常重要，卖家要每周关注。政策表现包括综合表现、货运表现、非货运表现、海外仓服务标准、商业计划追踪、物流标准和当前卖家等级，如图 8-2 所示。综合表现状态有正常、超标、警告、限制几种状态，状态的数据是每周更新的，如果目前账户在正常之外的状态，卖家要格外小心，发现异常要及时处理。卖家分为两个等级，当前卖家等级和预测卖家等级，这个数据是每天更新的。当前卖家等级一旦跌入不合格卖家级别，卖家要分析原因并想办法提高账户等级，保证账户安全，这非常重要。

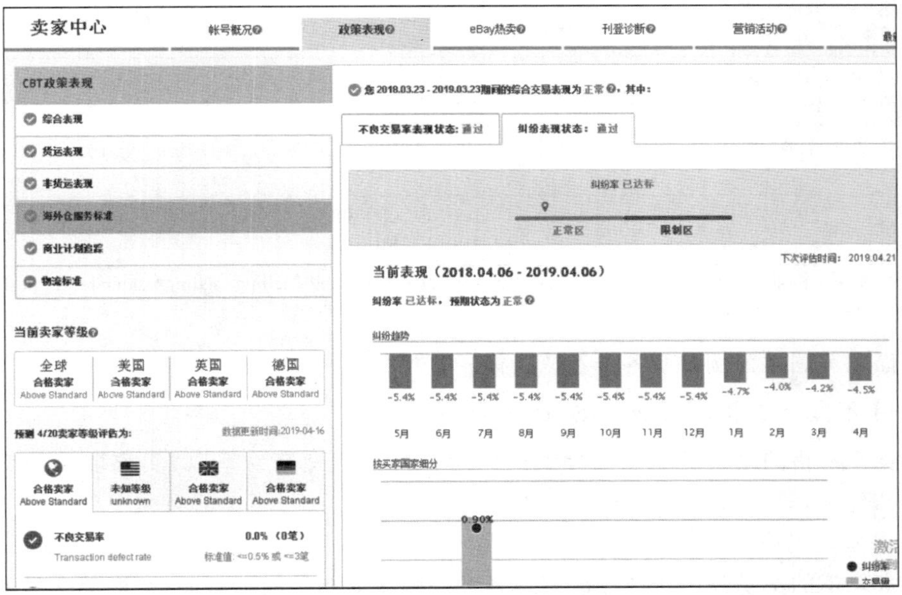

图 8-2 卖家中心政策表现界面

二、评定周期

卖家中心
使用指南

eBay 会在每个月 20 号评估卖家账户等级情况，每次评估查看的时间长度取决于卖家近期完成的交易量。如果卖家前 3 个月交易总笔数大于等于 400 笔，则评定前 3 个自然月的交易情况；如果卖家前 3 个月交易总笔数小于 400 笔，则评定前 12 个自然月的交易情况。这种时间段的选择方式可以确保 eBay 平台以尽可能公正的方式评估卖家的表现。

例如，假定考核日为 2019 年 6 月 20 日，如果卖家前 3 个月交易总笔数是 800 笔，则考核的是 3 月、4 月和 5 月的交易情况；如果卖家前 3 个月交易总笔数是 300 笔，则考核的是 2018 年 6 月到 2019 年 5 月的交易情况。

三、评定标准

eBay 平台不同站点对卖家表现评定的考核指标是一致的，主要包括不良交易率或交易量、延迟运送的最大比率或笔数、卖家未解决纠纷最大比例或者笔数、及时上传有效追踪号比率和交易数量或金额等。但是每个站点在卖家评定过程中对这些指标的具体要求有所不同，如表 8-1 所示。

表 8-1　不同站点对 eBay 卖家评定的具体指标及要求

项目	美国		英国和德国		全球	
eBay 卖家标准	优秀评级卖家	最低要求	优秀评级卖家	最低要求	优秀评级卖家	最低要求
不良交易率或交易量	0.5%(3)	2.0%(4)	0.5%(3)	2.0%(4)	0.5%(3)	2.0%(4)
延迟运送的最大比率或笔数	3.0%(6)	7.0%(8)	3.0%(6)		5.0%(6)	
卖家未解决纠纷的最大比例或者笔数	0.3%(2)	0.3%(2)	0.3%(2)	0.3%(2)	0.3%(2)	0.3%(2)
及时上传有效追踪号比率	95%					
交易数量/金额	100/＄1000		100/＄1000 和 100/EUR1000		100/＄1000	

资料来源：根据 ebay 后台整理（https://www.ebay.com/help/selling/selling/seller-levels-performance-standards?id=4080&st=7&po=3&uci=0&ri=0）。

下面以美国站为例讲解各个考核指标。

（一）不良交易率（Transaction Defect Rate）

不良交易指的是由卖家原因导致的纠纷。卖家不良交易率以“卖家取消的交易”和“卖家未解决的纠纷”为衡量指标。

1. 卖家取消的交易

卖家取消的交易是由于产品缺货或各种原因未能履约的。例如，在取消交易的时候，如果卖家选择原因是缺货，则这笔交易就会被认为是不良交易。

2. 卖家未解决的纠纷

当买家开启纠纷，而卖家未在规定时效内给予答复时，纠纷升级后由 eBay 判定卖家承担责任的交易将被计入未解决纠纷率。

不良交易率的计算方式为

不良交易率＝不良交易笔数/交易量

例如，如果评估期内卖家不良交易笔数是 2 笔，总的交易量是 120 笔，则不良交易率是 1.67％。

不良交易率评定的最低标准是小于 2％，具体评定标准如表 8-2 所示。

表 8-2 不良交易率评定标准

指标	优秀评级卖家	合格卖家	不合格卖家
不良交易率	≤ 0.5％	0.5％～2.0％	＞2.0％

（二）卖家未解决的纠纷（Cases Closed without Seller Resolution）

卖家未解决的纠纷数量是 eBay 评估卖家在多大程度上满足了买家期望的一个重要指标，也是 eBay 评估卖家总体表现的一个指标。

表 8-3 列出了所有卖家必须达到的有关纠纷及时处理方面的标准。在卖家账户已经超出纠纷数量的上限（eBay 平台规定的上限是 2）时，将采用纠纷百分比的标准。

表 8-3 卖家未解决的纠纷评定标准

指标	合格卖家	不合格卖家
卖家未解决的纠纷百分比	≤0.3％	＞0.3％
卖家未解决的纠纷数量/笔	≤2	＞2

需要特别注意的是，卖家未解决的纠纷指标不但算在不良交易率里，而且还单独考核。单独考核时只有优秀评级卖家和不合格卖家两个等级。可见 eBay 是非常重视买家体验的，所以有买家纠纷的话一定要积极处理。如果卖家其他的指标，如不良交易率、延迟运送率等控制得非常好，但卖家未解决的纠纷率大于 0.3％，则账户也会被直接评为不合格卖家，所以这个指标非常重要。

（三）延迟运送率（Late Shipment Rate）

延迟运送的交易指买家表明延迟或者追踪信息表明延迟。以下情况计入延迟运送的交易笔数。

1. 未符合 OTS（On Time Shipping）准时送达标准的交易

OTS 考核三个指标：上传的物流追踪号在承诺的处理时间内有收件扫描信息、上传的物流追踪号在最晚预计妥投时间内有妥投信息、买家评价时反馈在预计到达时间中收货。三个指标只要达到一项即为达标。

2. 买家表明物品延迟运送

交易完成后，eBay 平台会让买家评价这次交易。如果买家在“物品是否在预计到达之前到达”选择了“No”，则这笔交易会被平台记录到延迟运送交易中。

3. 跟踪信息显示物品延迟运送

如果一天内同一买家和卖家产生多笔延迟运送交易，在计算延迟运送率时只算一笔交易。有物流表现的交易笔数是指有物流跟踪信息或有买家评价的交易。如果一笔交易中没有收件扫描信息，也没有妥投信息，买家也未标记产品是否及时发货，则这笔交易不算做有物流表现的交易。

延迟运送率就是物流延迟的比例，计算方式为

延迟运送率＝延迟运送的交易笔数÷有物流表现的交易笔数×100％

延迟运送率考核标准如表 8-4 所示。

表 8-4　延迟运送率评定标准

指标	优秀评级卖家	合格卖家
延迟运送率	≤3％	＞3％
延迟运送的交易笔数	≤6	6～8

延迟运送率虽然不会导致账户处于未达标卖家状态，但是卖家同样要提高准时送达率。因为该项指标超标不但会影响到账户曝光，而且在线产品也可能会被 eBay 强制要求延长订单处理时间。

（四）及时上传有效跟踪号比率（Tracking Uploaded on Time and Validated）

有效的物流跟踪号码是指 eBay 认可的运送公司的动态物流记录。记录并不一定仅在收件或派送的时间节点上，可以是在产品整个派送期间内的任何动态记录，包括最终派送扫描记录。及时上传有效跟踪号是指在承诺的订单处理时间之内上传有效跟踪号。那么，如何计算及时上传有效跟踪号比率呢？计算公式为

及时上传有效跟踪号比率＝及时上传有效跟踪号笔数÷总交易笔数×100％

及时上传有效跟踪单号的比率只针对美国站考核，具体考核要求如表 8-5 所示。

表 8-5　及时上传有效跟踪号比率评定标准

指标	优秀评级卖家	合格卖家
及时上传有效跟踪号比率	≥95％	＜95％

考核时间始终为考核日当月的前 3 个月。例如，考核日为 2019 年 5 月 20 日，则考核时段是 2019 年 2 月 1 日至 2019 年 4 月 30 日。该项考核指标针对所有发往美国的订单，不论交易金额大小。

（五）交易数量和金额（Transactions and Sales）

过去 12 个月完成 100 笔交易和达到 1000 美元以上销售额就达到优秀评级卖家的要求。

综上所述，针对美国站而言，卖家在评估周期内账户已经注册 90 天或以上，5 个指标达到以下要求，就可以获得优秀评级卖家：①不良交易率≤0.5％；②卖家未解决的纠纷比率≤0.3％；③延迟运送率≤3％；④及时上传有效跟踪单号比率≥95％；⑤过去 12 个月完成 100 笔交易和达到 1000 美元以上销售额。

卖家账户在评估周期内不良交易率大于 2％或者卖家未解决纠纷比率大于 0.3％的，都将被评为不合格卖家级别。

【思考题】 在 eBay 美国站上，卖家获得优秀评级卖家的条件是什么？

Top Rated Plus 介绍

第二节 账户自查

卖家如何查看自己的账户表现呢？Seller Dashboard（卖家成绩表）可以帮助卖家学会检测自己的账户表现，保持良好的卖家服务，确保账户符合平台要求。同时，卖家也可以通过查看 Seller Dashboard 来了解自己 eBay 账户各站点的评级情况。

账户自查

一、账户自查路径

账户自查路径有两种，第一种是无 Seller Hub 路径，第二种是 Seller Hub 路径。下面以美国站为例进行讲解。

（一）无 Seller Hub 路径

（1）登录 http://www.ebay.com，点击“My eBay”，进入下一个界面。

（2）点击图 8-3 中的“Account”，进入下一个界面。

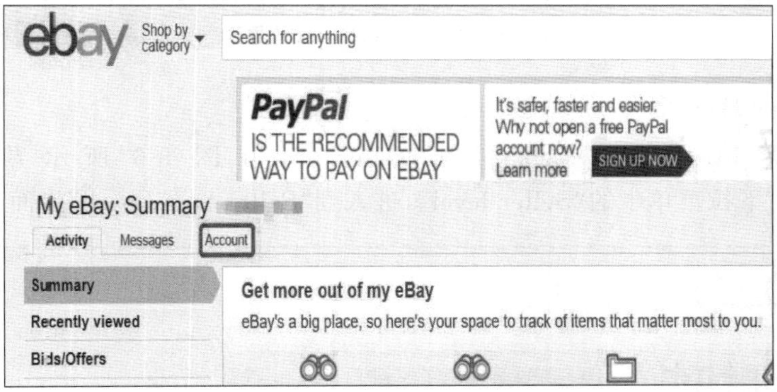

图 8-3 “My eBay”的“Account”界面

（3）进入到“My Account”界面，如图 8-4 所示，点击“Seller Dashboard”，进入下一个界面。

图 8-4 “My Account”的“Seller Dashboard”界面

(4)进入到“Seller Dashboard”界面,如图 8-5 所示。

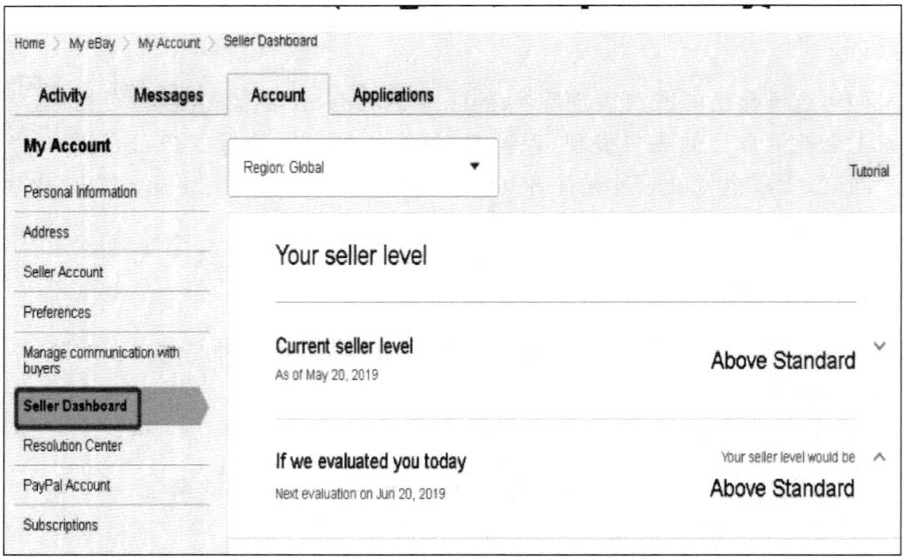

图 8-5 “Seller Dashboard”界面

(二) Seller Hub 路径

(1) 登录 http://www.ebay.com/sellerhub,在图 8-6 所示界面中,点击“Performance”下拉菜单中的“Seller level”,进入到“Seller Dashboard”界面。

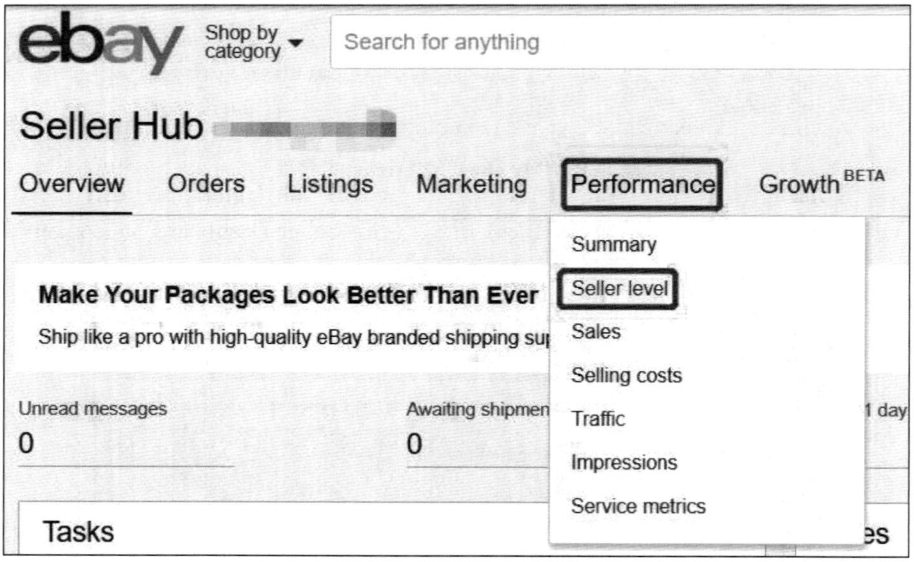

图 8-6 “Seller Hub” 界面

二、Seller Dashboard 详解

(一) Seller Dashboard 总体说明

打开"Seller Dashboard"界面后,可以看到 Seller Dashboard 的具体审核数据界面,如图 8-7 所示。

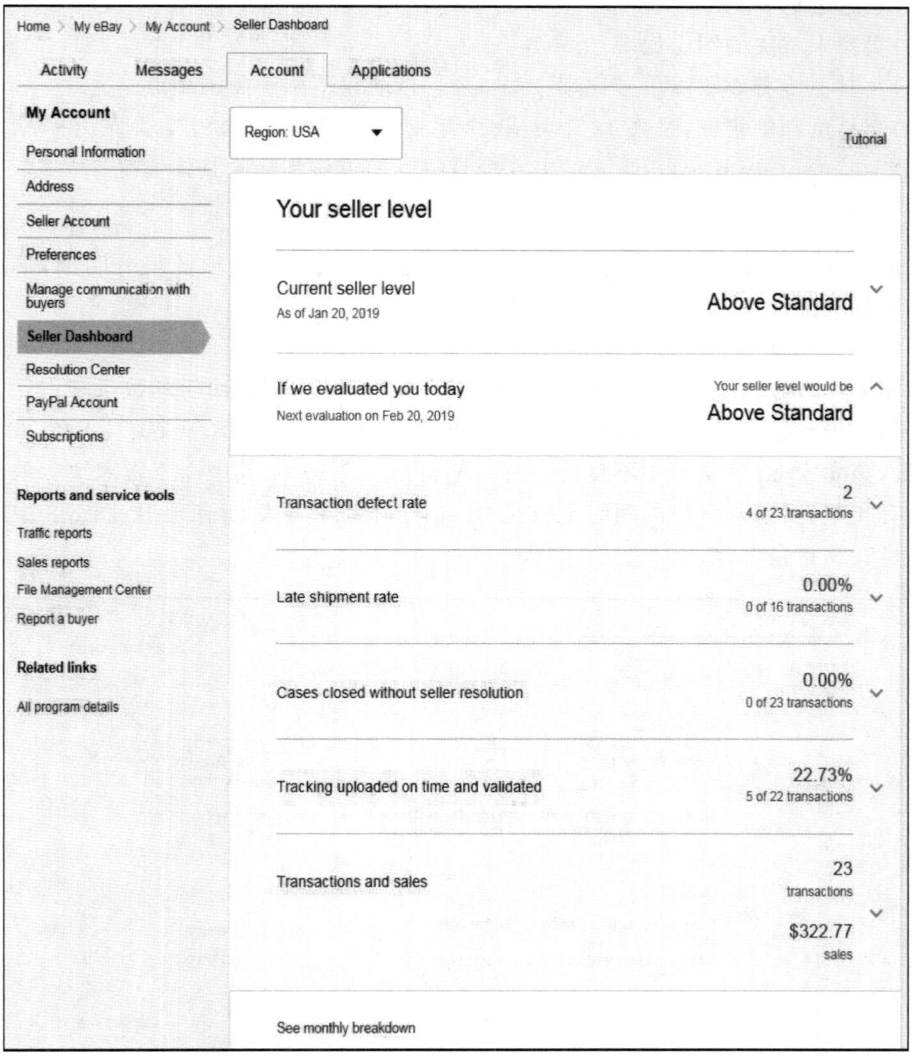

图 8-7 "Seller Dashboard"具体数据界面

可选考核站点主要有 4 个,即 US/UK/DE/Global。Global 评级时仅审核 US、UK、DE 站点以外买家所产生的交易,即 US、UK、DE 的交易只被计入相对应站点的卖家评级进行审核,而不会被 Global 重复评估。每个站点的考核会有细微的差别,所以卖家可以根据不同的考核站点去查看自己的等级,从而进行销售行为的优化。下面以美国站点为例来讲具体审核数据。

(1)当前账户的等级,即上个周期账户的表现情况,如图 8-7 所示,即 2019 年 1 月 20 日之前的表现,目前卖家账户的等级为标准之上。

(2)下一次评级预计等级,该卖家账户表现预计等级为标准之上,评定时间节点为 2019 年 2 月 20 日。

(3)不良交易量:2 笔。

(4)延迟运送率:0.00%。

(5)卖家未解决的纠纷比率:0.00%。

(6)及时上传有效跟踪单号比率:22.73%。目前仅适用于美国站点。

(7)交易量和销售额:过去 12 个月有 23 笔交易,销售额为 322.77 美元。

(8)See monthly breakdown:过去 6 个月每月的审核指标的具体情况。

(二) Seller Dashboard 指标明细说明

点击图 8-7 中这些指标后面的下拉箭头之后可以看到每一项的得分明细,下面对这些指标进行详细说明。

1. 不良交易率

在图 8-8“不良交易率”界面中,可以看到取消交易和未解决纠纷的数量和占比及考核时间,还可以通过“Get full report”来获取具体的数据信息。2018 年 2 月 1 日至 2019 年 1 月 31 日,该卖家 23 笔交易中不良交易有 4 笔,占比 17.39%,其中由于卖家缺货取消的交易笔数有 4 笔,卖家未解决的纠纷笔数是 0。由于系统数据更新有延迟,图 8-8 中显示的总的不良交易量是 2 笔。

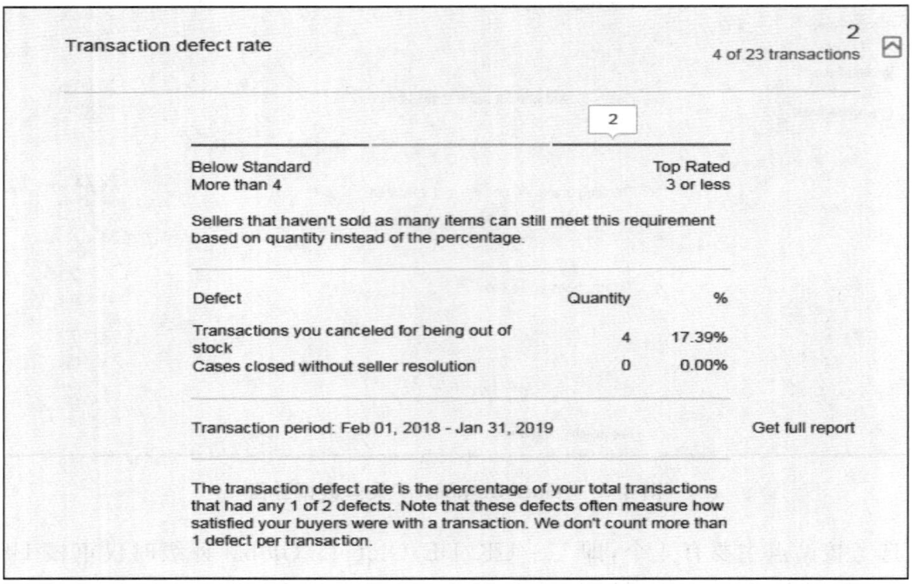

图 8-8 不良交易率界面

不良交易率会影响到卖家的账户评级,那么如何预防不良交易呢?主要需要做到以下几点。

(1)做好库存管理,避免成交不卖

一旦发现产品售罄售尽,请立刻下架该条 Listing 刊登信息。如果出现了缺货的订单,要联系买家,告知暂时缺货实情,看买家愿不愿意等,不愿意等就可以让买家取消交易。当买家同意取消交易时,选择取消交易的原因不要选择缺货而是选择买家原因。

(2)及时处理纠纷

在买家要求 eBay 平台介入纠纷之前快速解决他的问题。

2. 延迟运送率

在图 8-9"延迟运送率"界面中,可以看到考核标准和考核时间,还可以通过"Get full report"来获取具体的数据信息。2018 年 2 月 1 日至 2019 年 1 月 31 日,该账户 16 笔交易中没有发生延迟运送的情况。为什么这里考核的是 16 笔而不是 23 笔交易呢?因为有物流表现的交易笔数是 16 笔。

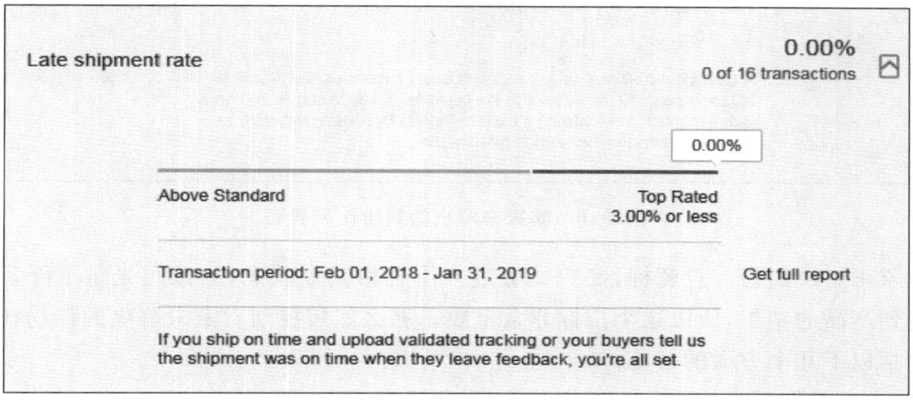

图 8-9 延迟运送率界面

延迟运送率不但会影响到账户曝光,也可能会被 eBay 强制要求延长订单处理时间。那么如何控制延迟运送率呢?

(1)卖家在刊登产品时要指定一个准确的、一定能够实现的订单处理时间。订单处理时间是指卖家收到买家付款与将包裹交给物流公司相隔的时间。指定正确的订单处理时间,有助于设定买家预期,提升卖家预计送达时间的准确性。

(2)运输不畅的国家和一些不知名的小国家、群岛等直接屏蔽掉,如波斯尼亚和黑塞哥维那等。

(3)根据仓库能力和物流渠道商的配送时效合理设置物流发货方式。

(4)针对销量大的国家(地区)尽可能选择海外仓发货,如英国、美国、德国等。

(5)在约定的订单处理时间内将包裹交给物流公司,并选用产品刊登中所指物流服务。

(6)如果发货过程中发生延迟,及时告知买家原因及时效,安抚买家情绪,做好客服工作。

(7)优化物流服务,选择快速、稳定的优质物流渠道。

3. 卖家未解决的纠纷比率

在图 8-10“卖家未解决的纠纷比率”界面中,可以看到考核标准和考核时间,还可以通过“See cases”来获取具体的数据信息。2018 年 2 月 1 日至 2019 年 1 月 31 日,该账户 23 笔交易中没有发生卖家未解决的纠纷情况。

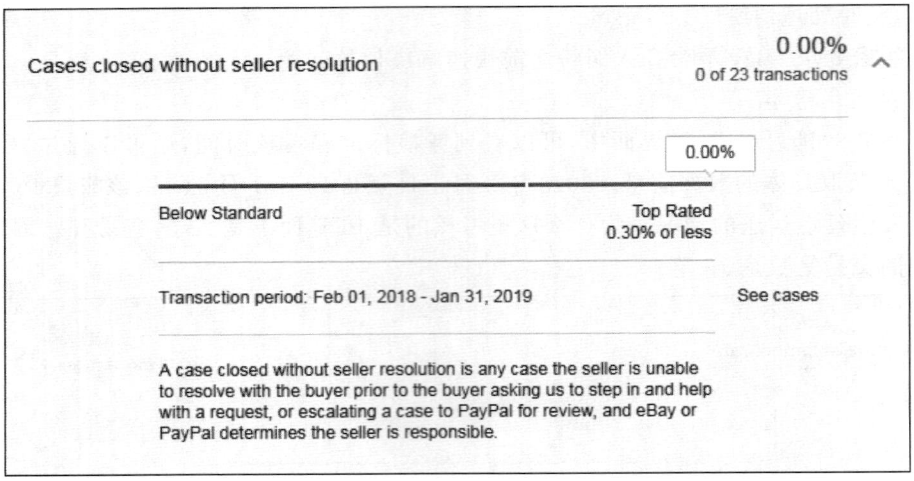

图 8-10 卖家未解决的纠纷比率界面

卖家未解决纠纷一旦超标,账户就会进入不合格卖家状态,导致曝光量下降,进而直接影响到产品的销售,所以这个指标非常重要。那么如何控制卖家未解决的纠纷比率呢?主要包括以下几个方面的措施。

(1)卖家要保证产品质量和发货时效,避免买家开启纠纷申诉。

(2)遇到非正常因素、特殊情况导致运输延误的,比如罢工、气候变化等,一定要及时主动联系买家进行解释并请求买家耐心等待。

(3)一旦买家开始了纠纷申诉,为了保证买家不将纠纷升级,建议卖家直接退款。

(4)学会计算账户能承受的未解决纠纷数量,及时处理考核时间段还未处理的纠纷。例如,如果账户的总交易量是 1200 笔,则该账户能承受的数量就是 1200×0.3%=3.6,若目前已经有 3 个未解决纠纷,说明再增加 1 个纠纷,账户的纠纷数就超标了,那么就要去查找考核时间段内的纠纷并及时处理,以免未解决的纠纷数超标。

4. 及时上传有效跟踪单号比率

在图 8-11 的及时上传有效跟踪单号比率的界面中,可以看到考核标准、不达标的原因、考核时间,还可以通过“Get full report”来获取具体的数据信息。2018 年 11 月 1 日至 2019 年 1 月 31 日,该账户 22 笔交易中有 5 笔交易及时上传了有效跟踪单号,有 17 笔交易不达标。这里为什么只有 22 笔而不是 23 笔交易呢?因为及时上传有效跟踪单号比率只考核 3 个月的交易,该账户 3 个月的交易量是 22 笔。不达标的原因有 3 种情况:①2 笔交易没有上传物流跟踪单号,占比 9.09%。②15 笔交易延迟上传物流跟踪单号,占比 68.18%。③准时上传了物流跟踪单号但没有物流商扫描信息的交易笔数是 0。卖家必须及时上传跟踪单号,这样才能使买家及 eBay 清楚了解到包裹的寄送情况。

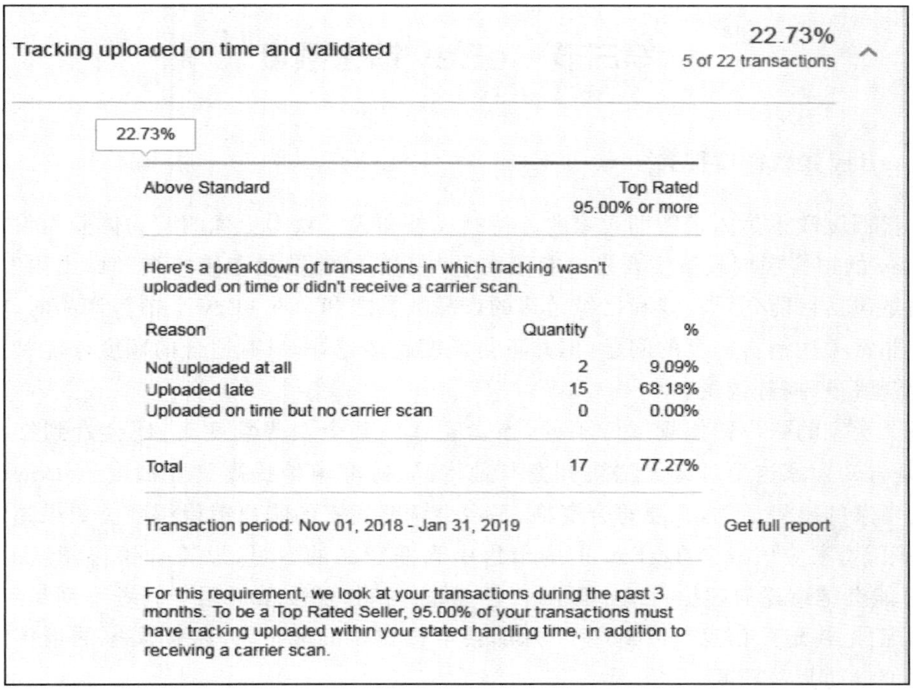

图 8-11　及时上传有效跟踪单号比率的界面

5. 交易量和销售额

在图 8-12 的交易量和销售额界面中，可以看到考核标准、考核时间。2018 年 2 月 1 日至 2019 年 1 月 31 日，该账户过去 12 个月完成的交易笔数是 23 笔，销售总金额是 322.77美元。

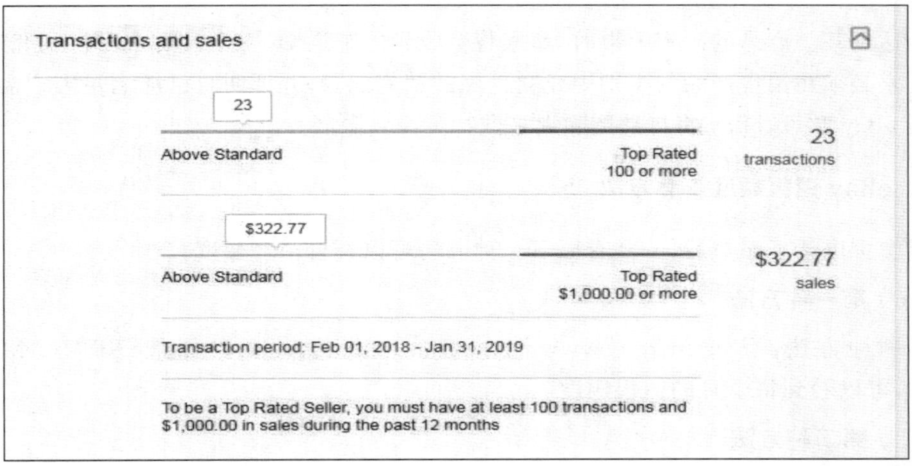

图 8-12　交易量和销售额界面

【思考题】 不良交易率如何计算？

你的每月细分

第三节　eBay 销售额度

一、eBay 销售额度种类

销售额度政策是为了帮助卖家业务持续成长和买家获得更优的购物体验而设计的政策。eBay 的销售额度政策主要是对卖家在平台上的销售数量和销售金额做出限制，其中销售数量包括目前刊登在线和已经销售的产品数量之和。在 eBay 上销售产品时，卖家们通常会非常关注销售额度的问题，但并不是额度越多越好，只有适合的额度才能帮助卖家良性运营账户，提升销量。

每个卖家的账户销售额度皆不同，当卖家达到某个销售额度时，便会看到红色的提示，这是告知卖家这个月将无法再刊登其他产品，除非申请提高刊登额度。eBay 也会每月评估卖家的出售活动，只要符合资格，平台会调整卖家的账户销售额度。如果超出每月刊登上限，卖家应该减少在 eBay 上的出售中刊登产品的数量，以符合销售额度的规定，eBay 可能会结束任何超出目前上限的刊登。账户销售额度不适用于刊登下列类别：汽车零件和配件、房地产信息。eBay 每个月都会审核卖家的账户，并根据卖家的销售量和获得的评价自动调整额度。

对于某些卖家，平台限制了每个月可以刊登特定类别的产品数目。当账户满足下列条件时，可能就有这些销售限制。

(1)从注册成为 eBay 卖家后首次成功出售后不足 90 日。

(2)未曾在此类别中出售足够数量的产品。

(3)超过一年未曾在此类别售出产品。

(4)过去一年交易总数中纠纷率超过 3%。

当达到某类产品的出售上限时，卖家将会收到电邮通知，一个月后才可再刊登这类产品。卖家必须在销售产品的类别中建立良好的销售记录，并证明自己能满足客户需求，同时遵循 eBay 政策，eBay 将自动删除大多数特定类别限制。

二、eBay 销售额度查看方法

当卖家申请了账户后，一共有以下 3 种方法可以查看销售额度。

(一) 第一种方法

第一种方法：登录 http://www.ebay.com/sellerhub，在界面最下面有“Monthly limits”，可以看到每个月的销售额度。

(二) 第二种方法

首先，登录 http://www.ebay.com，如图 8-13 所示。点击“Help & Contact”进入下一个界面。

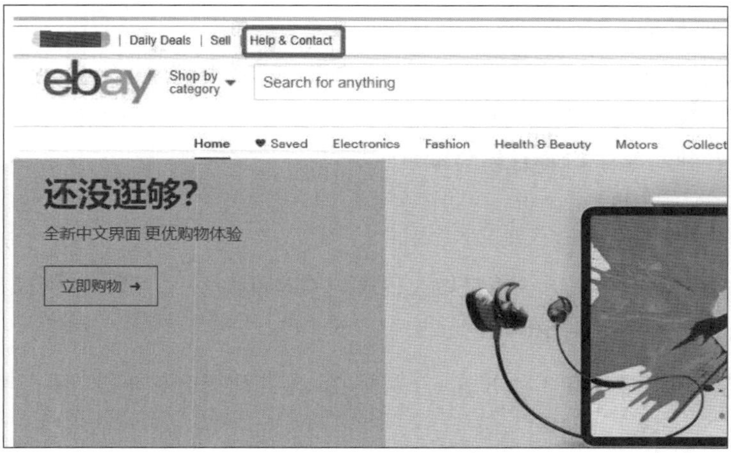

图 8-13 “ebay.com”首页

其次，在“Help & Contact”界面中，如图 8-14 所示，点击“Selling limits”，进入到“Selling limits”界面，可以看到卖家每个月的销售额度，如图 8-15 所示。

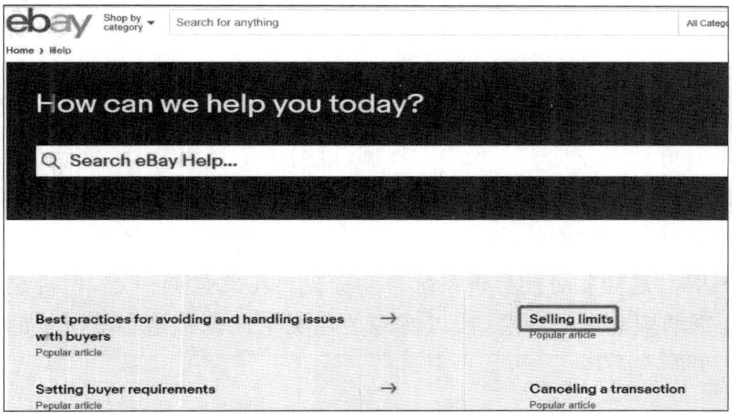

图 8-14 “Help & Contact”界面

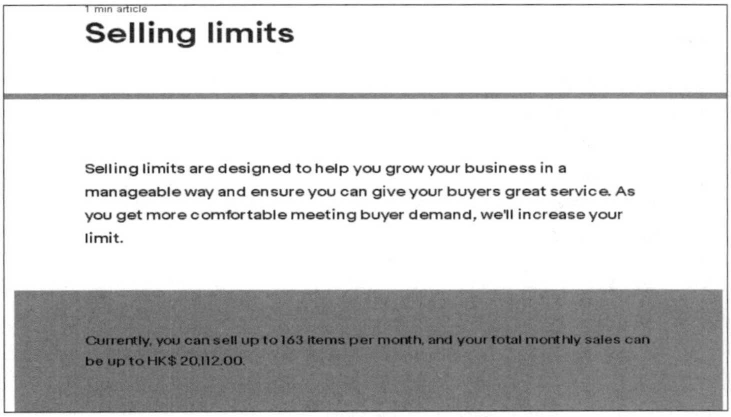

图 8-15 “Selling limits”界面

（三）第三种方法

进入 eBay 后台，登录 http://www.ebay.com.hk，输入卖家的 eBay 账户和密码登录。点击右上角的“My eBay”，根据“摘要总览”—“我要卖”—“我的出售记录”—“每月销售额度”路径，可以看到卖家账户每月销售额度。

三、销售额度提升

对于所有的卖家而言，提升额度是做大销售的关键因素之一。那么如何提升销售额度呢？

（一）企业账户销售额度提升

企业账户提升额度共有 3 种方式，分别是：系统自动提升额度、电话提额、向账户的客户经理申请提额。

1. 系统自动提升额度

就是通过自我核查的方式查看是否已经达到提升额度的门槛，若所有检查项都是“✓”，则系统会自动提额。自动提升额度的频率为一个月一次。

自动提升额度的关键在于自检，自检方法为：登录 http://www.ebay.cn，进入“卖家中心”—“政策表现”—“申请销售额度自检”。

点击“申请销售额度自检”按钮，进入到销售额度自检界面，如图 8-16 所示。销售额度自检表中涵盖了额度提升所需要的所有检查项目和标准值，共 13 项，包括各站点卖家标准表现、过去 12 个月好评率、过去 30 天中差评率、过去 3 个月纠纷量和纠纷率、当前销售转化率、当前销售额度使用率等。表中可以看到该账户“当前销售额度使用率”指标显示惊叹号，表示这项指标没有达标，其他指标都已经达标。若这项指标达标，在状态栏也会呈现“✓”的状态，则该账户达标，这样就可能会被系统自动提额。在此强调一点，评价是不影响账户表现的，但是却会影响到额度的提升，所以时刻关注买家评价也是必不可少的。

销售额度自检

检查项	标准值	当前值		状态
距第一次交易间隔	>=45天	181天		✓
PayPal账户状态	正常	正常		✓
美国站卖家标准表现	非BELOW_STANDARD	ABOVE_STANDARD		✓
英国站卖家标准表现	非BELOW_STANDARD	ABOVE_STANDARD		✓
德国站卖家标准表现	非BELOW_STANDARD	ABOVE_STANDARD		✓
全球卖家标准表现	非BELOW_STANDARD	ABOVE_STANDARD		✓
过去12个月好评率	>=98%	100.0%		✓
过去30天中差评率	<=2%	0.0%		✓
过去3个月纠纷量 ?	<=4	2		✓
过去3个月纠纷率 ?	<=2.7%	0.00%		✓
		销售量	销售额	
当前销售额度使用率 ?	>=50%	17.3%	22.6%	!
当前销售转化率 ?	>=1%	6.2%	5.8%	✓
上次额度调整时间	2019-03-20（下次调整时间约为30天之后，除非期间受到别的限制的影响）			

注：本自检仅供参考，不具有任何法律效力，账户的具体表现仍然以eBay客服查询的为准。

图 8-16　销售额度自检界面

2. 电话提额

电话提额是指每月定时通过电话形式联系 eBay 客服进行额度提升。具体方法如下。

(1)登录 http://www.ebay.com/sellerhub,如图 8-17 所示,在界面最下方"Monthly limits"中点击"Request to list more",进入"申请放宽销售额度"界面。

图 8-17 "Monthly limits"中的"Request to List more"界面

(2)在"申请放宽销售额度"界面,如图 8-18 所示,点击"联络我们",进入"联系客服"界面。

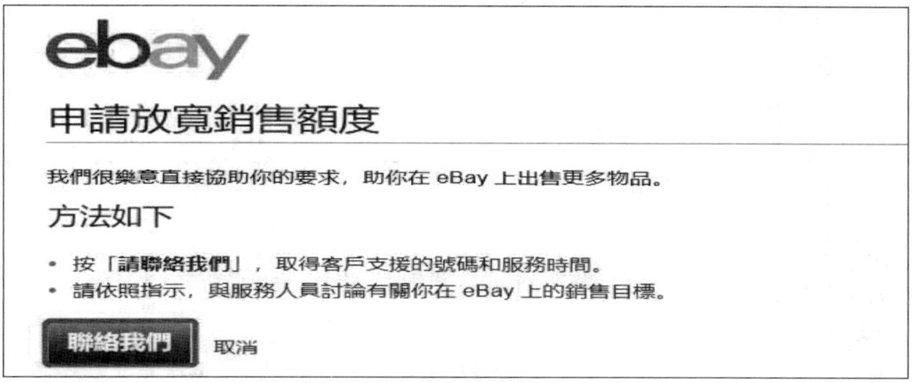

图 8-18 申请放宽销售额度界面

(3)在"联系客服"界面,点击界面下方的"打电话与我们联络"进行提额。

(4)取得客服的电话号码和单次密码,单次密码是系统用来辨别客户身份的。给客服打电话要求提额,客服会让系统检查申请者的账户情况。如果账户符合提额条件,客服就会提升账户销售额度。

3. 向账户的客户经理申请提额

一般客户经理会要求卖家发送一封提额邮件,邮件里描述销售计划之类的内容。如果账户符合提额条件,客户经理会提升该账户销售额度。

(二)个人账户销售额度提升

一般情况,eBay 新卖家的销售额度非常低,只能销售数量不超过 5 个、金额不超过 1900 港元(约 1724 元人民币)的产品。那么个人账户销售额度如何提升呢?下面介绍个人卖家通过视频认证提升额度的方法。具体操作步骤如下。

(1)登录 eBay 中国香港站首页,点击右上角“我的 eBay”下拉菜单中的“摘要总览”,进入“摘要总览”界面。

(2)在摘要总览界面,如图 8-19 所示,点击“我要卖”下面的“我的出售记录”,进入我的出售记录界面。

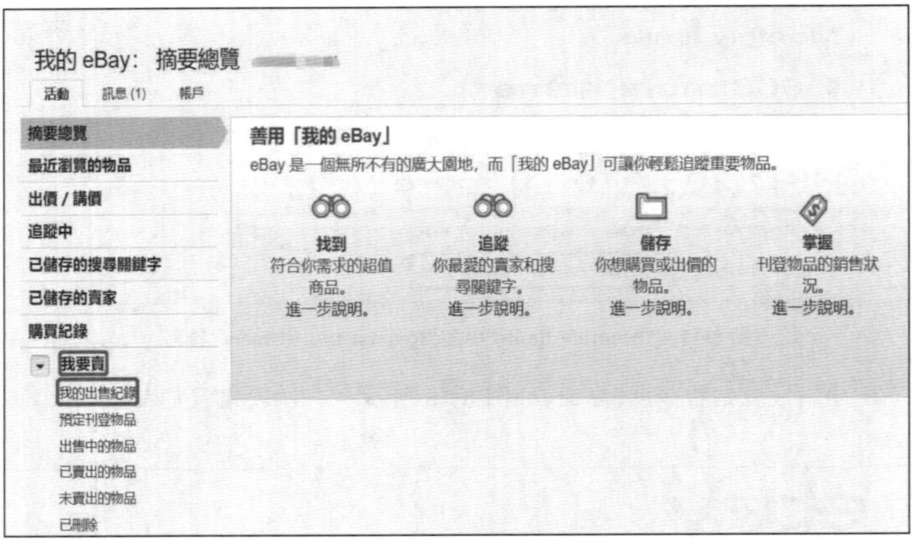

图 8-19　摘要总览界面

(3)在我的出售记录界面,如图 8-20 所示,点击“申请放宽销售额度”,进入下一个界面。

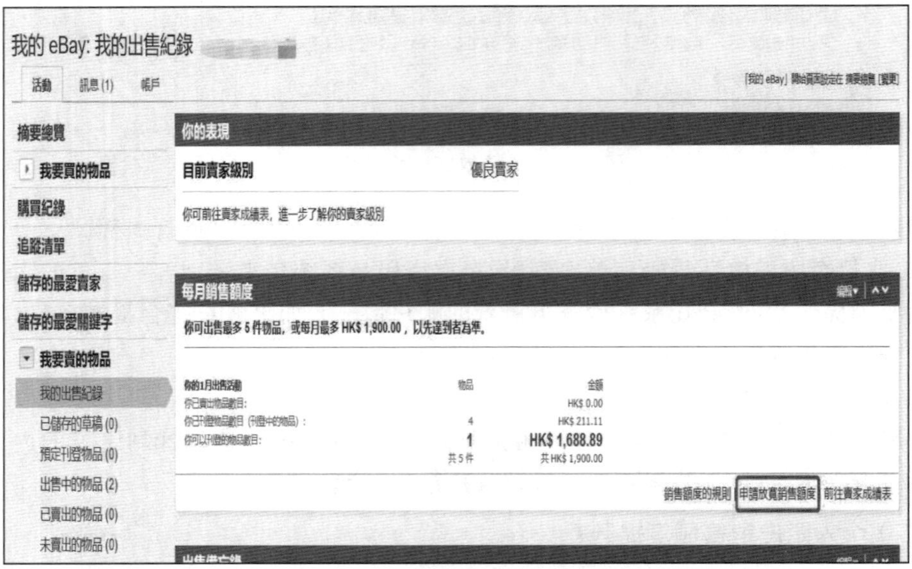

图 8-20　我的出售记录界面

(4)在申请放宽销售额度界面,如图 8-21 所示,点击“继续”,进入下一个界面。

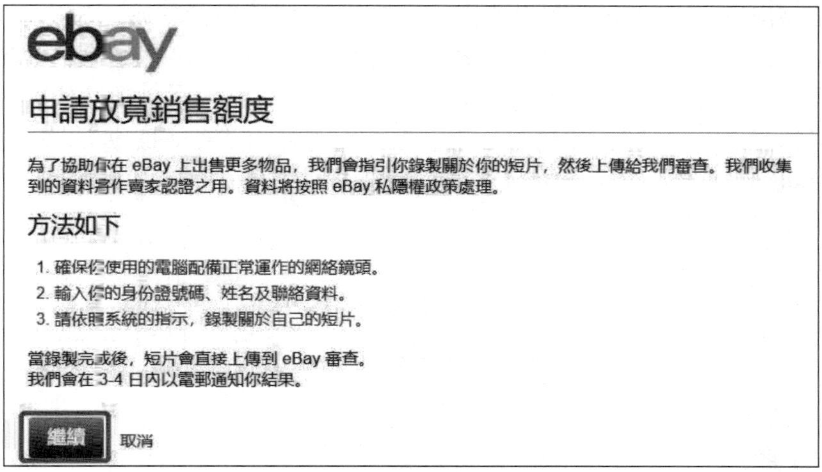

图 8-21　申请放宽销售额度界面

(5)进入申请提高销售额度界面,如实填写卖家的联系资料、身份证信息(中国大陆地区用户请务必选择“身份证”选项)、姓名等联系信息,如图 8-22 所示。点击“继续”进入下一个界面。这里需要卖家认真填写并确保所填信息真实无误,并确保是账户持有人亲自拍摄视频,这对通过审核非常有帮助。

图 8-22　申请提高销售额度界面

(6)进入“录制短片”界面,如图 8-23 所示。录制视频短片的步骤为:①在确保摄像头正常工作的情况下,建议关闭可能占用摄像头工作的软件(如 QQ 或 MSN 等),在开始录制前安装 Adobe Flash Player。②查看界面右边的录影提示,确保符合所有规定。选择左边弹框里的“允许”Adobe Flash Player 开启。③点击“开始录制”启动摄像头开始录制视频。按照录影提示动作录制,时间为 60 秒。录制时保持面部正对摄像头,不要左右摇晃,请勿佩戴耳机、耳塞等配件,在完成认证操作前请勿点击其他按钮或中途离开。

图 8-23　录制短片界面

(7)录制好后的界面如图 8-24 所示,点击“继续”,进入检查及送出界面。

图 8-24　录制短片成功界面

(8)在检查及送出界面,可检查刚输入的资料是否正确及影像质量,如图 8-25 所示。录制完成后,请核实个人资料与界面右侧的短片影像样本是否准确无误,这对能否通过审核非常关键。点击"送出"按钮,进入下一步。

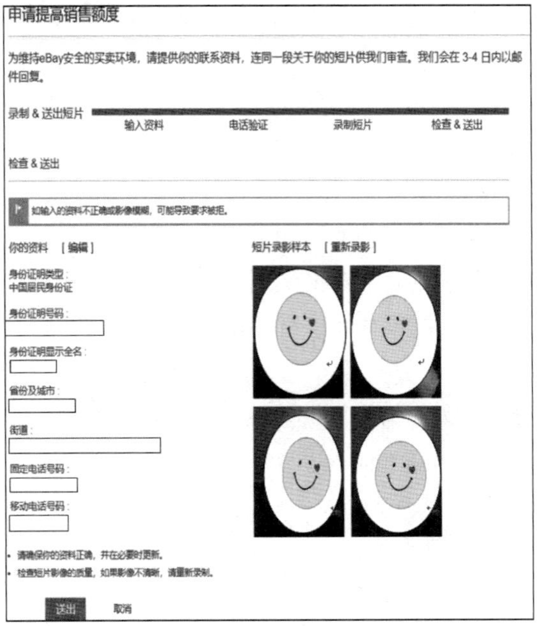

图 8-25　检查及送出短片界面

(9)卖家会看到"短片认证要求已成功送出"的提示,等待 eBay 工作人员处理和回复,审核的时间一般要 3~4 天,审核结果会以邮件形式进行告知。

(10)如果视频短片符合 eBay 审核要求,则将通过视频认证,卖家会在 My Message 中收到一个销售额度提升成功的消息。

同时,卖家可以回到 Seller Hub 界面检查提升后的销售额度,销售额度提升后,个人卖家可以在 eBay 平台上销售 76 或 100 个产品和不超过 38000 港币(约 34474 元人民币)的销售额度。如果审核结果不符合要求,则要重新提交资料及短片。

以上提升额度的方法,卖家可以根据自己的实际情况进行选择。

【思考题】 个人账户销售额度最初是多少?通过视频认证后一般销售额度是多少?

小结

1.目前 eBay 按照考评的结果把卖家账户分成三个级别,从高到低分别是:Top Rated Seller(优秀评级卖家)、Above Standard(合格卖家)及 Below Standard(不合格卖家)。卖家要避免自己的账户等级为 Below Standard。

2.eBay 平台上不同站点对卖家表现评定标准不一样,如美国站点要考核是否及时上传有效跟踪号比率,英国站点就不用考核。

3.卖家未解决纠纷不仅是不良交易率的考核指标,而且是 eBay 规定的单独考核指标。卖家未解决的纠纷比率一旦超标,账户就会进入 Below Standard 状态,导致曝光量下降,进而直接影响到账户的销售,所以这个指标非常重要。

4.只有了解账户目前的健康状况，才能更好地调整运营方案并提升销售数量。Seller Dashboard(卖家成绩表)可以帮助卖家学会检测自己的账户表现，保持良好的卖家服务，确保账户符合平台要求。

5. 企业账户提升销售额度共有3种方式，分别是：系统自动提升额度、电话提额、向账户客户经理申请提额。

思考题

1.卖家账户等级有哪些？

2.获得优秀评级卖家的好处有哪些？

3.eBay平台评估卖家账户等级的周期是多久？

4.eBay平台对美国站卖家账户表现评定标准有哪些？

5.延迟运送率如何计算？卖家如何控制延迟运送率？

操作题

1.查看自己的账户表现，并对自己账户表现不足的地方提出改进措施。

2.查看自己的eBay账户的销售额度。

3.对企业账户进行销售额度提升。

4.对个人账户进行销售额度提升。

第九章

跨境电商选品与定价

学习要求

通过本章学习，掌握跨境电商选品的基本思路和方法。在掌握选品的一般思路的基础上，深入了解 eBay 平台的站内选品方法，能根据 eBay 热门类目和借助平台内数据分析工具等辅选产品；了解站外选品的渠道和方法，利用各类跨境电商平台、供应链平台、社交平台、搜索引擎和线下展会等渠道信息，能借助各类第三方分析工具开展分析，从而选定合适的产品；在完成选品后，能根据定价策略确定合适的价格。

卖家打算在 eBay 上开店运营时，应该如何选品呢？选品有哪些方法？完成选品后如何确定合适的价格？这是我们在店铺开通之前应该掌握的，在这一章中将回答以下问题。

- 跨境电商选品的基本思路是什么？
- 如何在 eBay 平台进行选品？
- eBay 站外选品有哪些渠道？这些渠道选品的基本方法和工具是什么？
- 如何为选定的产品定价？

在跨境电商运营中，选品和定价贯穿始终，是最为核心的环节。好的产品和合适的定价，不仅能吸引更多的流量，还能带来可观的销量利润。卖家在选品时，应以消费者的需求为导向，通过调研目标市场，切入细分类目，整合供应链资源，开发满足市场需求的产品。

第一节　选品的基本思路与关注点

选品的基本思路与关注点

一、选品的基本思路

跨境电商选品的基本思路包括三个方面。

（一）走专业化品牌化的路线

专业化品牌化是中国跨境电商在全球范围内保持竞争优势的必经之路，因此选择或者打造专业化品牌化的产品是卖家在跨境电商运营中的核心任务。

（二）依托平台信息选品

卖家所在的平台能为选品提供最直接的依据：哪些产品在该平台上销售量最好？哪些产品需求量很大？不同站点上热卖的产品分别是什么？不同站点上消费者的需求热点是什么？卖家可以利用平台内的热门类目、搜索工具及站内数据分析工具获取参考信息；

还可以通过速卖通平台的“数据纵横—选品专家”、亚马逊平台“销量排行榜”“热销新品榜”,或 eBay 平台“Terapeak”工具等进行分析和调研,确定需要的类目和产品。

(三)依托站外渠道选品

除了平台内的类目信息与数据分析工具能为卖家提供参考之外,平台外的多种渠道信息也能为卖家的选品提供参考。主要包括其他跨境电商交易平台,如独立站、第三方平台和当地的电商平台等;各种社交平台,如 Facebook、Twitter 等;搜索引擎工具,如 Google Trends 等;还包括线下展会等。通过以上各类渠道信息和相关工具的分析,来为产品选择提供参考。

二、选品需关注的因素

在选定具体产品时,还需要关注下列因素。

(一)市场容量

根据产品的销售情况,预估整个市场大概每个月有多少的销售量,了解整个市场的需求情况。一般情况下除了选择小而美的个性化产品外,应尽量寻找市场容量大的产品,保证有足够的销量,降低库存风险。

(二)市场竞争度

竞争度包含品类竞争度和关键字竞争度。品类竞争度主要是确定什么类型的产品,关键字竞争度就是确定具体产品。从平台的角度出发,首先是有多少人搜索过这个产品,其次是平台上有多少此类产品在售。尽量选择竞争度较小的关键字,且有一定的市场需求的产品。

(三)产品的体积重量

考虑到跨境物流具有收费标准高、配送周期长、中间环节多等特征,卖家应优先选择体积小、质量轻、易于包装,且不易破损的产品,以降低物流成本。

(四)款式

考虑到消费者需求的多样性,对生活类消费品,卖家应优先选择款式多样、新颖的产品,当地市场的新款最佳。

(五)法律法规

考虑产品是否符合目标市场的法律法规,包括是否侵犯知识产权、是否需要认证才能销售等。欧美国家对知识产权保护非常严格,如果卖家在跨境电商平台上售卖山寨品、仿制品,很可能因侵犯商标权遭到投诉,导致资金冻结,甚至账户永久性关闭。另外,卖家也要谨慎对待产品的设计专利,未经授权的专利产品也不能公开销售。如苹果公司拥有 Lightning 接口的专利权,跨境电商平台售卖的第三方苹果设备数据线,必须有苹果公司官方授权的 MFi(Made for iPhone/iPad/iPod)认证。

(六)价格

卖家对目标市场有不同的定位,比如高端市场、中端市场或低端市场。市场定位不同定价也不同。即便都在高端市场,也有一个价格区间,市场内同类产品的数量、附加值的高低均会影响产品的最终价格。不同的价格最终也会影响消费者的选择。在确定价格时还要考虑产品的利润空间大小。

（七）品类货源优势

产业带周边的卖家，销售相关产品具有供应链优势，比如深圳电子产业带、永康五金产业带、绍兴纺织产业带、广东童装产业带等。

（八）产品的生命周期

产品的生命周期一般分为引入期、成长期、成熟期、衰退期四个阶段。卖家要判断产品所处的生命周期阶段，优先选择快速成长阶段的产品，生命周期长的产品，可升级迭代的产品等。

总之，卖家要根据市场情况，综合多维度信息进行选品。

第二节　eBay 站内选品

eBay 站内选品主要采用三种方法，第一种是根据 eBay 站点的热卖品类进行选品，第二种是根据 eBay 的数据分析工具 Terapeak 进行选品，第三种是根据 eBay 的关键词搜索功能进行选品。

eBay 站内选品

一、eBay 站点热卖品类介绍

eBay 的一级类目包括电子产品（Electronics）、时尚类（Fashion）、健康与美容（Health & Beauty）、汽车零配件（Auto Parts & Accessories）、体育用品（Sporting Goods）、家居与园艺（Home & Garden）、收藏品与艺术品（Collectibles & Art）、玩具与爱好（Toys & Hobbies）、乐器（Musical Instruments & Gear）、视频游戏和游戏机（Video Games & Consoles）、婴幼儿（Baby）、工商业产品（Business & Industrial）等，如图 9-1 所示。根据 eBay 官方发布的数据显示，其中电子产品、时尚类、家居及园艺类、汽配类、商业和工业品类 5 个类目为 eBay 优选品类。

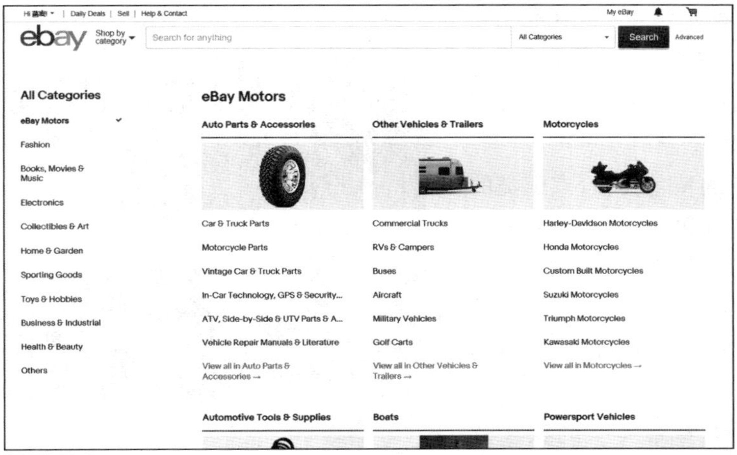

图 9-1　美国站分类示意

eBay 是目前全球最大的在线电子产品交易平台之一，电子类目也是 eBay 平台第一大分类。电子产品的二级类目有手机及配件(Cell Phones & Accessories)、智能手表(Smart Watches)、计算机和网络设备(Computers, Tablets & Network Hardwares)、智能家居(Smart Home)、相机和照片(Cameras & Photos)、消费电子(Consumer Electronics)等，如图 9-2 所示。

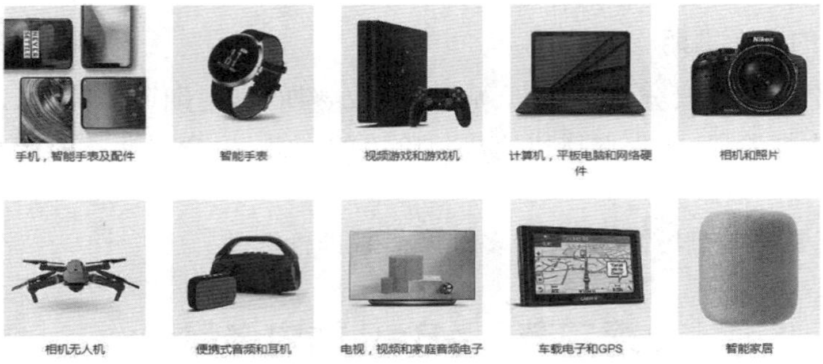

图 9-2　电子产品二级类目

表 9-1 显示了单位时间内，电子类目下各类产品的成交量。

表 9-1　电子类目中各类产品单位时间内的成交量

产品名称	平板及电子书	智能手机	手机配件	游戏配件	耳机产品
单位时间	每小时	每分钟	每分钟	每分钟	每分钟
出售数量	307 台	26 只	255 个	18 只	21 副
产品名称	无人机	智能手表	笔记本电脑	3D 打印机	智能家居
单位时间	每小时	每小时	每小时	每小时	每小时
出售数量	40 台	274 只	402 台	16 台	217 件

注：智能家居统计了美、英、澳、加四国，其他产品统计对象是所有站点。

eBay 也是全球最大的汽摩配交易平台之一，全球有超过 3 亿条汽摩配产品刊登，品类超过 10000 种，涵盖汽车、摩托车、全地形车、航空、船舶配件等，还包括汽车、摩托车、飞机和轮船等的整车销售，其中汽车在 8 个站点覆盖 50 万种车型。eBay 在欧美率先开放线上购买线下安装的服务，也为买家提供强大的平台工具方便买家快速搜索任意配件。

作为 eBay 的特色类目，汽配类的二级类目有汽车和卡车零件(Car & Truck Parts)、摩托车配件(Motorcycle Parts)、维修工具(Tools & Supplies)、车载电子(Car Electronics)等，如图 9-3所示。

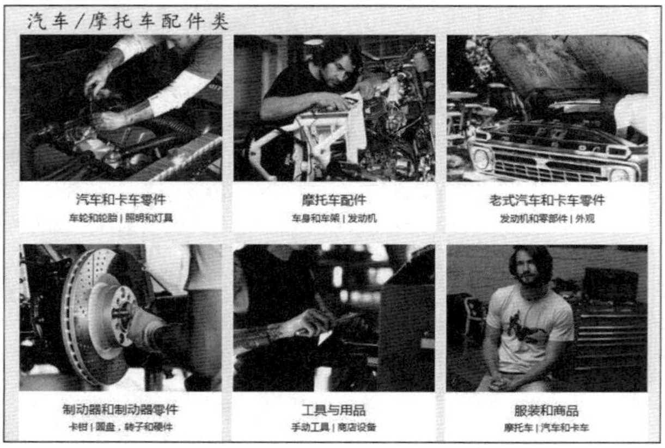

图 9-3　汽摩配类二级类目

eBay 还是全球最齐全的家居及园艺品在线交易平台之一，各大站点刊登了超15000和相关产品。表9-2所示为部分家居及园艺类产品的销售数据。

表 9-2　家居及园艺类产品销售数据

产品名称及数量	家电	手动工具	厨房用具
售出时间	5秒/件	4秒/件	3秒/件
产品名称及数量	电动工具	一件装饰品	床品
售出时间	19秒/件	7秒/件	10秒/件

二、根据eBay数据分析工具Terapeak进行选品

Terapeak是eBay官方唯一推荐的数据分析和调研工具，能够获取eBay各站点长达365天的销售数据，分析市场规模、类别、竞争对手和热门趋势，搜索全球销售最佳的产品排名，获得清晰且易于理解的统计数据，始终站在供应和需求变化的前沿。下面，我们利用Terapeak对蓝牙音箱(Bluetooth Speaker)在eBay美国市场的销售情况进行调研。

(一)市场规模调研

在Terapeak的“产品调研2.0”界面，输入产品名称“bluetooth speaker”，站点选择美国，我们就能获取过去一年蓝牙音箱在美国站点的销售数据，如图9-4所示。通过分析销量和销售金额等数据，卖家可判断出产品的市场规模。

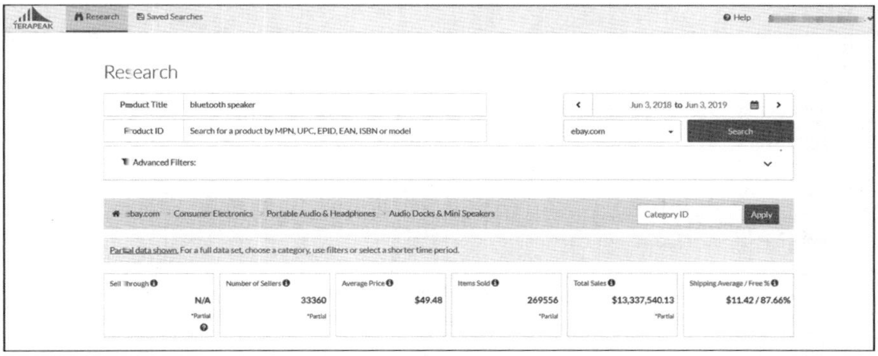

图 9-4　蓝牙音箱销售数据示意

Terapeak的调研结果显示，从2018年6月至2019年5月，eBay美国站点累计售出约27万件蓝牙音箱，销售总额达到1333.8万美元。由此，我们可以得出，蓝牙音箱在美国有一定的市场规模。

(二)日均销量分析

通过Terapeak，我们还能获取产品每天的销量情况，通过分析日均销量，卖家可推断出产品的销量是否受季节、节假日等因素的影响而产生波动。

蓝牙音箱的日均销量如图9-5所示，我们可以了解到该产品在美国的日均销量大概在750件左右，且总体保持稳定，受季节变化影响较小。12月份前后销量波动明显，可能是受促销的影响。因此，卖家在备货时，不用过多考虑季节因素，但最好在圣诞节前保持充足的货源，避免在销量增加时断货。

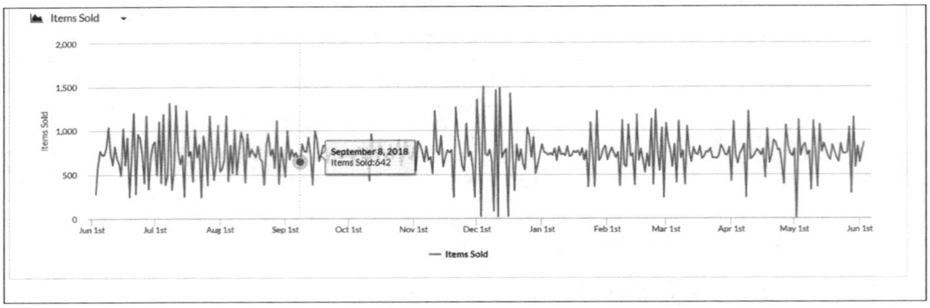

图 9-5　蓝牙音箱日均销量

（三）客单价分析

Terapeak 还向我们展示了产品每天销售的平均客单价，通过分析平均客单价，卖家能推断出消费者对产品的心理价位。

蓝牙音箱的日均客单价如图 9-6 所示，我们可以了解到该产品在美国的平均售价在 50 美元左右，且全年量价稳定。由此，我们可以推断出：在美国消费者心中，蓝牙音箱的理想价位在 50 美元左右。因此，卖家在选品时，优先考虑客单价在此区间的产品。

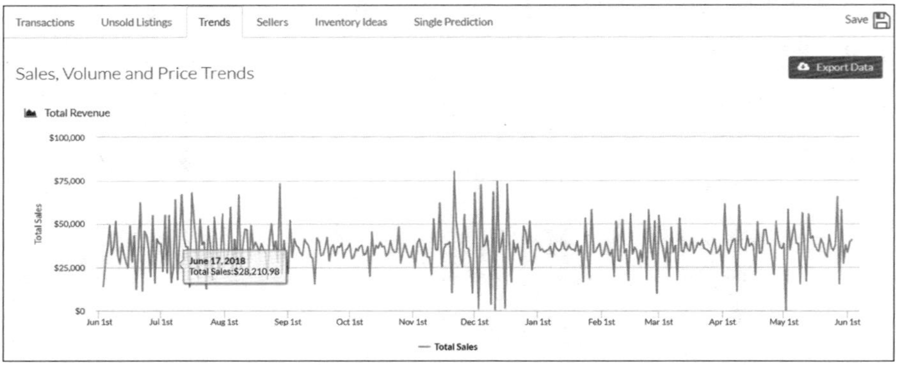

图 9-6　蓝牙音箱日均客单价

（四）竞争热度分析

卖家想了解市场的竞争热度，可重点分析大卖家的销售情况，包括销售量、销售总额和平均客单价等数据。

在美国，蓝牙音箱销售额排名前十的卖家如图 9-7 所示。据统计，从 2018 年 6 月至 2019 年 5 月，排名前十的卖家累计销售 6.04 万件蓝牙音箱，占销售总量的 22.4%；销售额为 463.4 万美元，占 34.7%。从销量和销售金额来看，大卖家已经占据了一定的市场份额，竞争似乎比较激烈。但是，我们还发现，排名前十的卖家，平均客单价均高于市场平均客单价，而且集中在 Bose、Apple、Sony、JBL 等知名品牌，说明大卖家占据的是中高端产品的市场份额，而中低端产品还有一定的市场空间。

Transactions | Unsold Listings | Trends | Sellers | Inventory Ideas | Single Prediction | Save

Top 10 Sellers Market Share: Not available with partial data

Competing Sellers	Items Sold	Average Shipping	Average Item Price	Total Sales
h***o	14,849	$0.04	$54.43	$793,728.83
b***e	4,226	Free	$125.85	$538,389.62
w***o	5,407	$0.13	$92.03	$497,048.78
9***l	6,142	$0.14	$75.85	$465,512.34
o***l	4,019	$0.02	$113.79	$455,124.65
v***t	5,667	$0.03	$72.44	$408,235.90
s***y	4,464	$0.80	$92.17	$405,291.34
e***s	6,276	Free	$62.31	$392,326.27
m***e	4,129	$1.06	$91.75	$373,691.31
e***t	5,199	$0.14	$59.32	$304,278.09

Items Per Page 10 20 50 Page 1

图 9-7 蓝牙音箱 Top10 卖家

（五）热销产品分析

通过分析热销产品，卖家能了解消费者的偏好，从而有针对性地去开发产品。我们利用 Explore eBay(https://explore.ebay.com/)，对近一周最畅销的 40 款蓝牙音箱进行调研，畅销榜如图 9-8 所示。

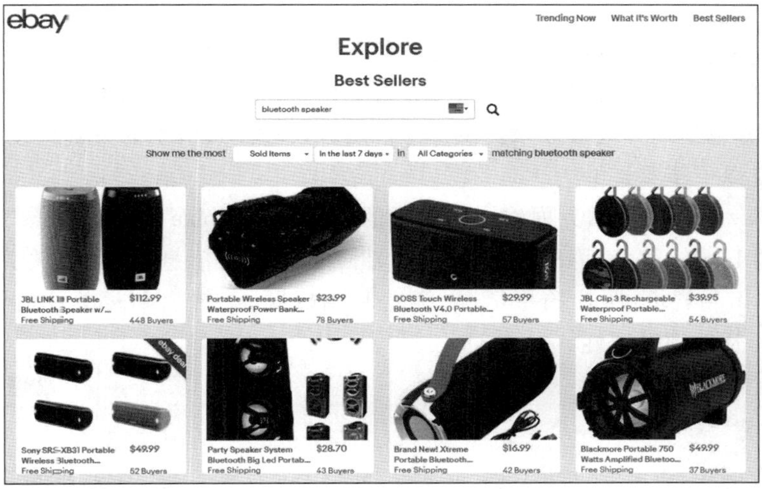

图 9-8 蓝牙音箱畅销榜

结果显示，体积小、重量轻、带充电电池的便携式蓝牙音箱销量较好，有 87.66％的订单提供包邮服务。此外，美国消费者喜欢户外活动，更偏爱可防水的蓝牙音箱。而在色彩选择方面，更倾向于黑色。

此外，我们还发现有卖家独辟蹊径，创新性地将蓝牙音箱集成到平衡车，再搭配炫丽 LED 灯饰，深受年轻消费者喜爱，且客单价较高，取得了良好的销售业绩，如图 9-9 所示。

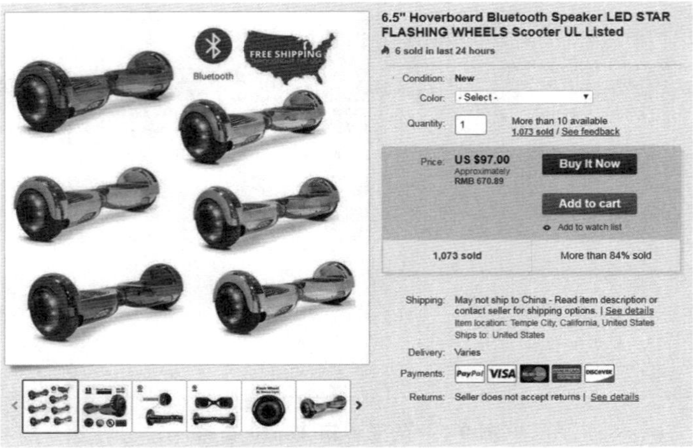

图 9-9　创意类蓝牙音箱

通过调研，卖家能够了解产品的市场规模、销量趋势、价格变化、竞争热度、消费者的偏好及产品的创意等市场信息，为选品决策提供依据。

三、根据 eBay 关键词搜索工具进行选品

每个电商平台都提供了搜索工具，它不仅能够为买家寻找产品提供帮助，也能为卖家分析市场带来帮助，卖家可以通过搜索工具找到出售同类产品的竞争对手的销售情况，为选品提供依据，也为提升运营效果提供参考。卖家通过搜索引擎的关键词搜索进行选品，主要可以参考以下步骤。

(1)在 eBay 平台的搜索界面输入想搜索的关键词，如“bike”，点击“搜索”按钮，图 9-10 展示了所有的 Listing，卖家可以在搜索结果界面了解相关信息，包括相关关键词、种类、Listing 类型、市场规模、照片拍摄情况、标题和副标题、已售出和被关注的情况、物流情况、价格、公司及性别等属性。

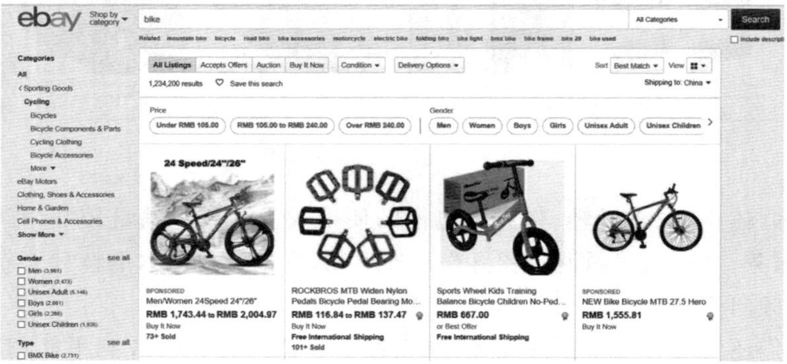

图 9-10　根据“bike”关键词搜索得到的结果界面

卖家还可以根据自己的需要进一步缩小搜索结果的范围。

如根据 Listing 的不同属性，在“Accept offers”(买家乐于购买的产品)、“Auction”(拍卖的产品)、“Buy it Now”(立即购买的产品)、“Condition”(根据 Listing 的新旧等状态)和

“Delivery Option”(物流选择)间进行选择。

如根据价格区间，在“under RMB 105”(低于105元人民币)、“RMB 105 to RMB 240”(介于105元到240元人民币之间)和“over RMB 240”(高于240元人民币)间进行选择。

如根据性别，在“Men”(男性)、“Women”(女性)、“Boys”(男孩)、“Girls”(女孩)、“Unisex Adult”(无性别差异成年人)和“Unisex Children”(无性别差异儿童)间进行选择。

(2)缩小范围后可圈定某个具体的产品，我们选择图9-10中的第一个搜索结果，点击后可进入该产品的详情页，图9-11所示为详情页的头部信息。

图 9-11　某产品详情页的头部信息示意

在图9-11中，卖家可以看到产品更加详细的情况，比如每个小时就有51个浏览量、买家100%的满意度、已销售量(243)及买家的反馈等。

(3)卖家可以点击“243 sold”进一步了解该产品的已成交信息，如图9-12所示。

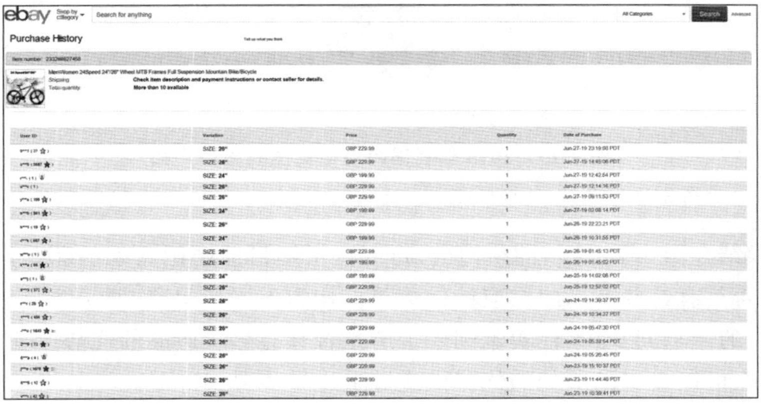

图 9-12　已成交信息示意

在图9-12中，卖家可以看到这款产品的买家ID、多属性、价格、每次成交数量和成交时间。ID信息基本隐匿，可以不用关注，从多属性中可以了解到是24寸还是26寸的型号更受欢迎；从价格栏可以了解到不同型号对应的价格不同，但是一段时间内该产品的价格基本稳定；从数量中卖家可以看到该产品的基本成交数量为1；从时间上卖家可以看到该产品的销售速度及该产品是否有备货。

综上三步，卖家可以通过搜索引擎的关键词为选品提供参考依据。

另外，为防止出现违反境内外法律规定的交易，卖家在选品时必须遵守平台的禁限售规则。eBay 平台的违禁品和管制物品可参考本书第三章的内容。

第三节　站外选品

他山之石可以攻玉，卖家可以通过分析跨境行业的整体情况、其他跨境电商平台、社交平台、供应链平台的销售数据和搜索引擎的信息，挖掘消费者需求，掌握市场热点，进行选品。

一、根据跨境行业的整体情况选品

电子商务研究中心发布的数据显示，2018 年我国出口跨境电商产品类目主要分布在 3C 电子产品（20.8%）、服装服饰（9.5%）、家居园艺（6.5%）、户外用品（5.4%）、健康美容（5.0%）、鞋帽箱包（4.7%）、母婴玩具（3.3%）、汽车配件（3.1%）、灯光照明（2.8%）、安全监控（2.2%）等品类，如图 9-13 所示。

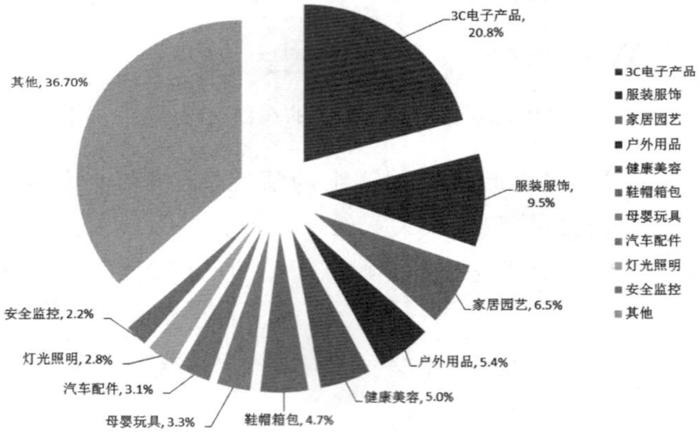

图 9-13　2018 年我国跨境电商主要出口产品

资料来源：电子商务研究中心，仅供参考。

卖家可以结合图 9-13 所示的热门出口产品，了解目前中国卖家的哪些产品销售形势良好，自己是否具有这些产品的供应链优势等。作为工厂型卖家，要了解自己的产品是否与境外消费者的需求同步；其他卖家则要了解是否具有热卖产品的优势产业等，如果答案是肯定的，那么可以在自己所处的优势供应链上进一步寻找产品。

二、根据其他跨境电商平台热卖品类选品

各地区的优势产业

eBay 和亚马逊、速卖通等跨境电商平台的目标市场具有一定的重合度。卖家通过分析其他跨境电商平台的销售现状，在选品时能得到一定的启发。

在亚马逊平台每个产品的描述中，都包含对应类目的 Best Sellers Rank

（销量排行榜），Hot New Releases（热销新品榜），Movers & Shakers（销量飙升榜），Most Wised For（收藏排行榜），Gift Ideas（礼品推荐榜）等榜单。这些榜单在不同程度上代表着平台的销售现状、用户需求和销售趋势。如果发现有产品同时出现在上述多个榜单中，建议卖家重点进行关注，有可能是潜在的爆款。

数据纵横是速卖通基于平台大数据打造的一款数据产品，可提供平台各行业的交易状况、买家分布、热卖产品、热搜关键词等数据，为卖家的选品决策提供数据支撑。卖家根据“行业情报”提供的行业数据和行业趋势，了解速卖通平台各行业的销售情况，确定要经营的行业，优先选择竞争尚不激烈，但又充满买家需求的蓝海行业。“选品专家”从热销和热搜两个维度，反映用户需求和流行趋势。

此外，卖家也可以关注目标市场的行业网站，重点关注热销，特别是最新款式的产品，这在很大程度上反映了当地消费者的需求和偏好。有跨境电商卖家选品的方式就是高度模仿目标市场一个行业网站的产品发布，选择最畅销的产品，从而取得了非常不错的市场效果。

三、社交平台选品

社交平台集聚了大量的用户，由于传播速度快、用户定位精准及营销个性化，迅速成为网络营销的首选渠道。因此，通过对社交平台的营销情况进行分析，可以为选品提供决策支持。

作为全球最大的社交网站，Facebook 每月活跃用户数高达 13 亿人次。此外，大约有 3000 万家企业利用 Facebook 开展网络营销，其中 150 万家企业发布付费广告。基于社交媒体“强互动”的特征，卖家可以检索近期投放视频广告的产品，重点关注其点击量、评论数和分享次数。如果点击量高，且一周内有大量用户转发和评论，说明产品的关注度高，有一定的市场空间，如图 9-14 所示。

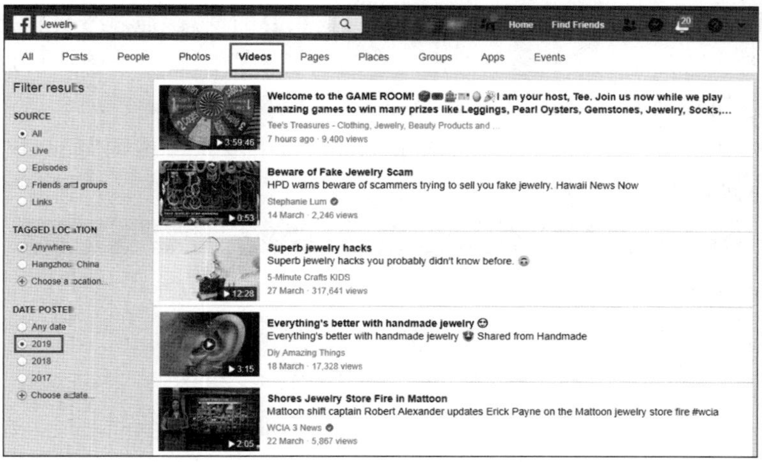

图 9-14 Facebook 营销视频

YouTube 是全球最大的视频网站，每天都有成千上万的视频被用户上传、浏览和分享。同样，如果与产品相关的视频受到用户的热捧，说明该产品深受消费者喜欢，市场需求量较大。

抖音作为我国爆炸式成长的视频社交媒体，受到了国际市场消费者的追捧，作为新兴社交媒体，必将成为社会化营销的主要渠道和战场，因此关注抖音市场的产品热度，也可以为选品提供重要的参考信息。

四、供应链平台选品

随着跨境电商的迅速发展，跨境供应链平台也快速发展，除传统的国际物流服务平台外，如阿里巴巴旗下的 1688、中财加速度的 S2B2C、雨果网的 CCEE 等也为跨境电商卖家提供一站式供应链服务。

在 1688 跨境专供区，如图 9-15 所示，有近 50 万中小企业为速卖通、亚马逊、Wish、eBay、Lazada 等跨境出口平台的卖家提供一站式选品服务。因此，通过分析 1688 平台跨境产品的销售量和搜索量等指标，也能准确反映出市场需求和市场容量。卖家可根据平台跨境热销榜和跨境飙升榜，再结合目标市场消费习惯，开发出有竞争优势的产品。

图 9-15　1688 跨境产品开发工具

五、搜索引擎选品

在互联网时代，用户习惯于使用搜索引擎寻找想要的信息，通过分析特定时期内关键词的检索量，很大程度上能准确地挖掘出用户的消费需求。如卖家想调研珠宝类目在美国的市场规模，可以使用 Google Trends 等工具。

在 Google Trends(https://trends.google.com/)中输入关键词"Jewelry"，查看其在美国近五年的搜索热度变化趋势，如图 9-16 所示。

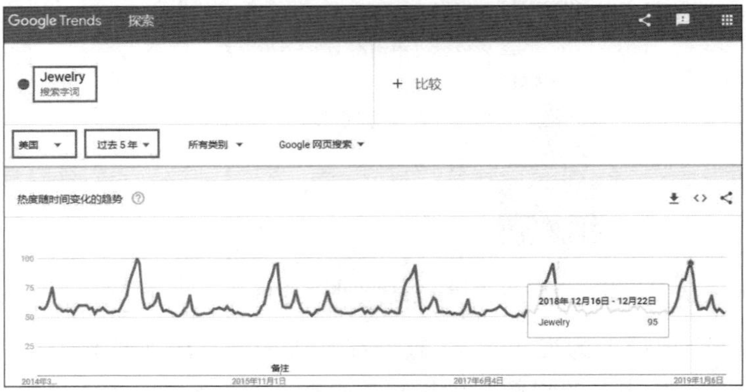

图 9-16　Google Trends 对"Jewelry"词的搜索数据

搜索热度趋势图表明，在过去 5 年，“Jewelry”一词在美国保持着较高的搜索热度；每年的 11 月和 12 月，搜索量急剧增长。由此，我们可以判断出：在美国，珠宝类目有着较大的市场规模，且需求量总体保持稳定；在每年圣诞季会达到峰值，而节后则迅速回落。

第四节　产品定价

一、产品定价方法

价格是竞争的重要手段，也是影响交易成败的重要因素。产品定价是营销策略组合中的关键组成部分，也是最难以确定的因素。常用的产品定价方法有成本导向定价法、需求导向定价法和竞争导向定价法。

（一）成本导向定价法

即在产品单位成本的基础上，加上预期利润作为产品的销售价格。

（二）需求导向定价法

即根据境内外市场需求状况和消费者对产品的价值感受来确定价格的定价方法。这种定价方法主要考虑顾客可以接受的价格及在这一价格水平上的需求数量，而不是产品的成本。按照这种方法，同一产品只要需求大小不一样，就制定不同的价格。

（三）竞争导向定价法

即以市场上竞争者的类似产品的价格作为产品定价参照系的一种定价方法。对竞争对手的价格保持密切关注，以竞争对手的价格作为自己产品定价的主要依据。

三种方法各有利弊，如表 9-3 所示。卖家要结合实际情况，采用多种定价组合方法，才能更好地适应市场。

表 9-3　产品定价方法及其优缺点比较

定价方法	优点	缺点
成本导向定价法	是一种比较理性的定价方法，易于理解，使用广泛	如果预估成本和实际成本相差较大，可能导致企业亏损
需求导向定价法	依据市场情况制定价格，能灵活有效地运用价格差异	该方法要判断消费者对各种不同产品感受的价值，这很难衡量，费时费力
竞争导向定价法	以产品价格在市场上的竞争力为出发点	过分关注价格上的竞争，容易忽略其他营销组合可能造成产品差异化的竞争优势；容易引起竞争者报复，导致恶性的降价竞争，使公司没有利润；竞争者价格变化难以被精确估算

二、eBay 平台产品定价公式

1. 产品价格的构成

产品的价格是指产品在 eBay 平台销售给客户的价格，一般包括产品价值、eBay 平台费用、物流成本、PayPal 费用、其他成本及销售利润等几个部分，每个部分又包括一些细分项目，具体如表 9-4 所示。

表 9-4　产品价格的构成

主要组成部分	细分项
产品价值	产品成本
eBay 平台费用	eBay 刊登费、eBay 功能费、eBay 成交费等
物流成本	包装成本、运费等
PayPal 费用	PayPal 手续费
其他成本	广告费、退货成本、英国及欧盟的 VAT 税、海外仓仓储费等
销售利润	预期的销售毛利润

（二）产品定价公式

根据产品价格的组成，我们可以很方便地得到产品定价的公式，即产品价格是所有产品价格构成部分之和，如图 9-17 所示。

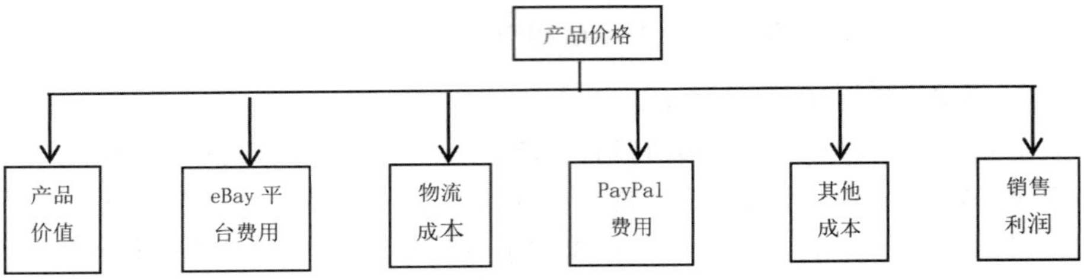

图 9-17　产品定价公式示意

在实际运营中，产品价格会涉及多个成本细节因素，包括前期成本和后期成本。前期成本包括采购成本和运输入库成本，后期成本包括海外仓成本和售后成本，每项成本的组成又有不同的组成因素，因此产品价格确定更为复杂，卖家可以根据自己的实际情况进行报价。在实际操作中，对成本的核算会采用相对简单的方法，比如对其他成本会做一个大概的估算。产品售价公式为

产品售价＝产品成本＋ eBay 平台费用＋物流成本＋ PayPal 费用＋其他成本＋销售利润

【例 9-1】 假设产品 A 采用直邮方式发货，产品成本价为 9.8 元/件，当前美元兑人民币汇率是 6.86，销售利润为成交价的 15%，eBay 平台费包括 0.3 美元的刊登费及成交费（成交价的 10%），物流成本为 14 元，PayPal 手续费为 0.3 美元加成交价的 3.9%，其他成本比率为 5%。该产品成交价应为多少美元？

解：

产品的售价＝产品成本＋ eBay 平台费用＋物流成本＋ PayPal 费用＋其他成本＋销售利润

产品的人民币售价＝9.8＋ 0.3×6.86＋产品的人民币售价×10%＋14＋0.3×6.86＋产品的人民币售价×3.9%＋产品人民币售价×5%＋产品人民币售价×15%，求解得

产品的人民币售价＝(9.8＋ 0.3×6.86＋0.3×6.86＋14)÷(1－15%－10%－3.9%－5%)＝42.23(元)

以美元计价的产品售价＝42.23÷6.86＝6.16(美元)

小结

1.选品的基本思路包括走专业化品牌化的路线、平台内选品和平台外选品等三个方面。

2.选品考虑的因素包括市场容量、市场竞争度、产品的体积重量、颜色款式、法律法规、价格、品类货源优势等。

3.eBay站内选品主要采用三种方法，第一种是根据eBay站点的热卖品类进行选品，第二种是根据eBay的数据分析工具Terapeak进行选品，第三种是根据eBay的关键词搜索功能进行选品。

4.卖家可以通过分析跨境行业的整体情况、其他跨境电商平台、社交平台、供应链平台的销售数据和搜索引擎的信息，挖掘消费者需求，掌握市场热点，进行选品。

5.常用的产品定价方法一般有成本导向定价法、需求导向定价法和竞争导向定价法。

6.产品的价格是指产品在eBay平台销售给客户的价格，一般包括产品价值、eBay平台费用、物流成本、PayPal费用、其他成本及销售利润等几个部分。

7.产品售价＝产品成本＋ eBay平台费用＋物流成本＋ PayPal费用＋其他成本＋销售利润。

思考题

1.eBay的热卖品类是什么？

2.一般选品的思路是什么？

3.选品的影响因素有哪些？

4.eBay站内选品的方法有哪些？

5.eBay站外选品的方法有哪些？

6.一般定价的方法有哪些，各有哪些优缺点。

7.eBay平台产品定价的一般公式是什么？

操作题

使用Google Trends，对感兴趣的产品进行市场调研。

第十章

数据分析与 Listing 运维优化

学习要求

通过本章学习，掌握 eBay 数据分析方法与 Listing 运维优化技巧。应了解数据分析意义及常用分析指标；熟练掌握 eBay 后台 Performance 模块的功能；熟练掌握 eBay 后台 Growth 模块的功能，并能对 Listing 进行诊断与优化，让账户保持一个良性状态。

卖家在 eBay 平台上运营一段时间后，如何查看自己账户的数据表现并进行适当的优化呢？本章将通过解读以下问题帮助卖家掌握相关方法。

- 为什么要进行数据分析？数据分析常用的指标有哪些？
- 如何对 eBay 后台 Performance 模块进行分析？
- 如何对 eBay 后台 Growth 模块进行分析？
- 如何进行 Listing 诊断与优化？

第一节　数据分析

一、数据分析的定义

数据分析是指用恰当的分析方法对收集来的大量数据资料进行分析、研究和概括，从而形成有用的信息和结论的过程。通过收集店铺运营信息，并进行数据分析可以实现最大化地提取有用的信息、开发数据资料的功能并形成有效决策，从而更好地发挥数据的作用。

eBay 卖家通过数据分析的方法，将各种指标定性、定量地分析出来，为决策者提供最准确的参考依据，从而使得整个店铺的运营建立在科学分析的基础之上。

二、数据分析常用的指标

数据分析常用的指标有曝光量、访客数、浏览量、点击率、转化率等，其具体含义如下。

（一）曝光量（Impressions）

产品出现在买家搜索结果页面被展示的次数。

（二）访客量(Unique Visitor)

这是网站独立访客，即访问网站的，以一台电脑客户端为一个访客。

（三）浏览量（Page View）

指该刊登 Listing 被点击查看产品详情页的次数。

（四）点击率（Click-Through Rate）

点击就是买家查看卖家的产品详情展示，点击率即浏览量占曝光量的百分比。

（五）转化率（Sales Conversion Rate）

产品从访客数转化为成交订单数的比率，等于下单用户数除以访客数。

三、eBay 卖家获取数据的途径

eBay 卖家获取数据的途径主要有 eBay 后台数据、eBay 卖家中心、第三方数据分析工具等，下面对如何从这些渠道获取数据进行介绍。

（一）eBay 后台数据

eBay 后台数据主要包括 Seller Hub 中的 Performance 模块和 Growth 模块。Performance 模块是业绩报告，通过详细的销量数据和流量数据分析帮助卖家实现销售策略最大化。Growth 模块是增长建议工具，通过待改善的产品、产品品类趋势指引、库存补充建议等维度进行数据分析，帮助卖家实现销量的增长。

（二）eBay 的卖家中心

登录 http://www.ebay.cn，点击“卖家中心”，进入“卖家中心”页面。卖家中心包括账户概况、政策表现、eBay 热卖、刊登诊断、营销活动等，其中账户概况和刊登诊断对数据分析来说非常重要，卖家要多关注。

账户概况模块中“账户销售总览”提供当前账户各销售环节的表现数据，并通过与自身历史销售数据的对比，分析自身销售存在的问题及成长空间。销售数据主要包括成交额、成交量、浏览量、曝光量、刊登量、成交率、不良交易率等。

刊登诊断模块提供成交额、成交量、浏览量、曝光量、刊登量、成交率、不良交易率 7 种排序方式，帮助卖家筛选出对账户销售影响较大的刊登，做进一步问题分析。通过 6 个角度分析刊登问题，即不良交易问题、物流方式问题、图片与描述问题、价格问题、关键字问题、引流问题。卖家可以根据这些问题进行相应的优化。

（三）第三方数据分析工具

分析 eBay 平台的第三方工具有 Terapeak、数字酋长等。Terapeak 与 eBay 密切合作，根据实际的 eBay 销售生成数据。卖家可以通过 Terapeak 进行产品调研、分类调研、竞争对手调研等，从而让卖家能够发现自己的真实潜力，知道何时销售、定价多少合适，以及了解竞争对手的动向。数字酋长提供 eBay 店铺内的流量、访客数、销售额、转化率等详细报表，让卖家对店铺情况一目了然。卖家可以通过这些第三方数据分析工具对自己的店铺进行诊断，然后进行适当的优化，从而提高销售。

进阶版卖家中心指南

【思考题】 如何提高产品的曝光量？

第二节 eBay 后台 Performance 模块介绍与分析

eBay 后台 Performance 介绍

Performance 模块是关于销售和账户的一些数据信息，卖家可以根据这些数据信息对自己的销售业务做出相应的调整。以美国站为例，Performance 模块主要从 Summary（总览数据情况）、Seller level（卖家账户等级查看）、Sales（销售报告分析）、Selling costs（销售成本报告）、Traffic（流量分析）、Impressions（曝光量分析）、Service metrics（服务指标分析）这 7 个方面对账户整体表现进行评估。

登录 http://www.ebay.com/sellerjub，点击“Performance”就可以查看业绩报告，如图 10-1 所示。

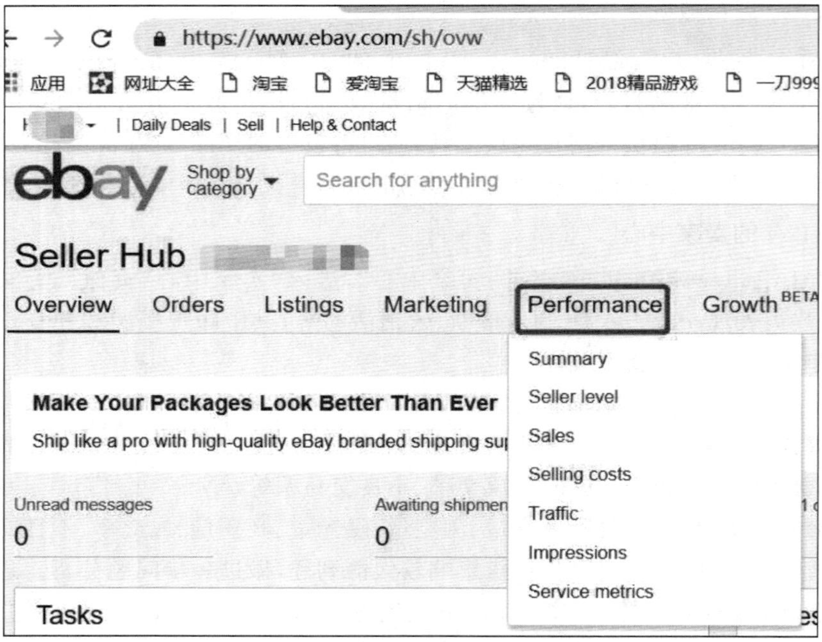

图 10-1 “Performance”界面

一、Summary（总览数据情况）

在“Performance”下拉菜单中点击“Summary”，即可总览卖家销售数据情况，如图 10-2 所示，具体包括以下几个模块。

（一）“Sales” 和 “Sales（last 31 days）” 模块

“Sales”模块主要是对最近 1 天、7 天、31 天或 90 天的销售情况的总览。在这个模块中可以看到指定时间范围内每天的销售额，能直观地看到卖家的销售额增长或者下滑。卖家通过查看这些数据，进行销售的调整。如果要看更详细的 Sales 数据，要点击“Sales”看到明细的数据。

“Sales(last 31 days)”模块可以查看近 31 天该站点的总体销售情况，从图 10-2 中可以看到，该店铺销售额环比下降了 26.5%，同期整个市场平均销售额下降了 2.4% 。右侧 2 个数字是做同期对比，也就是最近的 31 天和上一年同期做对比，数据显示整个市场的同期对比下降了 10%，而本账户则增长了 100% 。“Our take”部分是 eBay 根据每个卖家的实际表现，会推荐卖家继续深入查看某一些指标。图 10-2 中所示 Listing 曝光量下降了 25%，点击“Check out your impression trends”就会跳到“Impressions”模块，在此模块下可查看详细的数据。

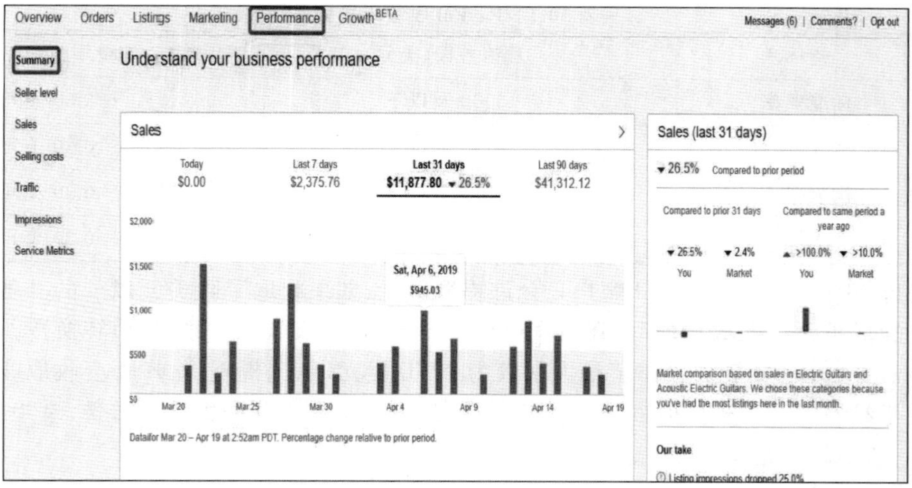

图 10-2 “Sales”和“Sales(last 31 days)”模块界面

(二)“Selling costs” 模块

在“Selling costs”模块中可以看到本账户最近 31 天总体的销售成本数据，如图 10-3 所示。这里的销售成本主要是 eBay 的平台费用和 PayPal 费用，具体包含了以下几个方面。

1. Total sales(总销售额)

本账户的总销售额是＄11877.80。

2. eBay fees(eBay 平台费用)

总共为＄886.04，具体包括以下一些费用。

(1)Listing fees(刊登费)：＄0.00。

(2)Final value fees(成交费即佣金)：＄888.39。成交费和销售额有关系，一般销售额越高，成交费就越高。

(3)Subscription fees(订阅费)：＄21.95，这是指店铺的订阅费，一般会在每个月的固定一天收取。

(4)Fee credits(返还的费用)：＄24.30，是指 eBay 返还的费用。假如因为种种原因买卖双方无法达成最终交易，经与客户沟通同意退款，卖家可以成功收回 eBay 的成交费。

(5)Discounts(折扣)：如参加了 eBay 的一些促销活动而产生的折扣费用。

3. Shipping labels(标签费)

＄0.00,即退货标签的费用,一般指由卖家的原因导致买家要求退货,卖家承担退货运费,要将退货标签提供给买家。

4. PayPal fees(PayPal 费用)

＄413.27,PayPal 费用主要包括 eBay 卖家使用 PayPal 收款的手续费和 PayPal 账户提现手续费。PayPal 手续费和销售额有关系,一般销售额越高,PayPal 手续费就越高。

PayPal 会收取一定的收款手续费,大致的费用如表 10-1 所示。

表 10-1　PayPal 收款手续费

指标	月销售额(美元)	费率
标准费率	3000 及以下	4.4％ ＋ 0.30 美元
优惠费率	3000～10000	3.9％ ＋ 0.30 美元
	10000～100000	3.7％ ＋ 0.30 美元
	100000 以上	3.4％ ＋ 0.30 美元

另外,中国大陆的 PayPal 账户只允许提取美元,如果收取了除美元以外的其他币种,需要转换成美元才能成功提取,在这个过程中 PayPal 会收取 2.5％的货币转换费。

最后,PayPal 提现美元单笔最大限额为 10 万美元,每笔提现 PayPal 会收取 35 美元的提现手续费。在提现的时候还应注意,不同的银行会有不同的银行中转费,拿中国银行来说,一般中转费是每笔 12 美元。

5. Net sales(净销售金额)

＄10578.49,销售额减去上述这些费用后的销售金额。

图 10-3 中的左侧环形图可以看到净销售成本占总销售额的百分比,本例中是 11％。这些成本数据分析有助于卖家有针对性地控制成本。

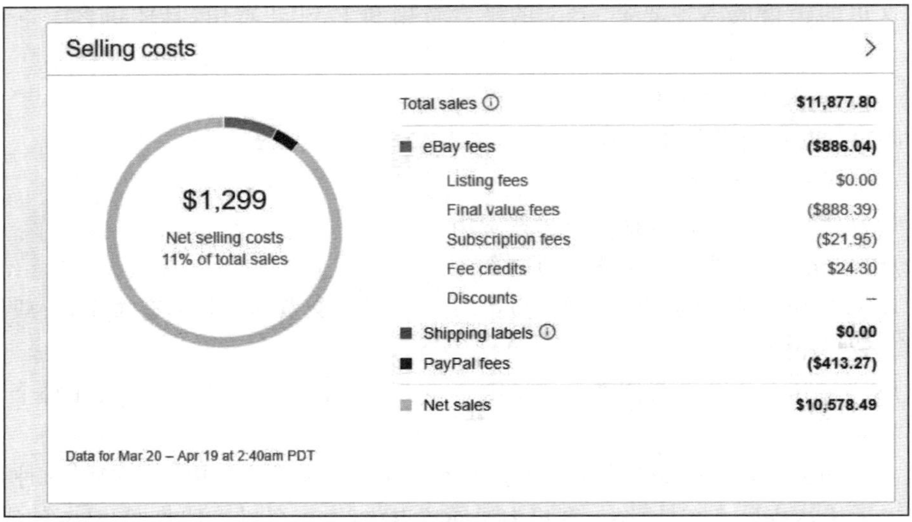

图 10-3　"Selling costs"模块界面

（三）"Traffic" 模块

本模块包含了有关流量的 4 个重要数据，即 Listing 的曝光量、点击率、浏览量和转化率，具体情况如图 10-4 所示。这部分内容将在本节第五部分"'Traffic'(流量分析)"中进行详细的解读。

图 10-4 "Traffic"模块界面

（四）"Seller level" 模块

本模块即卖家的账户等级，包括评级、不良交易率、延迟运达率、及时上传有效跟踪单号比率、未解决纠纷率、过去 12 个月的交易量和交易额等，如图 10-5 所示。

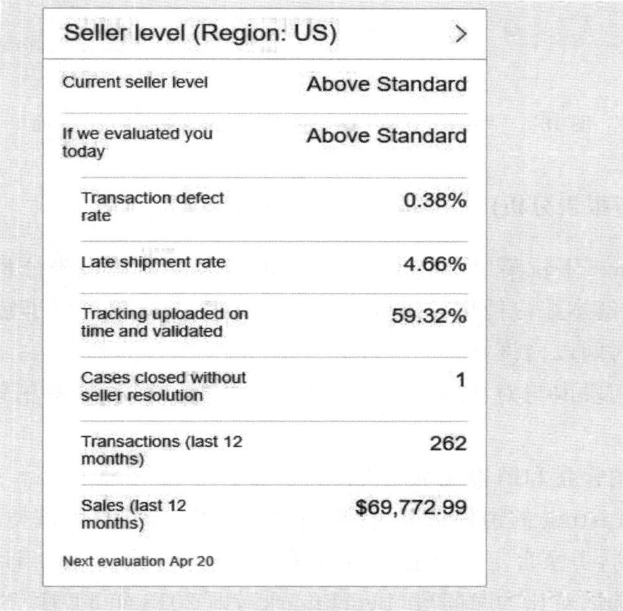

图 10-5 "Seller level"模块界面

二、Seller level（卖家账户等级查看）

与“Summary”下的“Seller level”不同的是，在“Performance”下拉菜单中点击“Seller level”，即可直接跳转到 Seller Dashboard(卖家成绩表)查看卖家账户等级的详细信息，如图 10-6 所示。每个卖家账户有两种类型的等级，第一种类型是账户目前的等级(Current seller level)，图 10-6 中所示本账户目前的等级在标准之上。第二种类型是根据当前的账户表现预估的下个月的等级(If we evaluated you today)，图 10-6 中所示预估本账户的等级也是标准之上。除账户等级之外，还可以看到不良交易率、延迟运达率、及时上传有效跟踪单号比率、未解决纠纷率、过去 12 个月的交易量和销售额。卖家可以根据自己的等级进行销售行为的优化。

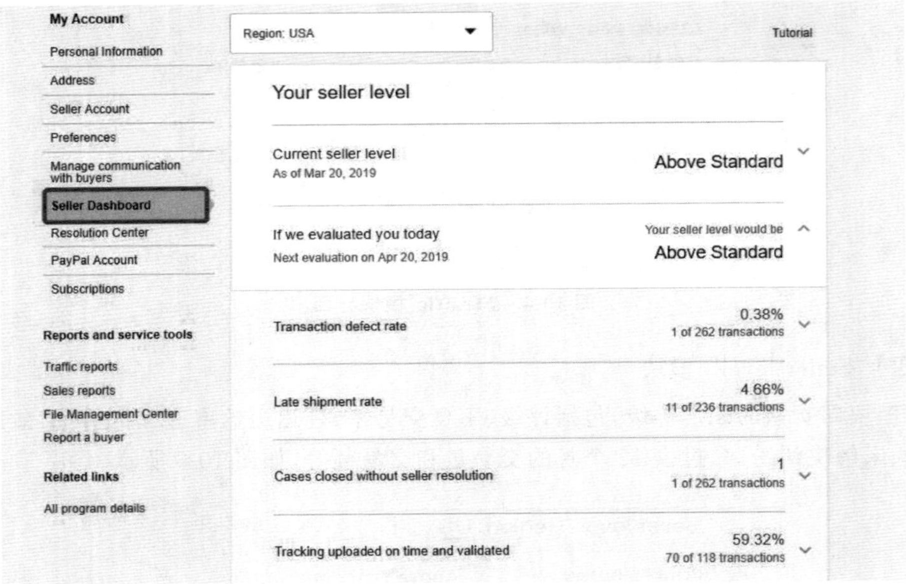

图 10-6 “Seller Dashboard”中的“Your seller level”界面

三、Sales(销售报告分析)

在“Performance”下拉菜单中点击“Sales”，即可看到销售报告分析，如图 10-7 所示。在该界面下可以了解本账户销售额的概况。根据此报告，卖家可以了解以下信息。

(1)查看选定时间段内该站点的总体销售量情况。

(2)对选定时间段内与对比时间段的销售数据进行对比，了解销售额是否有增长或跌落。

(3)了解每日销售量和销售成本的支出与回报。

(4)关注每条 Listing 的销售情况，找到高回报率的产品，加大该类产品的投入力度。

以图 10-7 为例，卖家自定义查看选定时间段，即 2019 年 2 月 1 日到 2019 年 4 月 19 日的销售数据，并选取对比的时间段(Benchmark)，即 2018 年 11 月 15 日到 2019 年 1 月 31 日。选取好后可以看到如下结果：2019 年 2 月 1 日到 2019 年 4 月 19 日的总销售额是

$36929.19,比2018年11月15日到2019年1月31日的销售额增长了71.9%。图10-7中蓝色柱状图(基线以上)是销售额,黄色柱状图(基线以下)是销售成本,曲线代表的是选定时间段与对比时间段销售额的涨跌情况。

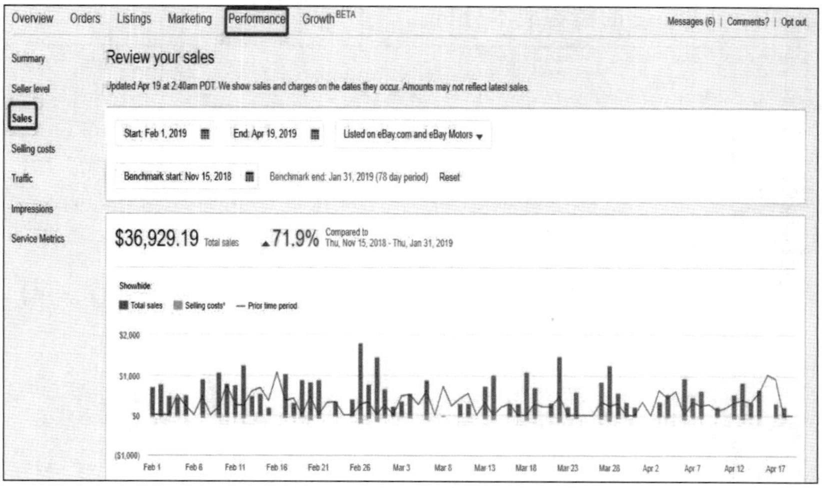

图 10-7 "Sales"界面

在Listing明细清单中可以看到每一条的销售量、根据销售总金额的排序、销售成本、净销售额及这些指标和上一个周期的对比数据,如图10-8所示。卖家可以通过这些报告找到销量最好的Listing进行相应的优化,提高曝光量和转化率。卖家也可以通过销售数据来针对性地找到销售成本特别高,或者相对不合理的Listing来做一些提高和优化。

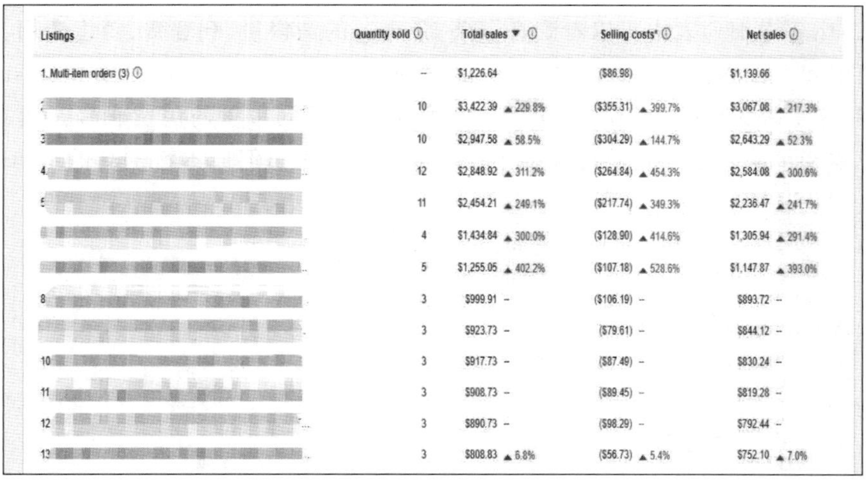

Listings	Quantity sold	Total sales ▼	Selling costs*	Net sales
1. Multi-item orders (3)	–	$1,226.64	($86.98)	$1,139.66
[illegible]	10	$3,422.39 ▲229.8%	($355.31) ▲399.7%	$3,067.08 ▲217.3%
3 [illegible]	10	$2,947.58 ▲58.5%	($304.29) ▲144.7%	$2,643.29 ▲52.3%
4 [illegible]	12	$2,848.92 ▲311.2%	($264.84) ▲454.3%	$2,584.08 ▲300.6%
5 [illegible]	11	$2,454.21 ▲249.1%	($217.74) ▲349.3%	$2,236.47 ▲241.7%
[illegible]	4	$1,434.84 ▲300.0%	($128.90) ▲414.6%	$1,305.94 ▲291.4%
[illegible]	5	$1,255.05 ▲402.2%	($107.18) ▲528.6%	$1,147.87 ▲393.0%
8 [illegible]	3	$999.91 –	($106.19) –	$893.72 –
[illegible]	3	$923.73 –	($79.61) –	$844.12 –
10 [illegible]	3	$917.73 –	($87.49) –	$830.24 –
11 [illegible]	3	$908.73 –	($89.45) –	$819.28 –
12 [illegible]	3	$890.73 –	($98.29) –	$792.44 –
13 [illegible]	3	$808.83 ▲6.8%	($56.73) ▲5.4%	$752.10 ▲7.0%

图 10-8 Listing销售明细清单

四、Selling costs (销售成本报告分析)

在"Performance"下拉菜单中点击"Selling costs",即可看销售成本报告分析,如图10-9所示。根据此报告,卖家可以了解以下信息。

(1)选定时间段内总体销售成本数据。

(2)分析选定时间段内销售成本和销售额的占比情况。

(3)具体各项费用的分布情况。

(4)每条 eBay Listing 的销售成本分析。

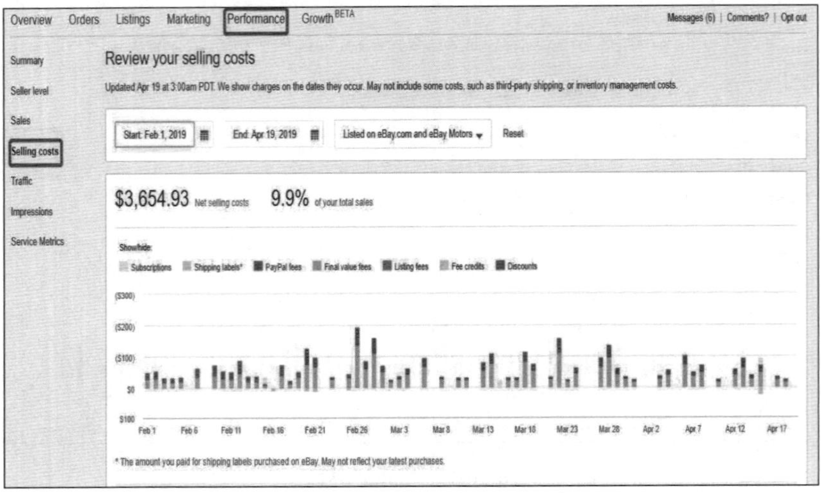

图 10-9 "Selling costs"界面

在图 10-9 中,卖家选择的时间段为 2019 年 2 月 1 日到 2019 年 4 月 19 日,可以看到销售成本各个组成指标的波动,主要包括订阅费、标签费、PayPal 费用、成交费、刊登费、返还的费用和折扣。

在 Listing 详细列表中可以看到每一条 Listing 的销售量、刊登费、销售费用、标签费、返还的费用和净成本,如图 10-10 所示。这里的括号值代表的是负值,有些 Listing 的刊登费为零,这是因为根据店铺的不同等级卖家能享受不同数量的免费刊登。卖家可以根据销售成本清单的明细找到销售成本比较高或者没有售出但成本特别高的 Listing,有针对性地去优化。

Listings	Quantity sold ⓘ	Listing fees ▼ ⓘ	Selling fees ⓘ	Shipping labels* ⓘ	Fee credits ⓘ	Net costs ⓘ
1. Multi-item orders (3) ⓘ	–	–	($86.98)	–	–	($86.98)
2 [illegible]	1	$0.00†	$0.00†	–	–	$0.00†
[illegible]	2	$0.00†	$0.00†	–	–	$0.00†
[illegible]	1	$0.00†	$0.00†	–	–	$0.00†
5 [illegible]	3	$0.00	($79.61)	–	–	($79.61)
[illegible]	3	$0.00	($83.24)	–	–	($83.24)
7 [illegible]	0	$0.00	$0.00	–	$9.76	$9.76
[illegible]	2	$0.00	($66.37)	–	–	($66.37)
[illegible]	2	$0.00	($64.26)	–	–	($64.26)
1 [illegible]	10	$0.00	($355.31)	–	–	($355.31)
11 [illegible]	5	$0.00	($107.18)	–	–	($107.18)
1 [illegible]	1	$0.00	($30.15)	–	–	($30.15)
1 [illegible]	1	$0.00	($37.85)	–	–	($37.85)

图 10-10 Listing 详细成本列表

五、Traffic(流量分析)

(一) Traffic 数据分析

在“Performance”下拉菜单中点击“Traffic”,即可看到流量数据分析。“Traffic”模块主要查看指定时间段内的 Listing 流量数据,即曝光量、浏览量、点击率、转化率、交易量等,如图 10-11 所示。下面对这些数据进行具体分析。

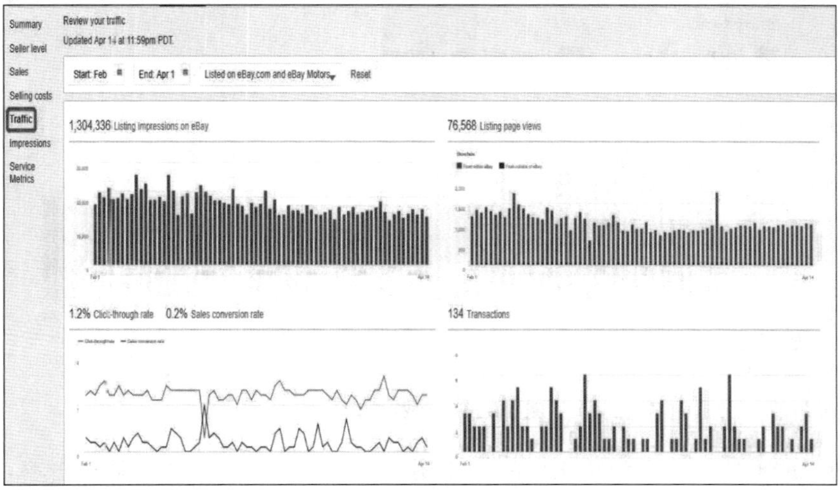

图 10-11 “Traffic”界面

(1)图 10-12 为曝光量数据分析图,这里可以看到选定时间段内的曝光总量和每一天的曝光量,2019 年 2 月 1 日到 4 月 1 日的曝光量是 1304336。那么 eBay 的曝光量是如何计算的呢? 只要买家在 eBay 的搜索栏中搜索一个关键词,一条 Listing 出现在搜索结果页面的同时出现在买家的当前界面中即计为一个曝光。另外,在 eBay 的搜索界面之外的其他界面同时被买家浏览的情况也算一个曝光。

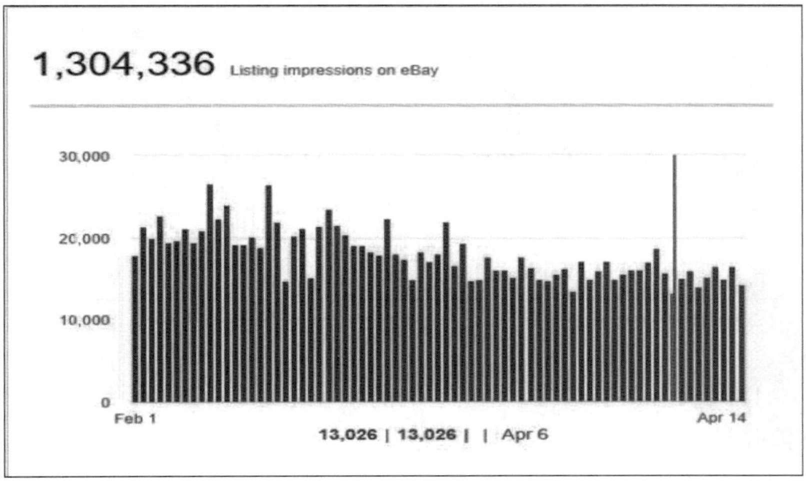

图 10-12 曝光量数据分析图

(2)图 10-13 是浏览量数据图,2019 年 2 月 1 日到 4 月 1 日的浏览量是 76568,浏览量包括了来自 eBay 站内的浏览量及站外的浏览量。站内流量指通过 eBay 站内各种方法找到卖家产品的流量。站外流量是指通过站外的搜索引擎或者社交媒体之类的网站直接跳转到卖家的产品界面的流量。

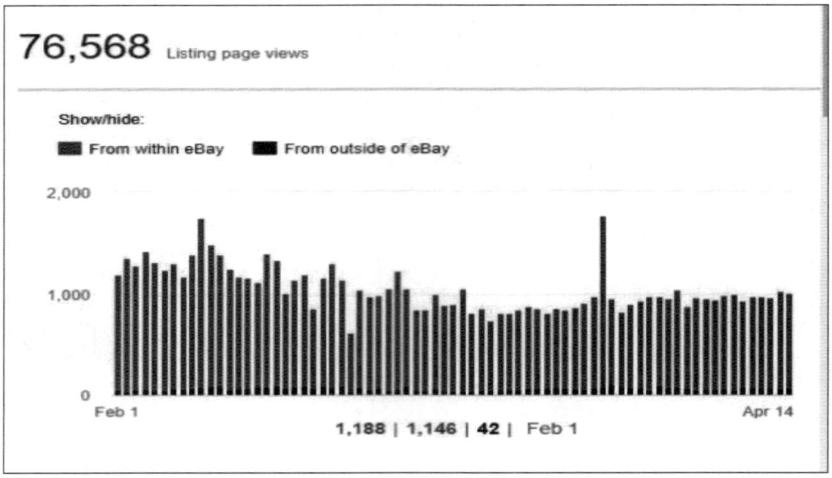

图 10-13 浏览量数据图

(3)图 10-14 是点击率和转化率的对比图,图中蓝色线条(上方)是点击率,紫色线条(下方)是转化率。2019 年 2 月 1 日到 4 月 1 日的点击率是 1.2%,转化率是 0.2%。这里可以显示选定时间段内的点击率和销售转化率的波动,要分析波动的原因并提出相应的对策。

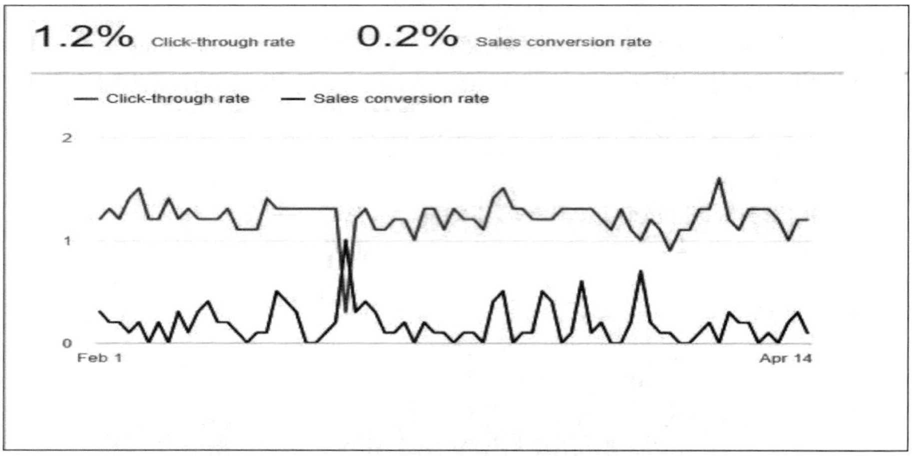

图 10-14 点击率和转化率的对比图

(4)图 10-15 是交易量数据图,可以查看每天产生的订单数,重点分析订单量特别多或者特别少的时间段,并据此进行店铺或者 Listing 的优化。

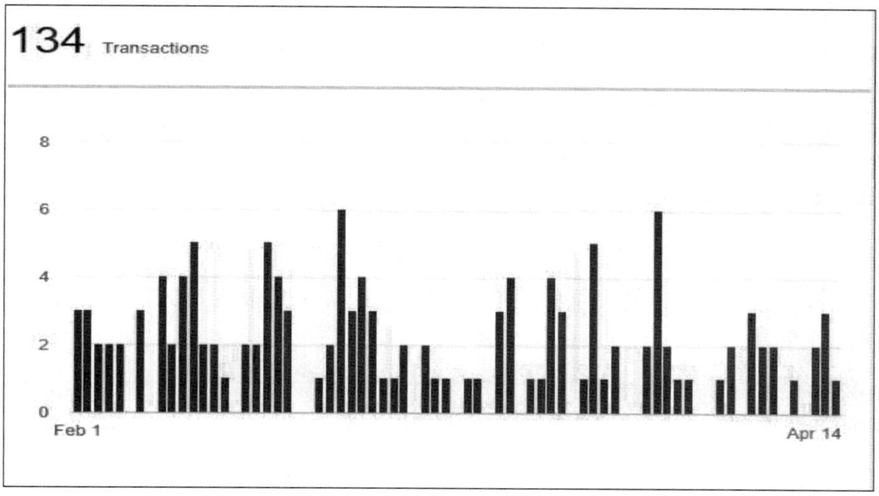

图 10-15　交易量数据图

以上 4 张数据分析图只能看到一个总的数据，如果要看更详细的浏览报告，就可以查看下方的指定时间段内的每一条 Listing 产生的曝光量、浏览量、点击率、转化率、交易量，如图 10-16 所示。根据这张详细报告数据分析每一条 Listing 的表现并对其问题进行改进。

Listings	Listing impressions ▼	Click-through rate	Listing page views	Sales conversion rate	Transactions
Total (179)	1,304,336	1.2%	76,568	0.2%	134
[illegible]	32,988	1.1%	1,005	0.3%	3
[illegible]	30,549	1.9%	6,108	0.2%	10
[illegible]	30,319	1.4%	5,034	0.2%	9
[illegible]	30,077	1.8%	3,110	0.3%	10
[illegible]	23,152	1.0%	960	0.3%	3
[illegible]	22,539	1.5%	1,017	0.4%	4
[illegible]	22,497	1.7%	1,197	0.2%	2
[illegible]	18,109	1.5%	2,233	0.5%	12
[illegible]	18,074	2.0%	980	0.1%	1
[illegible]	16,871	2.0%	1,183	0.2%	2

图 10-16　Listing 详细的流量数据图

（二）Traffic 数据分析结果

根据曝光量、浏览量、交易量的高低，一般会出现以下 3 种情况。

（1）高曝光低浏览的刊登。表示该刊登有较多的机会展示在买家面前，但被买家点击的次数很少。卖家可以尝试通过优化主图质量、打折促销、海外仓发货、免运费等方法吸引买家点击。

(2)高浏览低成交的刊登。表示较多买家查看了刊登详情页却没有购买的情况。尝试通过优化详情页描述、更多促销、退货保障、适当使用议价功能等方法提高购买率。

(3)高成交低浏览的刊登。表示刊登从浏览到成交的转化率较高,但是出现在买家的搜索结果界面的机会较少,需要通过优化关键字和产品属性等方式提高曝光率。

六、Impressions(曝光量分析)

在"Performance"下拉菜单中点击"Impressions",即可看到曝光量数据分析,如图 10-17所示。曝光量应引起卖家的足够重视,单独以一个报告形式呈现,卖家可以了解以下信息。

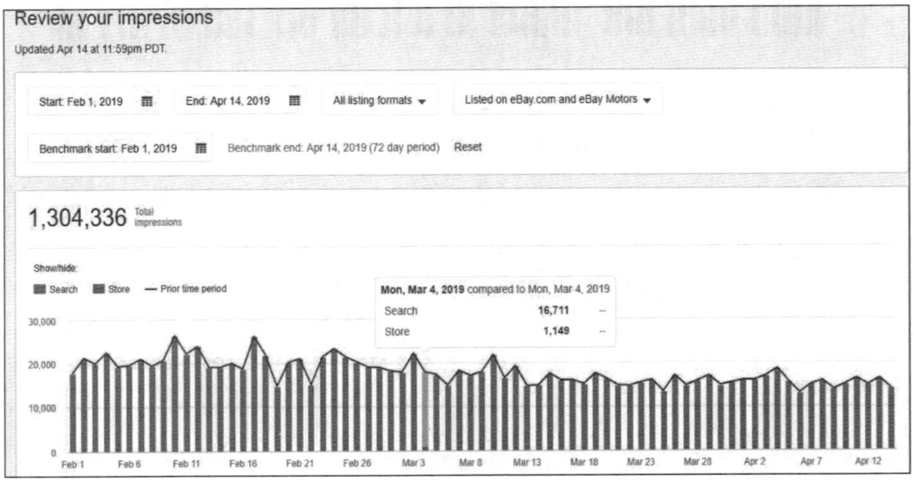

图 10-17 "Impressions"界面

(1)选定时间段内账户总体曝光量数据。

(2)对比过去同期的曝光量情况。

(3)分析账户曝光量具体来源,包括站内搜索、卖家店铺和其他渠道。

卖家可以选择查看某个具体时间段内某种类型(拍卖或一口价)的 Listing 的总曝光量,同时可查看同期的对比数据。在图 10-17 中可以看到选定时间段内一共产生了1304336 的曝光量,柱状图显示了通过搜索产生的曝光量和通过店铺展示的曝光量,以及与对比时间段的曝光量的比较。曝光量趋势分析图和 Traffic 分析有利于卖家根据流量转化表现来制定优化方案。

七、Service metrics(服务指标分析)

在"Performance"下拉菜单中点击"Service metrics",即可看到服务指标分析,如图 10-18所示。

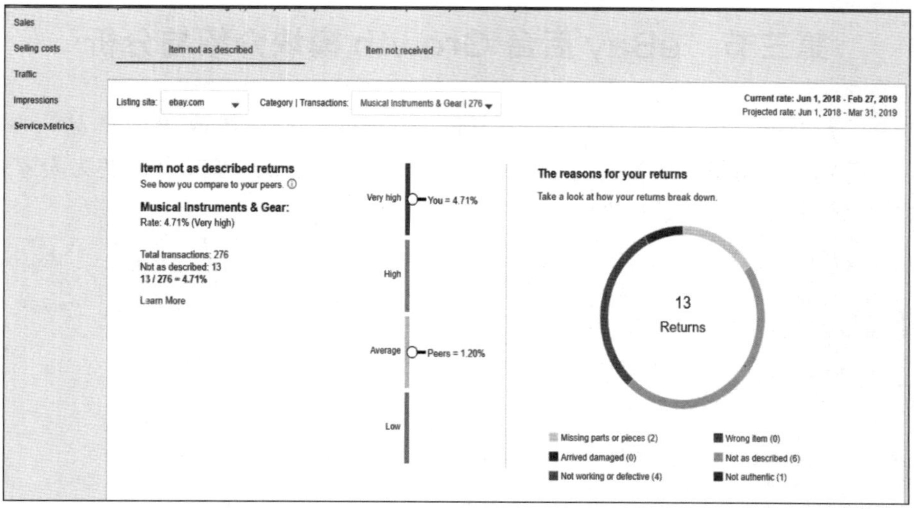

图 10-18 “Service metrics”界面

（一）Service metrics 考核内容

主要考核物品未收到及物品与描述不符的退货请求比率，与 Benchmark 对比，即将卖家账户中的这两项指标与同行卖家的指标进行比较。卖家账户评价是处于 Low，Average，High 或是 Very High 等四种状态中的一种。这四种状态是指如下情况。

(1)Low：卖家的表现比大部分相似卖家的表现要好。

(2)Average：卖家的表现和大部分相似卖家的表现相近。

(3)High：卖家的表现相比其他相似卖家较差。

(4)Very High：卖家的表现达不到买家的期望。

这些评级将会影响卖家在 Best Match 中的排名。

（二）考核时段选择

当过去 3 个月对应站点的交易大于 400 笔时，将考核过去 3 个月的交易。当过去 3 个月对应站点的交易小于 400 笔时，将考核过去 12 个月的交易。

（三）交易量考核的规定

当一个类目中的交易少于 100 笔时，将不计入考核。当一个类目中小于 10 笔退货请求开启或是退货请求比率指标小于 1%时，不会因为指标不良对账户产生影响。

（四）Service metrics 和 Benchmarks 数据更新频率

一般 Service metrics 和 Benchmarks 的数据每月更新，每月考核。

卖家要及时关注“Service metrics”的考核，改善这些指标数据，从而提升卖家的购物体验。

【思考题】 如何处理高浏览低成交的刊登？

第三节 eBay 后台 Growth 模块介绍与分析

eBay 后台"Growth"模块主要从 Listing improvements(待改善的产品)、Sourcing guidance(产品品类趋势指引)、Restock advice(库存补充建议)等三个维度为卖家优化运营提供相应的依据,如图 10-19 所示。

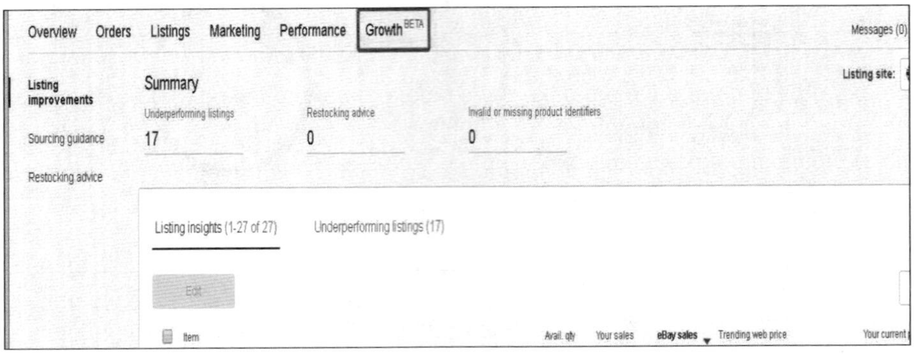

图 10-19 "Growth"模块界面

一、Listing improvements(待改善的产品)

点击"Growth"菜单中的"Listing improvements"按钮,进入到下一个界面。

在此栏中,卖家应该特别注意以下两点内容。

(1)Analyse Listing:分析产品与同类产品在曝光量、浏览量、点击量、转化率等方面的对比,能更好地帮助卖家找到产品的短板,进一步进行调整。

(2)Days Unsold:卖家对在线超过 3 个月且未售出的产品一定要进行优化,否则该类产品会影响账户整体曝光度。

账户的销售业绩不仅取决于价格,还有很多其他因素,如竞争对手、账户表现、产品质量及服务、前期售出情况等,故卖家针对产品做调整的时候,一定要从多角度来思考。

二、Sourcing guidance(产品品类趋势指引)

卖家一定要关注自己站点产品品类趋势,有重点地进行品类分析,具体操作步骤如下。

点击"Growth"菜单中的"Sourcing guidance"按钮,进入到"Get sourcing guidance"界面,通过以下两种方式进行品类指引。

(一)关键词分类法

直接输入关键词"wallet",点击"Search",即可看到产品品类,如图 10-20 所示。

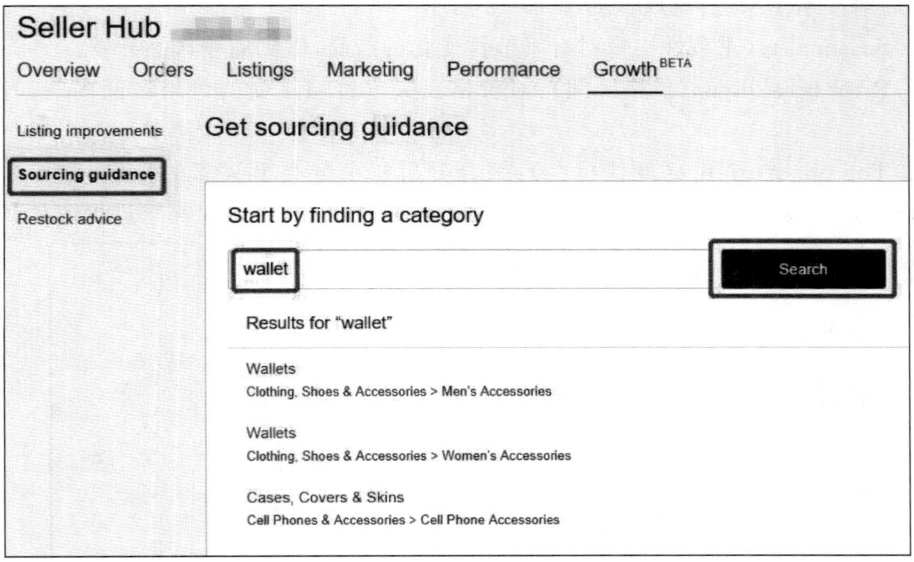

图 10-20 "Sourcing guidance"关键词分类法界面

（二）目标类目分类法

以"wallet"为例，找到其所在刊登类目，如图 10-21 所示。

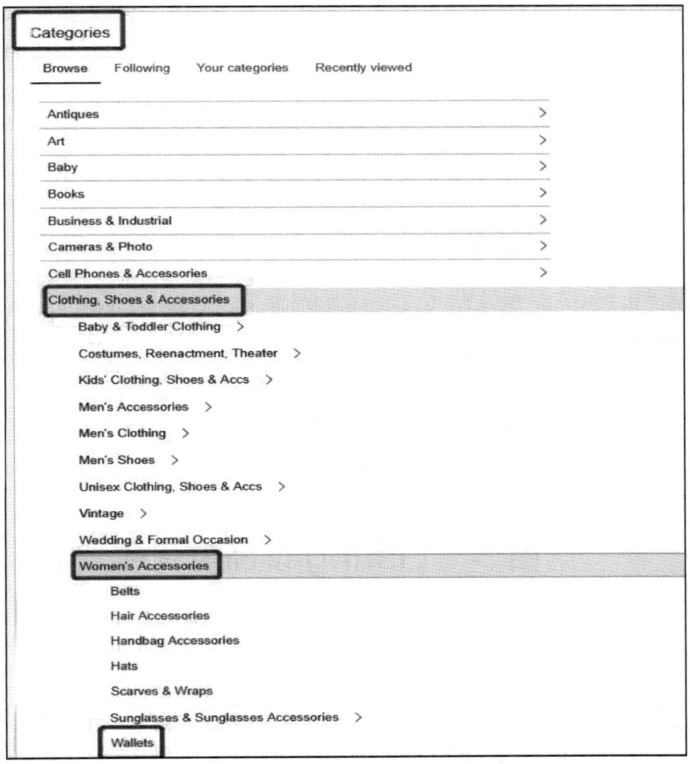

图 10-21 "Sourcing guidance"目标类目分类法界面

然后对搜索结果进行分析，如图 10-22 所示。

(1)Seasonality(季节性)：针对有季节性变化的产品，做到应季产品开发。

(2)Price breakdown(价格区间)：对价格在买家普遍接受的价格区间内的产品进行开发。

(3)Top opportunities(最佳机会)：综合分析每个分类下买家的喜好，譬如品牌、颜色、风格、材质，发现市场的精准需求，然后抓住最佳机会，根据买家需求进行产品开发。

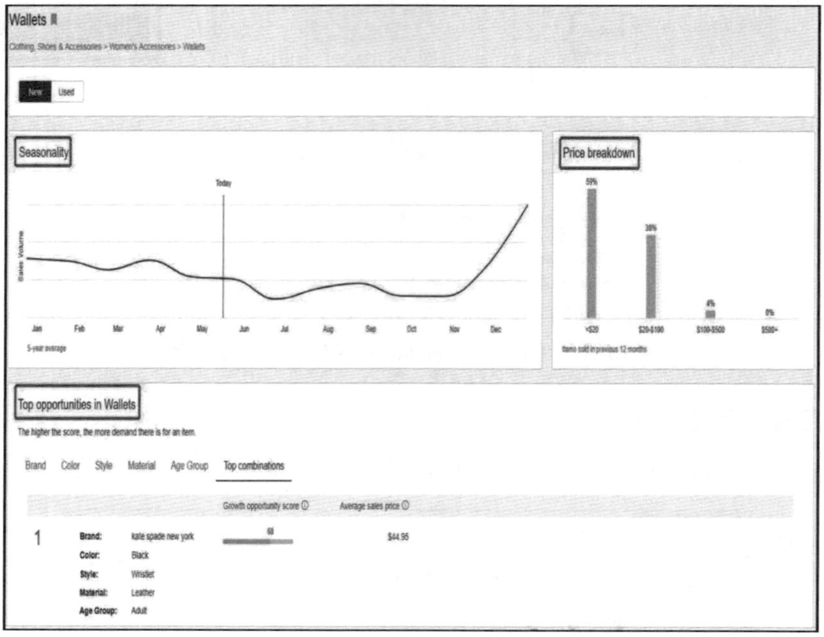

图 10-22 "wallet"搜索结果界面

三、Restock advice(库存补充建议)

点击"Growth"菜单中的"Restock advice"按钮，进入到"Restock advice"界面。卖家可以在此栏中看到：Low stock listings(低库存产品)。基于该类产品当前的销售情况，预估该产品在接下来四周可能会出现售空状况，提醒卖家及时补充库存量。

当然针对长期在线产品，如果卖家担心因未能及时补充库存而导致产品被下架，eBay的"无货隐藏功能"可以提供帮助，具体介绍可见第二章的"账户基础设置"部分内容。

第四节 Listing 诊断与优化

一、Listing 存在问题

对 Listing 进行诊断，一般可以从 Listing 的曝光量、浏览量、点击率、转化率等方面来进行分析。在 eBay 后台"Performance"下拉菜单中点击"Traffic"，即可看到流量数据分析，如图 10-23 所示。根据指标的数据可将 Listing 诊断为以下几种情况。

Listings	Listing impressions	Click-through rate	Listing page views	Sales conversion rate	Transactions
Total (146)	447,425	0.2%	7,313	1.1%	77
1. [illegible]	29,207	0.2%	430	0.2%	1
2. [illegible]	24,901	0.2%	410	2.2%	9
3. [illegible]	24,562	0.4%	563	2.3%	13
[illegible]	24,372	0.2%	525	2.1%	11
[illegible]	21,361	0.3%	568	1.4%	8
6. [illegible]	17,567	0.2%	414	0.5%	2
7. [illegible]	13,047	0.3%	172	0.0%	0
8. [illegible]	12,426	0.3%	248	0.8%	2
9. [illegible]	11,024	0.1%	102	1.0%	1
10. [illegible]	9,641	0.2%	127	0.8%	1
11. [illegible]	9,299	0.2%	226	0.0%	0

图 10-23 对 Listing 进行诊断界面

(一)曝光量少

造成这种情况的原因可能有以下几方面。

(1)产品开发阶段调研分析的准确性和前瞻性不够,有的是季节性产品等。

(2)产品刊登阶段存在产品类目、标题关键词不准确等硬伤。

(3)店铺整体的 Listing 数量相对较少。

(4)产品排名比较低。

(5)产品流量入口比较少。

(二)曝光量高,点击率低

造成这种情况的原因可能有以下几方面。

(1)产品有排名,但是主图不合适,图片拍摄角度不好或者没有满足 eBay 平台对图片的要求。

(2)产品有排名,但是价格比同行高。

(3)产品有排名,但是产品所在排名类目不搭配,存在关键词滥用情况。

(4)产品有排名,但是产品本身有问题。

(5)产品有排名,但是需求的客户群体非常小。

(三)曝光量高,点击率高,但转化率低

造成这种情况的原因可能有以下几方面。

(1)Listing 详情页本身有问题,影响到了客户对产品的印象。

(2)产品详情页不够充实,无法让客户深层次地了解产品。

(3)产品的运费太贵,客户接受不了。

(4)产品没有合适的物流方案可以供客户选择。

二、Listing 优化

卖家可以根据 Listing 分析中存在的问题,有针对性地改进自己的 Listing,从而提高销量。Listing 优化具体可以分为标题优化、图片优化、产品属性优化、详情描述优化、物流服务优化、价格优化、刊登时间优化、促销活动优化等。

(一)标题优化

1. 好标题的标准

(1)好的标题能充分挖掘出产品本身相关的词再按照一定的顺序进行组合,而不是对关键词的简单堆砌。

(2)好的标题能够与客户的搜索习惯相匹配,越匹配,被搜索的次数就越多。

(3)好的标题要能够充分利用 80 个字符。

(4)好的标题还要具有搜索引擎友好性。

(5)好的标题一般每个单词都要大写。

(6) 好的标题写法为:品牌+产品称谓+产品特性词+产品作用。

2. 标题优化建议

(1)标题关键字优化

关键词要精准,才能被更多的买家搜索到,可以通过以下的方法优化关键词:①参考 eBay 系统推荐和 eBay 关联推荐关键词。例如,输入“coffee table”, eBay 推荐的词用方框标出来了,如图 10-24 所示,要尽量用这些词。②参考 eBay 优质卖家关键词。向同行学习,找出有“Top Rated Seller”标识的同行,从中挑选一些高频词。③参考 Terapeak、数字酋长等第三方数据分析工具整理关键词。④参考 Google AdWords 整理关键词。⑤参考亚马逊、速卖通、阿里巴巴国际站等的热搜关键词。⑥参考社交平台热词,主流的社交平台 Facebook、Twitter、Pinterest、Instagram、Google+、Linked 等上的热门词。⑦除去标题无相关用词,如“Free Shipping”“New”等乱词。

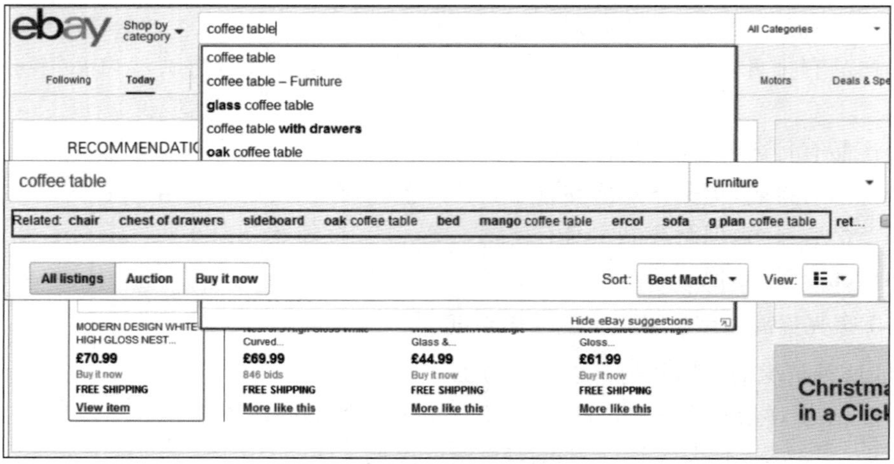

图 10-24 eBay 系统推荐关键词图

(2)合理利用副标题

①副标题可在搜索结果界面显示,它是对标题的补充,告诉客户卖家的产品能为他们带来哪些独特的好处,充分利用 55 个字符。

②副标题相当于小的付费广告,能带来流量。

③副标题的内容包括产品卖点、产品详情、优质服务等。

（二）图片优化

如何优化图片，建议如下。

1. 要符合 eBay 平台的规定

对于图片处理，eBay 平台有明确规定，不得盗用他人的图片及描述，不得添加边框、文本或插图。

2. 使用最佳尺寸

图片尺寸(500～1600 像素)建议在 800 像素×800 像素以上，最好是 1600 像素，且产品占据整个图片 80%左右的面积。

3. 多维度展示产品

eBay 前台最多可展示 12 张图片，要充分利用这 12 张图片，可以从主图、场景图、功能图、细节图、尺寸图、配件图入手，多个维度向客户展示产品，尤其展示产品的差异化。

4. 打造专业图片

因为图片质量对产品点击率和转化率的影响非常大，对于有资金预算的卖家而言，可以考虑花重金打造图片，专业的事交给专业的团队。有质感、主题明确的图片，会无形之中提升客户对产品及品牌的好感度。同时，值得注意的一点是，把图片交给第三方负责时，一定要向对方明确每张图你想要表达的主题，你最想展示产品的什么特征等，因为只有卖家自己才真正了解产品。

5. 合理使用图片橱窗展示大图功能

利用 eBay“特大图片浏览”特色功能，可以突显卖家的刊登图片，不但可以吸引买家眼光，而且可展示更多产品详情。一般情况下以 96 像素的标准尺寸显示图片，当买家点到产品时，则可显示最大 400 像素×400 像素的大尺寸图片，此功能需收取一定的费用。

（三） 产品属性优化

1. 产品属性优化的三条原则

(1)在对产品充分了解的基础上，填写详细的产品属性。

(2)尽可能多地填写产品属性。

(3)根据产品的特点，添加一些个性化的属性，吸引买家的眼球。

2. 优质的产品属性填写能够为卖家带来的好处

(1)能有效减少售前问题。

(2)使产品更好地展示在需要的客户群前。

(3)增加搜索曝光率与转化率，填写越多越完整，曝光率和转化率越高。

（四）详情描述优化

1. eBay 详情描述内容

eBay 详情页描述一般包括标题、产品参数、产品图片、派送范围、超区范围派送、评价展示、退货详情描述、联系我们等。如通过设置 30 天免费退换货政策、评价展示、买家秀等提高客户购买率。

2. 特别品类中的其他信息

如尺寸模板表，衣服、鞋子等一般需要尺码表，如表10-2所示。

Size Chart								
Tag Size	UK/AU Size	US Size	EU Size		Bust Glrth Clothes plane Measurement	Walst	Sleeve	Length
S	8	4	34	CM	84	70	55	145-165
				Inch	33″	27.5″	21.6″	57-64.9″
M	10	6	36	CM	88	74	56	145-165
				Inch	34.6″	29.1″	22″	57-64.9″
L	12	8	38	CM	94	80	57	147-167
				Inch	37″	31.4″	22.4″	57.8-65.7″
XL	14	10	40	CM	100	86	58	147-167
				Inch	39.3″	33.8″	22.8″	57.8-65.7″
2XL	16-18	12-14	42-44	CM	106	92	59	149-169
				Inch	41.7″	36.2″	23.2″	58.6-66.5″

3. 可以设置关联销售，提高店铺销售量

关联销售的第三方工具很多，如数字酋长、PushAuction、inkFrog等都有eBay的关联营销功能，可以在Listing界面最下方或上方的位置推荐卖家的其他产品。那么如何关联销售呢？

（1）同类关联：如卖手机，那就全部关联手机的Listing。

（2）搭配关联：如卖裙子，关联饰品、腰带、项链等可以搭配在一起进行销售的产品。

（3）流量关联：无成交、无流量的Listing关联到高流量、高曝光的Listing上面，通过爆款带动店铺其他Listing的销售。

（4）销售方式关联：同一SKU固价的Listing关联到拍卖的Listing，提高转化率。

4. 产品描述中使用加粗、加大字体等方式来强调关键词

通过加粗、加大字体来强调关键词，让买家看起来一目了然，也不至于太过枯燥，从而提高转化率。

（五）物流服务优化

目前eBay物流服务方案分为直邮和海外仓两大类，直邮又包括经济类、标准类、商业快递型直邮物流方案。卖家可以将订单处理时间设置在3天以内，设置包邮，并增加其他邮寄选项，如境内发货可设置商业快递型直邮物流方案，海外仓可设置24小时妥投邮寄选项。

（六）价格优化

产品的价格不能太高也不能太低，要制定一个合理的价格。那么如何设置一个合理的价格呢？

1. 价格调查

要进行市场调查了解行情，查看竞争对手同类产品的价格定位。

2. 根据产品生命周期进行定价

产品生命周期包括引入期、成长期、成熟期、衰退期，不同阶段产品定价的切入点各有不同。

(1)产品引入阶段,在新品上架之初,为了培养买家的良好体验,让产品快速切入市场,不妨将价格设低一些。但也不能太低,不但赚不到利润,反而会让买家低估产品的价值,甚至怀疑产品是假货。

(2)产品成长阶段,产品在销量、好评、星级分数各项指标有了一些基础,销量处于上升阶段,但忠实粉丝还是比较少,卖家可以稍微提一下价格或者将价格控制在比竞争对手稍微偏低一点的范围内。

(3)产品成熟阶段,产品销量已经很稳定了,排名、流量、星级评分、销量各方面的指标都很不错,在市场上积累了不少的人气,产品表现已经远超一般卖家。在这个层次的产品,比价功能已经弱化,价格更多的是代表品牌形象与店铺定位,这时可以放心地将价格调得比市场价高一些了。

(4)产品衰退阶段,市场上推出新的功能更加完善的产品取而代之,消费者的忠诚度也会下降,需求也会逐渐减弱,销量与利润都会大幅下降,就没必要继续强推这个产品。如果还有库存的产品,可以搞一些促销活动进行清仓处理。

3. 采用比较定价

卖家在定价的时候,可以把功能类似的同系列产品一起陈列标价,并试着推出较高价的产品来影响价格较低的产品。举个简单的例子,像逛街时看见的服装店,店家总是喜欢把￥39、￥69、￥99 三个有差别价位的衣服排列在一起。在￥99 元的衬托下,消费者会觉得 39 元的衣服好便宜,从而刺激消费。在 eBay 平台上,可以通过分等级定价,令产品之间存在价格差别,这对销量有很大的刺激作用。

4. 采用尾数定价法

除了考虑成本与利润之外,顾及买家的心理因素,可利用一些定价小技巧,如平板电脑定价 $99.99,会让买家觉得购买这个产品不需要 $100。相较定价为 $100 的产品,买家也会更愿意去购买 $99.99 的产品,哪怕售价只差 $0.01。

(七) 刊登时间优化

不同站点不同类目的高峰时间段是不同的,结合店铺的实际情况分析 24 小时流量和销售额高峰点,调整刊登时间,尽可能在 eBay 流量高峰期上传新 Listing。

(八) 促销活动优化

任何人都喜欢优惠和促销,要借助节假日、店庆、季节换季等开展促销活动。尽量丰富促销活动种类,加大力度,打造人见人爱的促销活动,包括广告特色功能、付费广告、降价活动、批量定价、赠品、保修、组合优惠、积分服务等。

学习优秀的竞争对手的 Listing,再根据自身的情况去逐步调整 Listing 的每个模块,并关注优化之后的数据变化,做到持续完善,不断地改进 Listing 的曝光量、转化率和销量等指标。

【思考题】 好标题的标准是什么?如何对标题进行优化?

小结

1.数据分析常用的指标有曝光量、访客数、浏览量、点击率、转化率等,eBay 的卖家通过数据分析,将各种指标定性、定量地分析出来,从而为决策者提供最准确的参考依据。

2."Performance"模块是关于销售和账户的一些数据信息,卖家可以根据这些数据信息对自己的销售业务做出相应的调整。Performance 模块主要从总览数据情况、卖家账户等级查看、销售报告分析、销售成本报告、流量分析、曝光量分析、服务指标分析等方面对账户整体表现进行评估。

3.eBay 后台"Growth"模块主要从待改善的产品、产品品类趋势指引、库存补充建议等三个维度为卖家优化运营提供相应的依据。

4.通过对 Listing 诊断找出存在的问题,然后对 Listing 进行优化。Listing 优化具体可以分为标题优化、图片优化、产品属性优化、详情描述优化、物流服务优化、价格优化、刊登时间优化、促销活动优化等。

5.图片非常重要,图片是影响消费者购买的主要因素之一。图片优化要符合 eBay 平台的规定、使用最佳尺寸、多维度展示产品、打造专业图片、合理使用图片橱窗展示大图功能等。

思考题

1.数据分析常用的指标有哪些?

2.eBay 后台"Performance"模块有哪些功能?

3.销售成本主要包括哪些费用?

4."Traffic"模块可查看指定时间段内的 Listing 流量数据,流量数据指标有哪些?

5.eBay 后台"Growth"模块有哪些功能?

操作题

1.查看自己 eBay 后台的"Performance"模块并进行数据分析。

2.查看自己 eBay 后台的"Growth"模块并进行数据分析。

3.找几个 Listing 进行诊断与优化。

拓展篇

第十一章

跨境电商知识产权

学习要求

通过本章学习，读者须了解知识产权保护的发展史、知识产权保护的类型；掌握知识产权保护中的商标保护、专利保护及版权保护等三种保护类型的概念和法律保护范围；了解针对以上三种保护类型可能产生的侵权行为及防范措施。

卖家在进行跨境电商平台交易过程中，如果涉嫌侵犯知识产权方面的问题，我们该如何面对？这是我们作为跨境电商卖家必须了解的知识，这一章将回答以下几个问题。

- 什么是知识产权？知识产权保护的类型有哪些？
- 如何在商标注册、专利申请和版权登记中有效保护卖家的知识产权不受侵犯？
- 知识产权转让、使用等有哪些风险？如何防范这些风险？

知识产权概述

第一节　知识产权概述

跨境电商平台中各种产品的产品功能设计、外观设计及相应的电子作品的所有权都归属该产品设计者所有。因此，我们不能在未经产品设计者同意的情况下，随意复制或者修改外观设计，或模仿该产品的设计并销售等。

众所周知，产品的价格包含了产品技术研发、设计等前期环节的投入，这是产品价值的组成部分。因此，保护好产品研发期的投入收益，有利于激励人们创造和创新产品，使创新得以持续。

一、知识产权的定义

知识产权是由人类智力所创造的一类财产，是人类智力劳动产生的智力劳动成果所有权。

在《建立世界知识产权组织公约》（即《WIPO》）中对知识产权的解释是："文学、艺术和科学作品；表演艺术家的表演及录音制品和广播节目；人类一切活动领域内的发明；科学发现；工业品外观设计；商标、服务商标及商业名称和标志；制止不正当竞争；以及在工业、科学、文学或艺术领域内由于智力活动而产生的一切其他权利。"①

① 参见1967年7月14日于斯德哥尔摩签署的《建立世界知识产权组织公约》，第2条第Ⅷ项。

二、知识产权保护简史

早在 6000 多年前，中国半坡的陶器就有了世界最漂亮的尖底瓶和鱼尾纹盆，当时为了更好地保护自己的产品，在陶器产品上就印有生产者的名字。

1474 年，威尼斯颁布了世界上第一部专利法，叫作《发明人法规》。《发明人法规》规定，任何在本城市制造了以前未曾制造过的、新而精巧的机械装置的，一旦装置改进趋于完善及能够使用和操作，即应向市政机关登记。本城其他任何人在 10 年内没有得到发明人的许可，不得制造与该装置相同或者相似的产品。

1623 年，英国颁布的《垄断法》在欧美国家所产生的影响大大超过威尼斯的《发明人法规》，被认为是资本主义国家专利法的始祖，是世界专利制度发展史上的第二个里程碑。

1710 年 4 月，英国颁布了世界上首部版权法，也是世界上第一部现代意义的版权法，叫作《安妮女王法令》，简称为《安妮法令》。

1790 年，美国国会通过了首部专利法，称为《促进实用技艺进步法案》。此法案规定，国务卿、国防部长和司法部长中的任何两位有权授予发明不超过 14 年保护期的专利权。

1803 年，法国颁布了世界上最早的商标法《关于工厂、制造场和作坊的法律》。1806 年法国颁布了第一个工业品外观设计法，其与 1968 年 10 月 4 日签订的《关于建立工业品外观设计国际分类的洛迦诺协定》都明文规定，把包装和容器列入工业品外观设计。

1885 年，日本颁布了首个专利制度《专卖特许条例》，日本第一任特许厅(专利局)厅长高桥是清表明，不仿效美国等其他国家，必须推行奖励独自的发明。当时，日本专利权、著作权、商标权等知识产权领域都是独立的。

1910 年，中国第一部著作权法《大清著作权律》颁布。1990 年，中华人民共和国第一部著作权法《中华人民共和国著作权法》颁布。

2018 年 7 月，中国国务院新闻办公室发表《中国与世界贸易组织》白皮书。在白皮书的“中国切实履行加入世贸组织承诺”中，就中国履行知识产权保护承诺的情况进行了专门介绍。其中指出，加强知识产权保护是中国的主动作为。白皮书公布的数据显示，从 2001 年起，中国对外支付知识产权费年均增长 17%，2017 年达到 286 亿美元(约 1916 亿元人民币)。

三、知识产权保护的类型

知识产权主要分为工业产权、著作权及邻接权。工业产权包括专利权和商标权，著作权及邻接权包括人身权和财产权。知识产权分类如图 11-1 所示。

依据国家知识产权法和各种国际条约的规定，包括但不限于以下内容会得到保护：演出、广播内容、录像、计算机游戏、计算机程序、产品的外观设计、产品图片、产品标志、产品商标、电子产品的集成电路、产品发明、产品产地的地理标志、工业技术、材料设计等方面。

根据知识产权保护范畴，知识产权保护主要有以下几个类型。

(一) 商标、服务商标、商业名称和标志保护

这类产权通常由多种法律加以保护。例如，拥有唯一的地理原产地产品的徽标或名称，如香槟等。

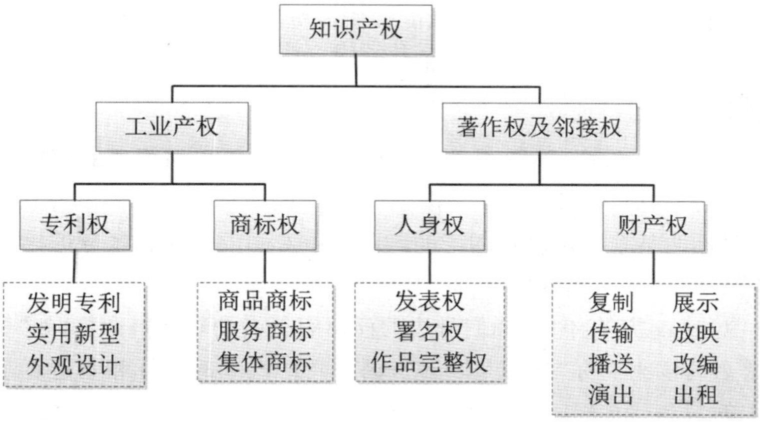

图 11-1 知识产权分类

(二)发明专利保护

这类产权保护由专利方面的法律管辖,包括电子产品设计、新型创新产品等。

(三)工业外观设计保护

这类产权保护由工业品外观设计的专门法律,或工业产权法或版权法来保护,如软饮料瓶子的形状、产品的外包装设计等。

(四)版权产权保护

这种产权保护由版权方面的法律管辖,包括文学、艺术和科学作品,如书籍等。

(五)相关权利保护

这类产权保护由与版权相关的权利方面的法律来管辖,包括演出、广播、音乐会等。

第二节 跨境电商知识产权保护

在任何领域中针对知识产权有两个共同的原则:第一,知识产权方可以获得其劳动成果的权利。第二,知识产权方可以将成果权利转让给他人或者授权他人使用。

实施知识产权保护的原因主要有:第一,对知识产权方的智力创造结果进行公证,使其获得适当的法律保护。第二,通过知识产权保护,可以鼓励更多人去进行原创,同时可以获得一定的经济回报,推动产业研发的良性发展。

商标注册和专利申请

跨境电商领域同样受到知识产权的保护。本节主要针对跨境电商中涉及的商标注册、专利申请和版权登记方面进行介绍。

一、商标注册

早在 3000 多年前,印度的艺术作品都会雕刻上工匠们的姓名后再送去伊朗。随着中世纪贸易的发展,商标的使用就变得越来越普及。当时,印度就有 100 多种罗马艺术品商标,但由于知名度较高而经常被复制或假冒。

今天,商标已经被全世界普遍使用,商标在整个商业活动中的重要性也日渐提升。商标作为产品用于吸引消费者的交流工具,能够使消费者更加容易识别产品本身或者服务,更重要的是体现产品的质量和服务的价值。

(一)商标的定义与特征

商标(Trade Mark,简称 TM)是一个专门的法律术语。品牌或品牌的一部分在政府有关部门依法注册后,成为"商标"。

商标是为了标明某个特定企业的产品与其竞争对手的产品相区分的标识。商标一般包括文字、图形、字母、数字或者包装、标语、图案、符号等。

商标的来源和形式各有不同,我们身边的商标有著名的软饮料商标,如"可口可乐""百事可乐"等。著名的汽车商标"福特",以第一辆"福特"汽车的设计和制造者亨利·福特命名。IT 行业中的著名商标"IBM"以缩写用作商标。壳牌石油公司的商标以图案或图形内容组成。

随着市场经济的发展,还出现了新的商标类型。如声音商标,即以广告音像作为商标主体;气味商标,即以某种特定气味受到商标保护;全息商标,比如信用卡卡面上,随着视角变化而变化的图像。

商标作为商业活动中的重要标识,应当具备两个主要的特征:第一是应具有显著性特征,第二是应不具有欺骗性特征。

为了具备显著性特征,商标应当既不能是产品或者服务的统称,也不能是对产品或者服务的单纯描述。例如,"苹果"(Apple)在 IT 行业中就是一个非常具有显著性的商标。"苹果"不能被注册为超市商标,因为它是对超市货物的描述,但却可以作为计算机商标进行注册,因为它与计算机毫无直接联系。

具有欺骗性的商标是指冒充产品具有某些品质,实际却没有的商标,如将"真皮"用在了不具备真皮的产品的商标上。

(二)商标保护

商标拥有者对商标的所有权通过商标法加以保护。但商标从申请到被公众认同,需要较长的时间和大量的资金投入。商标保护一般都是在目标国家进行有效商标注册后才能实现。受到保护的商标可以有效阻止他人使用该商标。在有些国家未经注册的商标也会受到保护,但相对商标注册来说保护性较差。因为未经注册的商标必须经过长时间的市场运作,在具有显著的市场认可度和声誉后才能获得保护,如著名商标或驰名商标等也能受到特殊的商标保护。

与其他知识产权一样,商标权也具有一定的地域性,这意味着商标需要分别在不同国家(地区)注册后才能受这些国家(地区)的保护。

不同国家(地区)的商标注册制度有较大的差异,企业可以在目标国家(地区)进行商标注册,也可以在关税领土内进行商标注册。

二、专利申请

专利是知识产权保护中最古老的形式之一。专利制度的目的是通过奖励智力创造来促进经济和技术的发展。

(一)专利的定义

专利,从字面而言是专有的权利和利益。专利是中世纪的君主用来颁布某种特权的证明,后来指英国国王亲自签署的独占权利证书。

在现代,专利一般是由政府机关或者代表若干国家(地区)的区域性组织根据申请而颁发的一种文件,这种文件记载了发明创造的内容,并且在一定时期内产生这样一种法律状态,即获得专利的发明创造在一般情况下他人只有经专利权人许可才能予以实施。换句话说,专利保护发明并且授予权利人在特定时间期限内使用他的发明独占权。

实施专利的目的是为技术进步提供保护。专利保护不仅是对发明的奖励,也能让发明具有技术可行性和市场前景,从而进一步促进创新发展,鼓励技术进步。

(二)专利的获得

根据专利制度的规定,技术领域不论是研究方法还是产品都可以获得专利。例如,一种生产技术或某种机器的发明、开发和生产流程等都可以获得专利。专利可以是科技的重大突破,如青霉素的发现等;可以是技术问题的解决方案,如电话、圆珠笔、电视机等的发明;也可以是很小的技术进步,如仅仅使机器运行更快的新杠杆等。

但是,如人类基因、自然界的物种、一些违反自然规律的发明、违反公共秩序或道德规范的发明将无法获得专利许可。

发明必须符合新颖性和其他的标准,才有可能取得专利。与贸易有关的知识产权协定(TRIPS 协定)规定了符合发明专利性的三个范围和条件。

专利局确定发明是否可以获得专利时,需明确它符合可以获得专利的实质性标准。这些标准包括以下三个方面。

1. 新颖性

必须是之前没有被创造、实施或使用过的发明。

2. 创造性、非显而易见性

与现有技术相比,必须具有显著的进步,才能考虑是否授予专利。

3. 工业实用性

必须能够以一定规模在实践中应用。

专利局还将审查申请以确定发明是否完全公开,供该发明领域的其他技术人员使用。

(三)专利保护

获得专利保护的好处是专利权人可以禁止其他人制造、使用、承诺销售、使用和进口该专利产品,并且可以禁止商业化。这种禁止只在该发明获得专利保护的国家和期限内有效。

现在国际公约中规定,一项专利的期限自申请之日起不少于 20 年。当专利期限届满后,该技术就变为公共财产,公众就可以无偿使用。

专利权人在申请专利保护的所有国家中,专利执行问题就变得很重要。

当存在潜在侵权行为或实际的侵权行为时,专利权人可以对这些行为采取行动。一般情况下发送一封友好邮件,通过邮件通知侵权者该专利的存在,暗示可能在此后对其进行起诉,这样的邮件通常非常有效,可以制止侵权行为或成功地达成使用许可协议。

如果通过长时间协商仍然无法找到对双方都有利的解决办法，专利所有人还可以通过调停人或仲裁人进行磋商。

专利制度也是一个地域性制度，为了同时在不同的国家取得保护，专利权人需要在每个国家取得专利。随着全球经济一体化，根据《专利合作条约》规定，只要提交一份国际申请，它就可以成为多个国家的申请，由每个被指定的国家进行审查，从而获得专利保护。

三、商业秘密

商业秘密和版权登记

商业秘密适用于保护技术诀窍，所谓技术诀窍就是有效地使用某一特定技术所需的专业知识。这类技术本身不能受专利保护，但它属于本领域专业人员技术知识的一部分，也需要得到保护。

商业秘密保护最著名的就是可口可乐公司，自该公司成立之日起，公司将可口可乐饮料的配方作为商业秘密进行专业保护。使用商业保密可以没有时间期限地进行保护，只要公司能保守秘密，并能采取措施维持秘密状态，理论上该保护可以是永恒的。

使用商业秘密的难点在于一旦产品进入市场，就可能被破解，通过产品可以解开其商业秘密，这样就可能失去了对商业秘密的保护。对于专利来说，其他人即使破解了产品秘密，只要专利权人拥有专利文件，就会受到专利保护。

四、版权登记

版权(Copyright)是用来表述创作者因其文学和艺术作品而享有的权利的一个法律用语。版权保护的是文学和艺术作品，包括文字作品、音乐、美术作品及技术开发作品，诸如计算机程序、数据库等。

(一)版权的定义

版权亦称“著作权”，指作者或其他人(包括法人)依法对某一著作物享受的权利。根据规定，作者享有下列权利：①以本名、化名或以不署名的方式发表作品；②保护作品的完整性；③修改已经发表的作品；④因观点改变或其他正当理由声明收回已经发表的作品，但应适当赔偿出版单位损失；⑤通过合法途径，以出版、复制、播放、表演、展览、摄制片、翻译或改编等形式使用作品；⑥因他人使用作品而获得经济报酬。上述权利受到侵犯，作者或其他版权所有者有权要求停止侵权行为和赔偿损失。[①]

版权保护的是具体表现某种思想的作品本身，而不是思想本身。例如年轻男女之间的故事的构想是不能受到版权保护的，但是如果不同的作者根据该构想编写出不同的故事，并以小说或者戏剧等形式表现出来，那么这些小说或者戏剧就可以获得版权保护。

受保护的作品版权所有人可以在权利保护范畴内根据意愿使用自己的作品，并防止他人未经许可使用其作品。因此，国家法律给予受保护作品的版权所有人的权利通常是“排他性权利”，即在尊重他人的公认的合法权益的条件下，可以授权他人使用其作品。

---

① 王美涵.税收大辞典[M].沈阳：辽宁人民出版社，1991.

（二）版权所有人权利

版权授予权利人两种权利，一种是经济权利，它允许权利所有人通过他人使用其作品而获得报酬。另一种是精神权利，它允许权利所有人采取某些行动来保护其本人和作品之间的联系。

版权所有人享有的权利由《保护文学和艺术作品伯尔尼公约》（以下简称《伯尔尼公约》）和境内法律共同进行约定。《伯尔尼公约》规定了最低保护的权利，境内法律对版权所有人保护的权利会更多。

经济权利包括复制权、表演权、播放权、信息网络传播权、翻译权、改编权等。

复制权是版权中的关键因素，复制权包括对于书籍的复制、复印、磁带的翻录、计算机程序的复制、翻刻等保护。复制权除作为基本权利外，某些国家法律还规定授权发行作品复制件的权利，通过授权发行其生产的复制件带来经济效益。在版权所有人将作品的复制件售出或转让后，该复制件的所有人可以不用再征得版权所有人的同意将其转送或转卖。

表演权指公开表演作品，以及用各种手段公开播放作品的权利。公开表演通常是指在公共场所或公众聚集地，或在一个不对公众开放但除家庭一般成员之外其他人在场的场所表演作品。

从表演权还衍生出播放权和信息网络传播权。播放权是指以无线方式公开广播或者传播作品，以有线传播或者转播的方式向公众传播广播的作品，以及通过扩音器或者其他传送符号、声音、图像等类似工具向公众传播广播作品的权利；信息网络传播权，即以有线或者无线方式向公众提供作品，使公众可以在其个人选定的时间和地点获得作品的权利。

对版权保护作品进行翻译或者改编，例如将一本小说改编成电影或电视剧，或对原作品进行修改和翻译等，也需要得到版权所有人的许可。翻译权，即将作品从一种语言文字转换成另一种语言文字的权利。改编权，即改编作品，创作出具有独创性的新作品的权利。

精神权利由署名权和尊重权组成。署名权即表明作者身份，在作品上署名的权利。例如作者写了一本书，作者就可以将作者身份信息体现在作品上，并且在被使用或者复制作品时保留作者身份信息；作者谱写的一个乐曲，在剧院或者音乐厅演奏时，也应该标明乐曲的作者信息。尊重权，也就是保护作品不受歪曲或防止他人使用作品时损害作者的名誉及其文学、艺术声誉的权利。因此，精神权利永远不能转让，这种权利永远属于作品的原始作者。

（三）版权登记和保护

在中国，关于版权登记，版权自作品创作完成之日起产生，版权登记不是取得版权的前提条件，但是版权登记证明文件是登记事项的一种初步证明，可以作为主张权利或提出权利纠纷行政处理或诉讼的证明文件。

具有独创性的作品如文字、美术、摄影、电影、音乐、建筑作品及工程设计图等，可由省版权登记部门负责登记；计算机软件作品可由中国版权保护中心负责登记；数字作品版权登记也可以在选择行业协会等第三方平台登记备案或选择基于自主知识产权的包括但不限于数字指纹技术、数字水印技术、反盗载技术、融合可信时间戳技术、公证邮箱等可信第三方群技术的大众版权认证中心进行存证，进行数字作品多维度智能认证，其科学性需要司法鉴定机构进行鉴定。

根据《伯尔尼公约》的规定，你无须做任何事情，你的作品创作出来就可以得到保护。因为公约没有对获得版权保护规定任何手续。《伯尔尼公约》的成员的外国权利人或作者的版权保护不需要注册，不用履行任何手续就可获得《伯尔尼公约》的保护。在美国还可以通过保留权利声明来宣示自己拥有版权。权利声明使用符号©来表示，并在后面标明首次出版的时间。

根据《伯尔尼公约》的规定，一般版权保护期的最低时间为50年，即作者有生之年加死亡之后的50年。近几年，欧盟及欧洲国家将版权保护期从50年延长至70年。但是，对于摄影作品和应用美术作品的版权保护期的最低时间为作品完成后25年。

第三节　跨境电商知识产权风险与防范

一、跨境电商知识产权侵权行为

（一）商标侵权

商标侵权是指未得到产品品牌正规授权，擅自使用对方的商标或标志的行为。

跨境电商知识产权侵权行为和防范讲解

商标侵权的违规行为包括以下几方面。

（1）产品展示背景使用他人品牌包装袋或包装盒，导致消费者混淆的行为。如卖家销售A品牌眼镜，但是将眼镜放在印有B品牌的眼镜盒上，导致消费者混淆。

（2）其他未经授权就销售或使用他人品牌的情况。如卖家销售的是A品牌包包，但写着B品牌款式或者比B品牌好等描述。

（3）在产品中使用他人品牌名称或衍生词。如使用其他品牌Logo或相似Logo，或对品牌Logo进行遮挡、涂抹，或明示、暗示他人品牌或使用外形类似知名产品的工程设计图且文字含有模仿品牌衍生词表述的行为。这些表述包括产品标题、属性、描述、产品组名等产品文本信息中或店铺名称、店铺Banner、滚动页等店铺装潢图片等。如未完成A品牌商标资质申请及审核流程（A品牌授权许可材料），却发布了A品牌产品；在产品中遮挡、涂抹经注册的B品牌，并作为C品牌产品进行发布。

（4）已获他人品牌授权，但销售品牌商未生产过的型号或者系列的行为。如卖家销售A品牌移动电源，销售的却是品牌商未生产过的移动电源产品。

（5）实际销售他人品牌产品，或他人品牌未生产过的型号或者系列的行为。如卖家发布的是A品牌的鞋子，但实际销售的是B品牌的鞋子或者A品牌生产商未生产的鞋子款式。

（6）自有品牌的产品设计涉涉及他人品牌的行为。如卖家自己注册了A品牌的鞋子，在鞋标上用的是A品牌，但鞋绑的图案用了B品牌的。

（7）在自有品牌中，产品标题、属性、描述、产品组名等产品文本信息中或店铺名称等店铺信息使用他人品牌名称或衍生词，或明示、暗示他人品牌的行为。如卖家在产品品牌属性上填写的是A品牌，但在标题中涉及B品牌。

(8) 销售他人品牌包装袋、包装盒、标签、证书、图案贴等品牌产品的配件或配套产品的行为。如卖家虽不销售B品牌成品，却销售B品牌产品的配件。

（二）专利侵权

1. 专利侵权

专利侵权是指未经专利权人许可，以生产经营为目的，使用了依法受保护的有效专利的违法行为。

专利侵权主要包括外观专利侵权、发明专利侵权等。专利保护的是发明、实用新型和外观设计，那么对专利的侵权包括了对发明的侵权、对实用新型的侵权及对外观设计的侵权。

2. 外观专利侵权

外观专利侵权是指对产品的形状、图案、色彩及结合的新设计。常见为创意的首饰，个性的工艺摆件及相关外贸产品，相似度达60%以上就有可能判定为侵权假货。

判断外观专利侵权行为时需要注意以下问题。

(1) 判断外观专利是否近似，根据造型不同区别对待。例如，家具、电器等三维立体造型要以形为主，以图案、色彩为辅；地毯、壁纸、花布等要以图案为主，以形状为辅；色彩的差异，一般不单独作为判断近似的条件。

(2) 从整体直接对比，外部结构并无太大区别，仅仅在局部有细微变化的可判定为侵权产品。《中华人民共和国专利法》第三十一条第二款对如何认定外观设计是否构成相似进行了解释，指出"一般情况下，经整体观察，如果其他外观设计和基本外观设计具有相同或者相似的设计特征，并且二者之间的区别点仅在于局部细微变化、该类产品的惯常设计、设计单元重复排列或者仅色彩要素的变化等情形，则通常认为二者属于相似的外观设计"。

(3) 产品的大小、材质、内部构造，不得作为判定两者是否相同或者近似的依据。在进行外观设计侵权判断时，产品的大小、材质、内部构造虽然最容易被当作判定两者是否相同、相近似的注意点，但这些内容恰恰不是外观设计保护的内容，在授权审查时会被排除掉。因此，在侵权判定中也同样不予以考虑。

(4) 纯功能性设计在外观设计中不予考虑。例如，轮胎或篮球，从功能性的角度来讲，轮胎和篮球的特定属性是其必须是圆的，没人会把自己汽车的轮胎改为方形。所以我们在轮胎外观专利判断当中，"圆形"这一条件不作为判断侵权的依据，而更多着重于轮胎外部的条纹。

3. 发明专利侵权

发明专利侵权是指对原创的产品及设计理念的独占保护，保护范围极大，只要相关理念一样的均属于仿冒产品。

当商业活动中遭遇侵权行为时，可以通过以上几个方面去判断自己有没有胜诉的把握。假如没有胜诉的希望，则需要积极跟专利权所有人沟通，清除库存；或者尽快拿到专利授权，尽量降低损失。

（三）版权侵权

版权侵权是侵犯版权人的财产权利，例如未经版权人同意，擅自以发行、复制、出租、展览、广播、表演等形式利用版权人的作品或传播作品，或者使用作品而不支付版权费等。例如，擅自使用迪士尼卡通人物，使用境内外著名动漫独特的设计图案，乃至包装图案等情况在跨境电商中甚为普遍。

在商业活动中，版权侵权主要是图片侵权。在跨境电商领域中，店铺中使用的图片必须是原创图片。如果图片是模仿、抄袭或近似的，那店铺就可能涉及图片侵权。

a　　　　　　　　b

图 11-2　罗杰斯 VS 杰夫

图 11-2(a)是摄影师罗杰斯拍摄的黑白照片，图 11-2(b)是著名艺术家杰夫抄袭照片创建的彩色雕像。这个雕像获得了巨大的销售额，但罗杰斯发现副本与他拍的照片一致后把杰夫告上了法庭。法院以两个图像具有很大相似性为由，要求杰夫对罗杰斯进行赔偿。这是在艺术领域很常见的例子。

Hello Kitty 的商标持有人是日本三丽鸥股份有限公司。该公司于 30 年前开始陆续将“Hello Kitty”文字、图案商标在全球申请注册，申请范围包括绝大多数的产品类别。日本三丽鸥公司非常重视知识产权保护，除了常见的 Hello Kitty 卡通形象外，旗下还有 500 多个卡通明星，如图 11-3 所示。

图 11-3　日本三丽鸥股份有限公司商标

经典的 STARBUCKS、骷髅头、蝙蝠侠、轻松熊、愤怒的小鸟等都注册了版权及商标，任何人不能在未经授权的情况下将这些图片使用在自己的产品设计、店铺图片、店招、背景图等地方，否则将带来图片侵权的风险，最终导致被封店的后果。

二、跨境电商知识产权侵权的防范与应对

（一）侵权防范

跨境电商避免知识产权侵犯主要有以下两个方面。

1. 产品来源方面

对生产型企业来说，自己研发的产品要积极去申请专利和版权，同时做好目标国家的知识产权检索分析工作，某些重要产品需出具详细的产品报告。对贸易型企业而言，需保证货源合法合规、保存交易凭证（要求对方提供证明材料、交易发票、合同）等。

针对跨境电商 B2C 卖家来说，卖家在向工厂采购时，需要试探性地向工厂咨询其相关研发思路或设计理念进行判断。如咨询工厂该产品是否有专利，同时也要调研一下产品的信息等。对于主推或是热销的产品，必须签署书面的知识产权授权协议，针对无专利的产品，需要查询确认同类产品的生产者有无专利。

2. 店铺管理方面

在跨境电商店铺管理方面，卖家必须正确设置店铺名称、产品名称和产品描述；不对他人原创的图片、文字或视频进行二次剪辑；不用图片处理工具遮掩知名品牌全部或部分标志，或使用知名品牌的变形词、衍生词或图案；不模仿底纹或款式类似的知名产品及其品牌包装，例如衣服的花纹，时尚类饰品的外观；注意甄别客户，防止钓鱼。

（二）侵权应对

1. 钓鱼维权

近年来，跨境电商卖家因为被美国律所 GBC 及其他美国律师事务所、专利代理机构等钓鱼维权后遭投诉，然后导致 PayPal 账户被冻或结款项被扣留的新闻屡见不鲜。钓鱼者会在洽谈的过程中引导卖家提供 PayPal 作为收款工具并取证，并向美国法院提起侵权诉讼。

据不完全统计，这种钓鱼维权造成数以千计的中国跨境电商卖家 PayPal 账户被冻结、网站被封杀，损失累计近 10 亿美元，曾有律所仅在一年时间里就向中国卖家索赔了超 6 亿美元。而被起诉的卖家因为不熟悉美国法律，或因支付不起美国律师费（美国律师收费是按照小时付费的，每小时收费高达 300～400 美元不等），或因美国打官司耗时太长等原因一般选择和解甚至放弃。这样资金损失是必然，店铺也会被永久封禁。

当面临 PayPal 或网上商铺被封的情况时，重要的是清楚了解对方手里的证据，瞄准谈判时机，聘请专业的涉外律师与原告进行和解谈判，以期把伤害减到最少。要是和解不成，走诉讼程序的话，卖家与原告律师进行沟通的过程很有可能被拿去公正，用于"自证"卖家过错的证据。

因此，卖家应当尽量避免出售仿品或侵权的产品，在选品的时候要严把知识产权这一关，商标、专利、版权等要面面俱到，运营工作中产品的外观及包装、产品的图片、产品的标题和描述里，都要注意避免侵权。

2. "337 调查"

根据《美国法典》第 19 卷第 337 节的规定，对于任何进口贸易中存在的侵犯知识或其

他不正当竞争的行为，美国国际贸易委员会（United States International Trade Commission，USITC）都可以进行行政调查。如果USITC认定某项进口产品侵犯了美国国内知识产权，或虽未侵犯知识产权但其效果破坏或者实质上损害了美国某一产业，或阻碍了该产业的建立，或对美国商业或贸易造成限制或垄断，则USITC有权采取制裁措施（以下简称“337调查”）。

跨境电商知识产权保护案例

随着近年来中国企业创新能力的逐步提升，自主研发的一些科技含量高、附加值高，特别是与美国本土企业形成竞争的产品开始进入美国市场，美国企业开始利用“337调查”来试图阻止中国企业相关产品进入美国市场。

因其具有立案容易、处罚严厉、调查周期短和对物管辖的特点，“337调查”是美国维护本国知识产权利益的一把尖锐利器。根据“337调查”普遍排除令的规定，一家败诉，连同该国其他生产该产品的企业同样也要退出美国市场。

目前，各种跨境电商平台都制定了一套知识产权规则。但这些规则都建立在商户已经做好知识产权保护的前提下。办理商标、专利、版权保护需要一定时间，企业应当在产品上架之前就做好知识产权方面的布局。

3. 知识产权海关备案

知识产权权利人在海关备案，可以便于海关发现侵权嫌疑货物的进出口情况，并依职权采取扣留措施。知识产权海关备案的有效期为10年。

知识产权海关备案系统

尽管权利人即便不备案，在发现侵权嫌疑货物即将进出口时，也可以向货物进出境地海关提出扣留侵权嫌疑货物的申请，但如果没有海关监督，权利人自己很难发现侵权线索。

在申请知识产权海关备案后，海关可以对嫌疑的货物是否侵犯知识产权进行调查、认定，在调查过程中可以请求知识产权主管部门提供协助，有关知识产权主管部门应当予以协助，也可以要求收货人和发货人予以配合，收货人和发货人应当配合。经海关调查后认定侵犯知识产权的货物，可由海关予以没收。

4. 涉外商标和专利查询链接

涉外商标和专利查询链接

涉外商标和专利查询链接可扫描二维码了解更多信息。

小结

1.知识产权是由人类智力所创造的财富，是人类智力劳动产生的智力劳动成果所有权。根据知识产权保护范畴，主要有商标、服务商标、商业名称和标志保护，发明专利保护，工业外观设计保护，版权产权保护和相关权利保护等。

2.品牌或品牌的一部分在政府有关部门依法注册后，被称为“商标”。商标保护一般都通过国家商标注册地对商标进行有效注册，并对商标进行有效保护。

3.专利一般是由政府机关或者代表若干国家（地区）的区域性组织根据申请而颁发的一种文件，这种文件记载了发明创造的内容，并且在一定时期内产生这样一种法律状态，即在一般情况下，对获得专利的发明创造，他人只有经专利权人许可才能予以实施。现在国际公约中规定，一项专利的保护期限自申请之日起不少于20年。当专利期限届满后，该技术就变为公共财产，公众就可以无偿使用。

4.版权亦称“著作权”，是指作者或其他人（包括法人）依法对某一著作物享受的权利。

版权授予权利人两种权利：一种是经济权利，另一种是精神权利。根据《伯尔尼公约》的规定，一般版权保护期的最低时间为50年，即作者有生之年加死亡后50年。近几年，欧盟及欧洲国家将版权保护期从50年延长至70年。但是，摄影作品和应用美术作品的版权保护期的最低时间为作品完成后25年。

5.跨境电商知识产权侵权行为主要分为商标侵权、专利侵权和版权侵权。

思考题

1.什么是知识产权？

2.知识产权保护分为哪些类型？

3.什么是商标？商标注册保护的范围有哪些？

4.什么是专利？专利保护的好处是什么？专利保护时间是多长？

5.什么是版权？版权授予权利人的权利有哪些？版权保护时间是多长？

讨论题

1.跨境电商知识产权有哪些侵权行为？

2.如何在产品来源和店铺管理方面防范知识产权侵权行为？

3.跨境电商卖家如何应对知识产权侵权行为？

第十二章

境内税务及欧洲VAT

学习要求

本章主要介绍我国跨境电商企业可能会涉及的税种，具体包括境内增值税、出口关税、附加税费及所得税等，以及欧洲VAT相关实务操作。通过本章学习，读者需要了解跨境电商企业创办过程中涉及的税务知识，在经营过程中可能涉及的税种如何计算与缴纳，以及货物出口后，在欧洲主要国家如何缴纳增值税的相关流程等知识。

通过本章的学习，我们将回答以下问题。

- 境内进出口企业可能涉及哪些税种？如何计算？
- 境内增值税出口退税流程如何？
- 欧洲增值税如何注册和计算？德国和英国的增值税计算和缴纳有哪些区别？

增值税及其税率介绍

第一节　境内增值税介绍

一、增值税税制要素

（一）增值税纳税人

增值税纳税人一般是指在某境内销售货物或提供劳务，以及进口货物或劳务的单位和个人。除政府规定的免税项目外，在某境内从事任何销售货物或提供劳务的交易的任何人，都要缴纳增值税，包括进口行为缴纳增值税。

（二）增值税一般纳税人和小规模纳税人

在实践中，为了减轻小企业的纳税负担，大部分国家对小企业都实行特殊的税收政策。但是，各个国家的划分标准不一，有些国家甚至没有对小企业实施特殊税收政策。现以我国为例，介绍小规模纳税人和一般纳税人的区别。

在我国，小规模纳税人的一般规定是：从事货物生产或提供应税劳务的纳税人，以及以从事货物生产或提供应税劳务为主，并兼营货物批发或零售的纳税人，年应税销售额在50万元（含）以下的。其他纳税人年应税销售额在80万元（含）以下的。营改增以后，自2018年5月1日起，统一增值税小规模纳税人标准，即增值税小规模纳税人标准为年应征增值税销售额500万元及以下。

小规模纳税人实行简易办法征收增值税，一般采用征收率，例如我国小规模纳税人的增值税征收率为3%或5%，税率已经是“优惠”税率了，所以在征收过程中，直接以销售额×征收率作为应纳税额，而不存在进项抵扣的情况。

小规模纳税人一般不得使用增值税专用发票，确实需要的可以由税务机关代开，符合条件的，可以自行开具专用发票。但是即使取得了增值税专用发票，小规模纳税人也不得进行进项抵扣，而取得小规模纳税人开具的专用发票的一般纳税人，只可以按照发票注明的征收率（3%或5%）抵扣进项税额。

【例12-1】 A公司为一般纳税人，适用的税率是13%，向小规模纳税人B公司购进一批货物，进价100万元，B公司适用征收率3%，A公司可以抵扣的进项税是多少？

解：

100×3%=3(万元)

需要说明以下事项。

第一，B公司必须给A公司开具增值税专用发票，A公司才可以抵扣。

第二，若B公司购进A公司一批货物，即使A公司开具增值税专用发票给B公司，由于B公司是小规模纳税人，也不能抵扣该批货物的进项税额。

增值税纳税人年应税销售额超过小规模纳税人标准的，除了特殊情况外，应当向主管税务机关办理一般纳税人登记。

二、出口货物或劳务、服务的增值税退（免）税政策

出口货物劳务退（免）税是指在国际贸易业务中，对报关出口的货物或者劳务和服务退还在境内各生产环节和流转环节按税法规定已缴纳的增值税，或免征应缴纳的增值税。这是一种鼓励各国（地区）出口货物、劳务公平竞争的税收措施，并为世界各国（地区）普遍接受。

增值税出口退税方法

我国《增值税暂行条例》第二条第三款规定，纳税人出口货物税率为零。出口货物适用零税率不同于免税，零税率是指整体税负为零，意味着出口环节免税且退还以前纳税环节已纳的税款，这就是所谓的“出口退税”。免税往往指某一环节免税。

（一）增值税出口退税方法

1. 免、抵、退税方法

免、抵、退税办法，适用于生产企业、部分“营改增”企业，出口货物或劳务的一种退税方式，通常情况下外贸企业不适用。免、抵、退方法，因为不直接采用退税的方式，而是利用免、抵、退的原理计算退税额。具体做法如下。

(1)“免”税是指对生产企业自营出口或委托外贸企业代理出口的自产货物或劳务，免征本企业生产销售环节增值税。

(2)“抵”税是指生产企业自营出口或委托外贸企业代理出口的自产货物或劳务，应予免征或退还所耗用外购货物或劳务的进项税额抵扣内销货物的应纳税款。

(3)“退”税是指生产企业出口的自产货物或劳务在当月内应抵扣的进项税额大于应纳税额时，对未抵扣完成的部分予以退税。

【例 12-2】 免抵退税例题讲解。

出口免、抵、退税法计算分析表如表 12-1 所示。

表 12-1 出口免、抵、退税法计算分析表

项目	内征外退法(理论退税)		免抵退法(实际退税)
	内销	外销	
销售收入(元)	1000	2000	3000
销项税额(元)	160	0	160
进项税额(元)	100	200	300
应缴增值税(元)	60	−200	
免抵退税额(退税率 13%)(元)		2000×13%=260	2000×13%=260
应退税额(元)		200	140
免抵税额(元)		260−200=60	260−140=120
实际退税额(元)	200(退税额)−60(内销应缴增值税)=140		140

从表 12-1 中可以看出,理论上外销环节应退税额是 200 元,内销环节应缴增值税税额是 60 元,两者相抵,最终退税 140 元,即内征外退。但是实际操作中,生产企业由于存在耗用外购货物和劳务的进项税,且很难准确区分哪些是用于内销,哪些是用于外销,因此实际在退税时,采用免、抵、退法退税。此例中,内销、外销环节销项税合计 160 元,进项税合计 300 元,应退税额 140 元,计算结果与理论上是一致的。

这里需要说明的是,实际操作中存在征税率和退税率不一致的情况,所以在具体计算中还会涉及免抵退税额(销售收入×退税率,名义上的退税额)与应退税额比较,当免抵退税额大于应退税额时,按照应退税额退,剩余部分就是免抵税额,不再退还。

2. 免、退税法

免、退税是指不具有生产能力的出口企业(外贸企业)或其他单位出口货物或劳务,免征增值税,退还相应的进项税额。即出口环节免征增值税,同时对原购进出口货物的增值税进项税额准予办理出口退税。

(二)增值税出口退税率

现行货物或劳务的出口退税率档次较多,出于国家政策的需要,退税率也会实时进行调整。具体可以在国家税务总局网站(http://www.chinatax.gov.cn)中的纳税服务中查询。通常退税率的执行时间以出口货物报关单上注明的出口日期为准。

(三)增值税退(免)税的计税依据

生产企业增值税退(免)税的计税依据,通常为出口货物劳务的实际离岸价(FOB)。外贸企业增值税出口退(免)税的计税依据,通常为购进出口货物的增值税专用发票注明的金额或海关进口增值税专用缴款书注明的完税价格。

(四)出口退税对跨境电商企业的好处

1. 价格竞争优势

出口退税其实是一种不公平竞争,一些工厂以成本价出口产品到境外,销售给境外采

购商所得利润很少，但出口退税有一部分收益。

2. 利润增加

比如A公司销售100万元货物，开增值税发票13%。销项税额为13万元。如果我们开进项发票是以90%成本计算，那么进项税为11.7万元，交税务局增值税1.3万元。A公司利润100－90－1.3＝8.7万元；但如果是以外销方式出口100万元的话，我们的销售是免税的，进项为11.7万元，退税率如果是13%，我们可以退回11.7万元的税，A公司利润＝100－90＋11.7＝21.7万元。两者相差整整13万元。

跨境电商企业出口退税资质办理流程

第二节　境内其他税费介绍

一、关税

关税(Custom Duties or Tariff)是由海关代表国家按照国家制定的关税政策和公布实施的税法及进出口税则，对进出境的货物和物品征收的一种流转税。

(一)进口货物的关税完税价格

完税价格一般由货价＋运抵口岸前的运费及其相关费用和保险费组成，可能调整到完税价格中的项目有：买方负担、支付的中介佣金、经纪费；买方负担的包装、容器的费用；买方付出的其他经济利益；与进口货物有关的且构成进口条件的特许权使用费。

不计入完税价格的因素包括但不限于：向自己的采购代理人支付的购货佣金和劳务费用，货物进口后发生的安装、运输费用，进口关税和进口环节海关代征的国内税，为在境内复制进口货物而支付的费用，境内外技术培训及境外考察费用，符合规定条件的利息费用。

关税知识链接

进口货物的成交价格，因有不同的成交条件而有不同的价格形式，常用的价格条款，有FOB(离岸价)、CFR(离岸＋运费)、CIF(到岸价格)，无论采用何种成交价格，计算进口关税都要以合理、完整的CIF价格作为完税价格。

【例12-3】 关税的计算

货物进入德国境内销售，产品价值20000欧元，海运费和保险费2400欧元，则

关税报关价值＝20000＋2400＝22400(欧元)；

关税税率2%，则

关税应纳税金额＝22400×2%＝448(欧元)；

欧盟境内运费600欧元，则

进口增值税计税基础＝22400＋448＋600＝23448(欧元)；

进口增值税税率为19%，则

进口增值税应税金额＝23448×19%＝4455.12(欧元)。

(二)出口货物的完税价格

出口货物的完税价格包括货物的货价、货物运至中华人民共和国境内输出地点装载

前的运输及其相关费用、保险费，但不包括出口关税。

一般情况下，国家为了出口创汇，增强本土出口产品在国际市场上的竞争力，对绝大部分出口货物都不课征出口关税。

二、附加税费

（一）城市建设维护税

附加税费计算举例

城市建设维护税（简称城建税）是对从事工商经营，缴纳增值税、消费税的单位和个人征收的一种税。城建税采用地区差别比例税率，纳税人所在地区不同，适用税率的档次也不同。纳税人所在地在城市市区的，税率为7%；纳税人所在地在县城、建制镇的，税率为5%；纳税人所在地不在城市市区、县城、建制镇的，税率为1%。

（二）教育费附加、地方教育费附加

教育费附加是以纳税人实际缴纳的增值税、消费税税额为计征依据征收的一种附加费。教育费附加计征比率为3%，地方教育费附加计征比率为2%。

（三）税收优惠

城建税、教育费附加进口环节不征、出口环节不退。减免“增值税、消费税”的同时，随之减免城建税。

三、印花税

印花税的应税凭证分为五大类共十三个税目，包括经济合同、产权转移书据、营业账簿、权利和许可证照及其他凭证。其中购销合同的计税依据为购销金额（不包括增值税），购销合同的税率为0.03%，印花税纳税实行就地纳税，如果合同是在境外签订，但在中国境内执行合同，则印花税纳税地点是中国境内，若合同不在中国境内执行，则不用缴纳印花税。

四、企业所得税

企业所得税以企业通过较为严密的盈亏核算程序计算出的净收益为征税对象的税，其计税基础是企业的收入总额减除不征税收入、免税收入、法定扣除项目后的余额。

各国应税收入的项目通常包括：销售利润、特许权使用费收入、前期已支付费用的补偿收入（如保险收入）、利息、股息收入、财产租赁收入、财产变价收入、佣金及不必偿还的债务收入，以及其他收益（如营业外收入）等。

各国税法对扣除项目的规定较复杂，其基本原则是：只允许扣除与取得应税收入有关的那一部分必要费用支出。由此可见，所得税的计税依据是利润，即所得额，计算基础是利润，而非收入。

（一）纳税义务人

除个人独资企业、合伙企业不适用企业所得税法外，在中华人民共和国境内的企业和其他取得收入的组织，为企业所得税纳税人，依照规定缴纳企业所得税（包括居民企业和非居民企业）。

（二）征税对象

征税对象主要有以下两类。

（1）居民企业应当就其来源于中国境内、境外的所得缴纳企业所得税。

（2）非居民企业在中国境内设立机构、场所的，应当就其所设机构、场所取得的来源于中国境内的所得，以及发生在中国境外但与其所设机构、场所有实际联系的所得，缴纳企业所得税。非居民企业在中国境内未设立机构、场所的，或者虽设立机构、场所但取得的所得与所设机构、场所没有实际联系的，应当就其来源于中国境内的所得缴纳企业所得税。

（三）税率

我国的企业所得税基本税率为25%，适用于居民企业和在中国境内设有机构、场所且所得与机构、场所有关联的非居民企业（认定为境内常设机构）；低税率为20%，适用于在中国境内未设立机构、场所，或者虽设立机构、场所但取得的所得与其所设机构、场所没有实际联系的非居民企业。但是对这类企业实际征税时适用10%的税率。

税收优惠政策简介

（四）税收优惠

我国企业所得税法规定的税收优惠方式包括免税、减税、加计扣除、加速折旧、减计收入、税额抵免等。由于篇幅限制，这里仅介绍高新技术企业优惠、小型微利企业优惠、加计扣除优惠。

小提示

跨境电商企业各环节纳税概览如表12-2所示。

表12-2　跨境电商企业各环节纳税概览

<table>
<tr><th>环节</th><th>境内环节</th><th>出口环节</th><th>进口环节</th><th>境外销售</th></tr>
<tr><td rowspan="5">可能存在的税费</td><td>增值税
涉及购进成本的进项税，内销销项税</td><td rowspan="2">出口关税
为了鼓励出口往往免征</td><td rowspan="2">进口关税
完税价格×税率</td><td rowspan="5">销售增值税
不含税售价×税率</td></tr>
<tr><td>消费税
为了鼓励出口往往免征</td></tr>
<tr><td>城市建设维护税、教育费附加
（增值税＋消费税）×税率</td><td>出口退增值税
生产型企业</td><td rowspan="3">进口增值税
（申报货值＋头程运费＋关税）×税率
境外销售时可以抵扣</td></tr>
<tr><td>印花税
收入×税率</td><td rowspan="2">出口免增值税
外贸型企业</td></tr>
<tr><td>企业所得税
利润×税率</td></tr>
</table>

【思考题】 谈谈你所知道的企业税收优惠政策有哪些。

第三节　欧洲VAT

一、需要在欧洲注册增值税（VAT）的情况

一般来说，如果在欧洲境内储存、运输或销售产品，就需要注册和申报增值税（Value-

Add Tax,VAT),包括但不限于以下情况。

(1)将产品储存在欧洲某海外仓,并从该海外仓发货给当地消费者。

(2)将产品储存在欧洲某海外仓,并从该海外仓发货给欧洲境内的其他国家的消费者。

(3)如果在欧洲多个国家或地区储存、运输或销售产品,则可能需要在多个国家注册和申报增值税(VAT),如表 12-3 所示。

表 12-3　各国增值税注册情况表

国家	增值税(VAT)注册所需时间	是否须指定税务代表	增值税(VAT)注册所需材料概览	增值税(VAT)注册可能所需的其他材料
英国	2～3 周	否	公司营业执照,公司税务登记证,公司法定代理人身份证明	1.企业章程 2.仓储信息,如包含仓储地址、合约期等信息的仓储合同 3.税务代理委托书 4.银行开户证明 5.税务代理委托书 6.营业执照等文件(需经过公证和海关认证)
德国	4～8 周	否		
法国	4～6 周	是		
意大利	3 周	是		
西班牙	1～2 周	否		

二、欧洲增值税缴纳流程

欧洲增值税缴纳流程如下。

欧洲 VAT 缴纳流程

(1)商家将产品储存在欧洲仓,并向欧洲的消费者销售产品。

(2)商家向产品储存所在国申请注册增值税号码。

(3)商家将增值税号码显示到所销售产品网页上。

(4)商家售出产品并向买家收取增值税。

(5)商家向相关国家税务机关申报并缴纳增值税。

【例 12-4】　汤姆(Tom)打算将某手机卖给英国买家,该手机目前储存在中国仓,手机成本为 100 英镑;该手机经过长途跋涉,被运送到英国的某海外仓,该手机到达海外仓时需要向英国海关缴纳进口增值税(Import VAT),该税率为 20%。Tom 共缴纳进口增值税 20 英镑(100 英镑×20%),Tom 打算以 200 英镑的价格销售该手机。他将该手机刊登在网站上出售,其刊登售价为 240 英镑。其中包含增值税 40 英磅,该税率为 20%。Tom 向英国税务机关递交增值税申报单,包括已支付的进口增值税 20 英镑,以及在销售环节收取的增值税 40 英镑,并向税务机关缴纳两者差额 20 英磅。某英国买家购买了手机,并支付了共计 240 英镑(包含 40 英镑增值税)。Tom 的增值税缴纳流程如图 12-1 所示。

图 12-1　增值税缴税环节图解

资料来源:eBay 官网(http://www.ebay.com)。

三、欧盟远程销售起征点

远程销售(Distance Selling)指的是商家将储存在一个欧盟国家的产品运输并销售给位于欧盟另一个国家的个人消费者。根据欧盟相关规定，如果商家从一个欧盟国家运送到另一个欧盟国家的产品销售额超出了该国家(个人消费者所在国)的远程销售起征点，则商家必须在个人消费者所在国进行增值税注册。商家有责任在该国家申报和缴纳增值税。

如果销售额超过了欧盟各国的特定“增值税注册额度”，则必须在这些国家注册增值税。欧盟各国均建立了税收起征点(一般为35000欧元/年)——一旦零售商超过了该起征点，就有义务注册为该国非居民增值税经营者。英国的起征点为70000英镑，德国100000欧元，法国35000欧元，意大利35000欧元，西班牙35000欧元，波兰160000波兰兹罗提，捷克共和国1140000捷克克朗。

四、欧洲五国纳税标准

英国、德国、法国、意大利、西班牙等欧洲五国的VAT税率、申报周期对照表如表12-4所示。

表12-4　欧洲五国VAT税率、申报周期对照表

国家	税率标准	申报周期	申报次数/年
英国	20%	每个季度	4
德国	19%	每个月、每年	13(月度申报12次，年度申报1次)
法国	20%	每个月	12
意大利	22%	每个月	12
西班牙	21%	每个季度、每年	5(季度申报4次，年度申报1次)

由上可看出，申报次数最多的是德国，德国小规模的企业3年后可以按季度申报。

五、英国增值税介绍

英国于1973年起开始实施增值税制度。目前增值税的征收范围为在英国境内供应的产品和劳务，包括从其他欧盟成员购买的产品，以及从非欧盟成员进口的产品。商业销售、租用或出借产品、委托、个人自用产品、出售给职员的产品等都属于英国增值税的应税范围。达到一定流转额标准的个人或实体，需要进行增值税注册，2018、2019纳税年度的具体规定为：如果12个月内的应税交易额超过85000英镑，或者预期未来30天内的交易额会超过85000英镑，或者尽管只在英国销售增值税免税产品但是从欧盟成员增值税注册供应商处购买超过85000英镑的产品用于自身经营，均需要进行增值税登记注册。

英国增值税计算举例

(一)需要考虑注册英国增值税的情况

对于境外卖家(Overseas Sellers)，符合下述情况任何一个就需要考虑英国增值税。

(1)物品所在地在英国，且销售给英国的消费者。对于境外卖家来说，只要将货物储存在英国并销售给英国买家，无论销售额是多少，都需要立刻注册增值税，并按时申报和缴纳增值税。

(2) 物品所在地在欧盟境内除英国外的其他成员国（地区），且销售给英国消费者的销售额在一个自然年中超过70000英镑（哪怕已经在物品所在地注册增值税）时，如果卖家达到英国增值税注册条件，则须向英国政府相关部门HMRC（HM Revenue & Customs，英国皇家税收与关税局）申请并注册英国增值税；提供英国增值税号，以及将注册该增值税号码的公司名称或个人名称增加到卖家eBay账户；在相关物品界面的商业卖家信息栏中显示卖家的英国增值税号、用以注册该增值税号码的公司或个人名称，以及地址信息；按时向英国政府相关部门HMRC申报和缴纳应付税款。

eBay要求卖家提供的英国增值税号是有效的，包括确保该增值税号的正确性和有效性；确保eBay账户商业卖家信息中的公司或个人名称和英国增值税号信息一致。

需要注意的是，eBay账户中填写的英国增值税信息（公司或个人信息）需要和英国增值税证书或英国政府相关网站上的公司或个人信息一模一样。也就是说，空格、大小写、拼写，都需要一模一样才算合规，并且在eBay账户中填写的英国增值税的号码和注册该增值税号码的公司信息要配套。

（二）注册英国增值税的相关流程

卖家可以通过英国税务机关（HMRC）的相关网站完成申请。填写完相关信息后，HMRC会给卖家创建一个增值税网上账户（有时也称作Government Gateway Account），卖家也可以委任第三方代理服务商申请增值税（VAT）号。

注册成功后，卖家可以通过登录英国政府相关部门HMRC的网站（https://www.tax.service.gov.uk/gg/sign-in? continue=/account），或者在自己的英国增值税证书上查看到英国增值税（VAT）号码和用以注册该号码的公司或个人名称；英国增值税号码一般是由GB开头，后面由9位数字构成；而公司或个人名称一般是公司、个人名称的拼音或者英文。

如果需要在eBay账户中添加、修改英国增值税相关信息，可以在“我的eBay—账户—商业卖家偏好设定—在检视物品页显示卖家资料”中添加或修改英国增值税相关信息。在极少数的情况下，由于账户受到其他限制等情况会导致卖家无法更新增值税相关资料。如遇这种情况，卖家需要联系eBay客服。

在英国税务局网站上填写增值税表单直接进行报税，或者可以使用独立的第三方咨询公司代为处理报税事宜。提交增值税表单和缴纳的截止日期都是一个会计期间（一个月或三个月）之后的一个月零七天。例如，如果卖家的会计期间为5月1日到7月31日，那么卖家的增值税表单提交和缴税截止日期就是9月7日。增值税缴纳截止日期计算器网址为：https://www.gov.uk/vat-payment-deadlines。

（三）增值税不合规的情况

根据英国增值税法规及欧盟远程销售法规的相关要求，如果卖家达到英国增值税注册标准，则必须注册英国增值税；卖家不能使用他人的英国增值税号码，也不能使用他人的增值税号的相关信息，如用以注册增值税号的公司、地址等信息。

如果卖家没有进行增值税注册，HMRC 可以代为注册，或考虑指示卖家委任一名英国的增值税代表代为注册。如果卖家没有按时申报和缴纳应付税款，则 HMRC 还可以采取其他惩罚措施。例如，向卖家征收应缴税额之外的罚金等。如果卖家不遵守英国增值税法规相关要求，HMRC 还会将该问题反映给卖家交易所在的网上平台，并要求该网上平台采取限制措施。

eBay 会在法律允许的范围内配合英国政府相关部门对于可能存在增值税不合规的卖家和账户进行调查；并且会在收到 HMRC 的通知后，对被认定为不合规的卖家和账户采取限制措施。

eBay 将按照法规要求检视卖家所提供的英国增值税相关信息，对于不符合 eBay 英国增值税要求的违规卖家和账户采取限制措施。

上述限制措施包括并不限于下架相关物品、限制刊登和销售给英国买家等。

（四）增值税的具体计算

增值税具体计算分成进口和销售两部分。

1. 进口部分

增值税进口部分相关计算公式为

进口税 ＝ 进口增值税 ＋ 进口关税

进口增值税 ＝（申报货值 ＋ 头程运费 ＋关税）×20%（这是商家可以退回部分）

进口关税＝ 申报货值×产品税率

2. 销售部分

以英国标准税率（Standard Rate）为例，相关计算公式为

销售增值税 ＝ 定价（税前价格）×20%

销售价格（含税）＝ 定价（税前价格）＋ 销售增值税

＝ 定价（税前价格）＋定价（税前价格）×20%

＝ 定价（税前价格）×1.2

即：销售增值税＝销售价格 / 1.2×20%

【例 12-5】 请按以下条件计算进口增值税：申报价值 1000 英镑，运费 100 英镑，销售价格 2500 英镑。

关税：（1000×0.03）＝30（英镑）（关税率 3%）

应缴进口增值税＝（1000＋100＋30）×20%＝226（英镑）

货物成本合计：1000＋100＋226＋30＝1356（英镑）

销售增值税＝2500/1.2×20%＝417（英镑）

进口已缴纳增值税：226（英镑）

还应缴纳增值税＝417－226＝191（英镑）

【例 12-6】 某款衣服发到英国，数量 400 件，申报价值 20 英镑/件。那么，这批衣服的总的申报货值为 8000 英镑，头程运费共 500 英镑，衣服关税税率 10%。在 eBay 的最终销售价格（含税）为 100 英镑/件。那么，商家当季实际需要缴纳多少增值税？

（1）进口增值税计算

进口关税＝8000×10%＝800（英镑）

进口增值税＝(8000＋500＋800)×20%

＝1860(英镑)

(2)销售增值税计算

假如这批衣服在当季线上销售，最终销售价格为100英镑/件，实际销售可能会出现以下几个情况。

①衣服销售数量为0。即销售额为0，销售增值税为0，卖家可向HMRC申请退税(进口增值税)1860英镑。

②衣服400件全部售出。即销售额为40000英镑，则

销售增值税＝40000/(1＋20%)×20%＝6666.67(英镑)

应缴进口增值税＝6666.67－1860＝4806.67(英镑)

③衣服只售出了一部分，比如一半，即200件，那么销售额为20000英镑，则

销售增值税＝20000/(1＋20%)×20%＝3333.33(英镑)

应缴进口增值税＝3333.33－1860＝1473.33(英镑)

④如果衣服只售出100件，则

销售增值税＝10000/(1＋20%)×20%＝1666.67(英镑)

此时，销售增值税低于进口增值税1860英镑，则

应缴进口增值税＝1666.67－1860＝－193.34(英镑)

也就是说，此时，抵扣增值税后，HMRC会向你退回193.34英镑。

六、德国增值税介绍

(一)需要考虑注册德国增值税的情况

符合以下任意条件，就必须注册德国增值税，并将税号和公司信息登记到eBay账户。

(1)使用了德国海外仓。

(2)使用了欧盟其他国家(非德国，包含英国)的海外仓，且超过远程销售起征点。

如捷克、波兰海外仓，向德国消费者销售产品，且年销售额超过10万欧元。注意：该限额不是只计算eBay的销售额，而是应当包括eBay、其他销售平台，以及其他销售渠道使用同一个德国增值税号码的账户的销售额。

需要注意的是，对于布辛根地区、赫尔戈兰岛和特定的自由贸易区(称为“自由贸易港区”)，德国增值税法不适用。

(二)德国增值税注册流程

目前德国税务局并未提供官方处理德国增值税号码的时限。根据以往经验，德国增值税注册所需时间为4～8周；如涉及历史税务问题，则也可能需更长时间。

注册德国增值税有以下3种渠道。

1. 通过邮寄的方式或网上注册的方式注册增值税号

卖家可以联系德国税务办公室(http://www.bzst.de/DE/Home/home_node.html)获取相关申请表格。德国税务办公室将寄一份申请增值税注册表格。卖家必须填写自己的个人信息及公司信息。并将填写完成并签字后的表格寄还给该税务办公室；该税务办

公室审核后，会将增值税号码寄给申请人。

2. 通过在德国税务网站上提交相关信息来注册增值税号

如果卖家已经递交了申请，可以向德国中央税务局(Bundeszentralamt für Steuern)获取增值税号：该申请没有固定格式，须包含下述信息：申请人姓名及地址，申请号码，以及申请所递交的德国税务办公室信息。德国中央税务局联系地址为：Bundeszentralamt für Steuern，66738 Saarlouis (Fax：06831 456120)。

3. 委任第三方代理服务商注册增值税号

选择第三方代理或许是卖家通常的选择，因为注册税号耗时较长，且由于语言障碍以及无法实地沟通等问题，找一家资质不错、有信誉、服务态度好的第三方代理服务商更加省时省力，当然这就必然产生一系列的代理费用。卖家可以通过货比三家，通过官方推荐的方式来进行选择。以下四家第三方服务公司独立于 eBay，仅供卖家参考，不作为 eBay 对卖家选取增值税服务的任何建议。

(1)J&P 会计师事务所(电话：+86 13535554408/ +86075521005330，邮箱：coco@jpvat.com，网址：http://www.jpvat.com)

(2)VATGlobal(电话：+86 10 58613327，邮箱：info@vatglobal.com，网址：https://www.vatglobal.com/)

(3)AVASK 会计与商务咨询公司(电话：+86 18123666710/ + 44 (0)2380 600 120(普通话服务选择 3)，邮箱：info@avaskchina.com，网址：https://www.avaskaccounting.co.uk/AVASKCHINA)

(4)毕马威(KPMG)(邮箱：ch-fmeuvat@kpmg.com，网址：http://www.euvat.kpmg.ch/)

(三)注册德国增值税需提交的材料及相关事项

1. 注册德国增值税需要递交以下资料(目前申请资料均需采用德语)

(1)外国企业增值税注册登记表

(2)营业执照复印件、营业执照英文翻译版电子文档加盖公司章(需要翻译为英文或者德文，并且可能需要去公证处公证)(针对三证合一)

(3)中国税收居民身份证明复印件

(4)eBay 账户(税务局可能会询问为什么需要注册增值税)

(5)与第三方海外仓公司签订的合同

(6)公司章程(需要翻译为英文或者德文，并且可能需要去公证处公证)

2. 注册后需要注意的问题

德国增值税号码和公司信息填写规范：德国增值税号码，也称为 USt-IdNr，一般以字母“DE”开头，后接 9 位阿拉伯数字。公司信息须为用来注册该德国增值税号码的公司信息，一般为罗马字母，而不是中文字符。卖家应当参考自己的德国增值税证书上的 USt-IdNr 和公司信息进行填写。

德国增值税注册后需要按照德国增值税规定要求的信息准备发票，电子发票需要有收件人的真实签名，需要保持 10 年的交易记录或账务，为买家提供准确的发票。

3. 如何在 eBay 账户中填写

在 eBay 账户中填写德国增值税号码：登录 eBay 账户，在“我的 eBay“—”账户“—”商业卖家偏好设定“—”管理增值税编号”编辑德国增值税号码。

在 eBay 账户中填写公司信息：登录 eBay 账户，“我的 eBay”—“账户”—“商业卖家偏好设定”—“在检视物品页显示卖家资料”编辑公司信息。

（四）增值税在德国不合规的情况

1. 在德国申报增值税不合规的情况

如果不遵守德国增值税法规、欧盟远程法规的相关要求，那么德国税务机关将可能把该问题反映给卖家交易所在的网上平台，并要求该网上平台采取限制措施。

eBay 会在法律允许的范围内配合德国政府相关部门对于可能存在增值税不合规的卖家和账户进行调查；并且会在收到德国税务机关的通知后，对被认定为不合规的卖家和账户采取限制措施。上述限制措施包括并不限于：下架相关物品、限制刊登和销售给德国买家等。

在德国，一年要纳税申报 13 次 [12(月度)+1(年度)]，要在每月 10 日前完成，例如 1 月份的增值税申报，最迟 3 月 10 日申报德国财税局；年度申报需要在次年的 5 月 31 日前完成申报。若委托第三方申报，每次申报的服务费在 2000～3000 欧元，一年也需耗费上万欧元费用。

2. 德国对增值税申报不及时的处罚措施

德国对税收管理很严，目前德国对不及时申报和纳税有两种罚款方式。

(1)迟报罚款

过期申报，税务局会根据超出的时间段和应纳税金额定迟报罚款。

(2)滞纳金

对于过期纳税，税务局会根据超出的时间段和应纳税金额定滞纳金。申报错误或者延误申报，可能会要求支付应缴金额 10%的罚款，最多不超过 2.5 万欧元；延误缴款，有每月滞纳金额 1%的罚款。德国增值税可以追溯 4 年，如果涉及增值税欺诈，可以追溯 10 年。

（五）德国增值税的计算及申报

德国的基本税率与英国、法国是不一样的，德国基本税率包括两种，即 7%和 19%。其中 7%的税率主要适用产品为书籍、报纸、食品和农产品。其他货物基本属于 19%的税率。如果申报时，销项税额小于进项税额，会出现留抵税额，一般情况下放在税务局的公司账户里，留作下月抵扣。公司年销售额在 1.75 万欧元以内的，可以申请免交增值税，但是同时也无法退税。

以下是德国增值税的税款举例，公式为

销售增值税＝含税销售价格/(1＋19%)×19%

进口增值税＝(申报货值＋运费＋关税)×19%

实际缴纳税金＝销售增值税－进口增值税

申请了增值税后需要据实申报，不能虚假申报。即使没有产生销售，也必须提供零销售的证明来作为申报依据。

【思考题】 在货物进口欧洲环节缴纳的“进项税”，企业承担了吗？请谈谈自己的理解。

小结

1.跨境电子商务企业首先是一家境内涉及进出口业务的企业，在境内涉及的主要税费包括：增值税、关税、附加税费、印花税、企业所得税等。

2.由于国家鼓励出口，跨境电子商务企业往往可以享受出口退(免)税政策，如何申报至关重要。

3.货物在出口欧洲各国时，主要涉及关税及增值税，本章以英国和德国两个典型国家为例，介绍了如何注册欧洲增值税及其他相关问题。

思考题

1.境内各种税费缴纳的顺序如何？请将企业可能涉及的税费缴纳顺序列出来。

2.境内企业所得税有哪些优惠政策？

3.出口退(免)税的政策是怎样的，什么企业可以享受？

4.英国增值税的注册过程中应该注意哪些问题？

5.德国增值税如何申报？

讨论题

请搜集关于法国增值税的相关资料，谈谈法国增值税的注册流程、申报程序及计算和缴纳的方法。

参考文献

陈道志，卢伟. 跨境电商导论[M].北京：人民邮电出版社，2018.

陈明，许辉. 跨境电子商务操作实务[M]. 北京：中国商务出版社，2015.

邓志超，崔慧勇，莫川川. 跨境电商基础与实务[M].北京：人民邮电出版社，2017.

邓志新. 跨境电商：理论、操作与实务[M].北京：人民邮电出版社，2018.

鄂立彬. 跨境电子商务前沿与实践[M]. 北京：对外经济贸易大学出版社，2016.

鄂立彬. 跨境电子商务前沿与实践[M]. 北京：对外经济贸易大学出版社，2016.

韩琳琳，张剑. 跨境电子商务实务[M]. 上海：上海交通大学出版社，2017.

何杨，王文静.英国税制研究[M]. 北京：经济科学出版社，2018.

来立冬. 跨境电子商务[M].北京：电子工业出版社，2018.

鲁丹萍，张博融.跨境电子商务[M].上海：立信会计出版社，2017.

马述忠，柴宇曦，濮方清，朱成等. 跨境电子商务案例[M].杭州：浙江大学出版社，2017.

速卖通大学.跨境电商客服——阿里巴巴速卖通宝典[M].北京：电子工业出版社，2016.

速卖通大学.跨境电商数据化管理[M].北京：电子工业出版社，2017.

孙进彦.彻底搞懂关税[M]. 北京：中国海关出版社，2009

孙韬.跨境电商与国际物流——机遇、模式及运作[M]. 北京：电子工业出版社，2017.

吴喜龄，袁持平. 跨境电子商务实务[M]. 北京：清华大学出版社，2018.

徐凡. 跨境电子商务基础[M].北京：中国铁道出版社，2017.

许辉. 跨境电子商务实务[M]. 北京：中国商务出版社，2015.

于霏. 跨境电商亚马逊运营实战宝典[M].北京：电子工业出版社，2018.

张夏恒. 跨境电子商务生态系统研究[M]. 北京：经济科学出版社，2017.

张夏恒，马天山. 中国跨境电子商务物流困境及对策建议[J]. 当代经济管理，2015(5)：41-45.

赵卫刚，王坤."走出去"企业税务指南：政策解读税务筹划风险管理[M]. 北京：中国市场出版社，2017.

http://www.cifnews.com/article/36668.

https://www.ebayinc.com/stories/news/ebays-retail-revival-expands-to-canada.

https://www.ebay.cn/newcms/Home/tools/6.

https://www.ebay.cn/newcms/Home/tools/9.

https://www.cifnews.com/article/28766.

https://www.cifnews.com/article/27247.

https://www.cifnews.com/article/29611.

https://www.ebay.cn/newcms/Home/account_security/2.

https://university. ebay. cn/trainingcenter/Index/video _ detail/lesson _ id/ MnpXd EE3K2lGMTdaQ0FMejdHaHRUZ2pqekltY3hINFNpZ1NBVXVUZnFlZnd5K0wv TmNhcUhqb2lj WXpNWFpzdUU9.

https://www.cifnews.com/article/31295.

http://rainyin.com/2100.htmlhttps://baike.so.com/doc/6398871-6612529.html.

https://wenku.baidu.com/view/cbc8a10c905f804d2b160b4e767f5acfa1c7837e.html.

https://university. ebay. cn/trainingcenter/Index/video _ detail/lesson _ id/MnRtW E82a1p5aUVhV1Nx OXF FeWppZ0tZMXMy TGdMOG1hS2NCRWQv TW9uZ3 dhdGNsc FBRNW9USzFuaUFJemtQOTg9.

https://www.cifnews.com/article/37267? tdsourcetag=s_pctim_aiomsg.

https://www.cifnews.com/article/41729.

https://www.pfhoo.com/article/1474.html.

https://baike.baidu.com/.

http://www.haiguanbeian.com/.

http://www.cifnews.com/article/31281.

https://mp.weixin.qq.com/s/pfSoezmR5UaaMu71052Xew.

https://www.cifnews.com/article/42283.

https://www.cifnews.com/article/41350.

https://university.ebay.cn/newcms/university/51.

http://www.ipr.gov.cn/zhuanti/337/337_index.html.

http://rule.alibaba.com/rule/detail/3615.htm.

http://www.sohu.com/a/169473973_99897370.

https://www.cifnews.com/article/28989.

https://www.cifnews.com/Article/10322.

https://www.cifnews.com/article/27879.

https://baike.so.com/doc/9000160-9329182.html.

http://www.sohu.com/a/224985681_115514.

http://www.sohu.com/a/235126378_805698.

https://www.ebay.cn/newcms/Home/account_security/3.

https://www.cifnews.com/article/27718.

https://www.cifnews.com/article/28026.

https://www.cifnews.com/article/25597.

https://www.ebay.cn/newcms/Home/tools/10.
https://www.ebay.cn/newcms/Home/tools/7.
https://www.ebay.cn/newcms/Home/tools/5.
https://university.ebay.cn/.